Dirk Müller

CRASHKURS

**Weltwirtschaftskrise oder
Jahrhundertchance?
Wie Sie das Beste aus Ihrem
Geld machen**

Knaur Taschenbuch Verlag

Besuchen Sie uns im Internet:
www.knaur.de

Überarbeitete, aktualisierte und erweiterte
Taschenbuchausgabe Juni 2010
Knaur Taschenbuch
Ein Unternehmen der Droemerschen Verlagsanstalt
Th. Knaur Nachf. GmbH & Co. KG, München.
Copyright © 2009 bei Droemer Verlag
Ein Unternehmen der Droemerschen Verlagsanstalt
Th. Knaur Nachf. GmbH & Co. KG, München.
Umschlaggestaltung: ZERO Werbeagentur, München
Umschlagfoto: picture-alliance / dpa / Uwe Anspach
Foto S. 206 F1 ONLINE / Panorama Media
Graphiken: Computerkartographie Carrle S. 56, 142, 196; Rüdiger Maass, 2010 /
www.elliottwaver.de S. 276, 277; Reuters S. 94, 271, 272, 273, 274, 275
Satz: Adobe InDesign im Verlag
Druck und Bindung: CPI – Clausen & Bosse, Leck
Printed in Germany
ISBN 978-3-426-78295-8

5   4   3

Inhalt

Vorwort:
Die Krise im Herbst 2008

Viele haben sich im Verlauf der letzten Monate gefragt, was eigentlich los ist mit der Weltwirtschaft. Da hört man von Immobilienkrisen, während der eigene Bankberater versichert, dass Sie das überhaupt nicht betrifft und hier in Deutschland alles anders ist. Da schreiben Banken monatlich Milliardenbeträge ab, und die Börsenkurse stürzen ab, während im Fernsehen Analysten von Kaufkursen sprechen und neue Dax-Höchststände für die nächsten Monate prophezeien. In England prügeln sich Menschen um Bargeld vor einer Bankfiliale, aber unser Wirtschaftsminister erklärt, dass so etwas bei uns nie passieren wird.

Die Älteren denken mit bangem Blick an ihre Erlebnisse und die Erzählungen von 1923 zurück und wollen nur zu gerne glauben, dass die Politiker und Wirtschaftsexperten mit ihren beruhigenden Worten die Wahrheit sagen. Auch damals gab es an jeder Ecke beruhigende Worte gratis, bevor erst die Wirtschaft zusammenbrach und schließlich die Währung aufgegeben wurde.

Aber was kommt wirklich auf uns zu? Was kommt zum Vorschein, wenn sich der Rauch der vielen Nebelkerzen verzogen hat, die von allen Seiten aus den unterschiedlichsten Gründen geworfen werden?

Mit dieser Frage will sich dieses Buch auseinandersetzen. Nicht mit wirtschaftswissenschaftlichen Phrasen und verwirrenden Formeln, sondern unter Anwendung des gesunden Menschenverstandes. Dieses Buch will die Leser auffordern, mit klarem Blick auf das Offensichtliche zu schauen, die Lügen und Unwahrheiten beiseitezuwischen und laut auszurufen: »Der Kaiser hat keine Kleider an!« – auch wenn die Lakaien noch so sehr des nackten Kaisers neue Gewänder preisen.

Eines sei vorweg gesagt: Niemand kann mit hundertprozentiger Gewissheit behaupten, er wisse, was die Zukunft bringt. Auch wir an der Börse handeln nur mit Wahrscheinlichkeiten. So erhebt auch dieses Buch nicht den Anspruch auf die absolute Wahrheit. Heute noch nicht absehbare Zufälle wie Naturkatastrophen oder politische Entwicklungen können die Entwicklung der Szenarien vollständig verändern.

Dieses Buch ist so vielseitig wie die Finanzwelt. Es soll in verständlicher, humorvoller und manchmal überdeutlicher Sprache nicht nur die Hintergründe und Folgen des Einbruchs der Finanzmärkte seit 2007 aufdecken, sondern auch aufzeigen, auf welchem katastrophalen Crashkurs sich unser Finanzsystem seit Jahren befindet. Nur wenn Sie diesen Crashkurs erkennen, können Sie sich selbst und Ihr Geld in Sicherheit bringen. Es geht um Risiken, aber auch Chancen in einer Größenordnung, wie wir sie seit Jahrzehnten nicht hatten. Wenn Sie die Jahrhundertchance erkennen, die diese Entwicklung beinhaltet, werden Sie als Sieger daraus hervorgehen und ein Vermögen machen.

Ich bin kein Dauerpessimist, dessen ständige Crashwarnungen irgendwann mehr oder weniger zufällig Wirklichkeit werden. Aber ich versuche, die Märkte realistisch zu sehen. Meine jeweiligen Prognosen und Einschätzungen sind in den Zeitungsberichten der vergangenen Jahre nachzulesen. Als im Jahr 2000 die Internetaktien den Höhepunkt ihrer Irrsinnsbewertung erreichten, hatte ich bereits seit einem Jahr vor diesem Wahnsinn gewarnt. Aktien zu kaufen, nur weil das Unternehmen pro Monat weniger Geld verliert als ein Mitbewerber, kann doch kein Geschäftsmodell sein. In jedem Sportverein und auf jedem Dorffest erzählten mir Handwerker und Hausfrauen, mit welchen tollen Aktien sie gerade wieder 100 Prozent Gewinn in fünf Tagen gemacht haben. Schon Altmeister André Kostolany wusste: »Wenn die Schuhputzer anfangen, dir Börsentipps zu geben, ist es höchste Zeit, sich aus dem Markt zu verabschieden.« Wenn eine kleine

Internetfirma an der Börse mehr wert ist als ein Konzern wie Lufthansa, braucht es kein BWL-Studium, um mit gesundem Menschenverstand zu erkennen, dass dieser Wahnsinn von äußerst kurzer Dauer sein wird. Und was passiert, wenn Tausende von Anlegern dies plötzlich schmerzhaft erkennen und gleichzeitig schnell durch eine enge Tür fliehen wollen, haben wir in den Jahren 2001 bis 2003 gesehen: Der Dax brach von über 8000 Punkten auf unter 2200 Punkte ein.

Als wir im März 2003 bei 2500 Punkten angekommen waren und die Panik jedes logische Denken erstickte, fragte mich ein Journalist der *Welt am Sonntag:* »Herr Müller, wie tief fallen wir noch? Sehen wir noch die 1000?« Ich habe darauf geantwortet: »Was soll noch groß passieren? Fest steht: Noch einmal 2500 Punkte fallen wir nicht. Der Dax im Minus – das geht nicht. Wenn sich die politischen Rahmenbedingungen (Irak, Nordkorea) beruhigen, sind wir ruck, zuck wieder bei 3500 bis 3800 Punkten.«

Die *Bild am Sonntag* zitierte mich mit den Worten: »Wir werden in einem Jahr auf den Dax schauen und uns den Kopf an die Wand schlagen, warum man bei 2500 Punkten so blöd sein konnte, nicht zu kaufen.«

Ich bin also keineswegs Berufspessimist. Aber es gibt Zeiten, da muss man Aktien haben, und es gibt Zeiten, da sollte man keine Aktien haben. Wenn die Risiken größer sind als die Chancen, ist Letzteres der Fall. Und genau diese Risiken – aber auch die Chancen – möchte ich Ihnen in diesem Buch vorstellen. Danach müssen Sie selbst entscheiden, für wie wahrscheinlich Sie die aufgezeigten Szenarien halten und welche Konsequenzen Sie für Ihre ganz persönliche Situation ziehen. Dieses Buch kann und will Ihnen die Entscheidung nicht abnehmen, sondern will Ihnen die Informationen zugänglich machen, die Sie für eine objektive Beurteilung der Lage unbedingt brauchen.

Deshalb ist dieses Buch zugleich ein Wegweiser durch unser Geldsystem; es versteht sich als »Cash-Kurs« mit allerlei faszinierenden Wahrheiten und Anregungen rund um unser Geld und den Umgang damit.

Ich habe für dieses Buch viele Informationen zusammengetragen, die man Ihnen seit langem bewusst vorenthält. Einigen Gruppierungen passt die Aufdeckung dieser Hintergründe ganz und gar nicht ins Konzept. Für umso wichtiger halte ich es, Ihnen genau diese Fakten und Einschätzungen offenzulegen, damit Sie nicht länger Opfer, sondern Nutznießer der Ereignisse sind. Ich gehe damit ein ziemliches Risiko ein, bin aber überzeugt, dass es das wert ist.

Zusammenfassend lässt sich sagen: Geld ist mit Sicherheit nicht alles, aber ich habe noch niemanden getroffen, der gesagt hätte: »Ach, hätte ich doch nur weniger davon!«

1 Börsenbericht – der Finanzmarkt und die Nebelkerzen

»Verschwörungstheorien« – das ultimative Totschlagargument

Bei all meinen Recherchen der letzten Jahre und insbesondere zu diesem Buch bin ich immer wieder auf ein Wort gestoßen, das sich wie ein roter Faden durch jede kritische Betrachtungsweise zu jedem Thema zieht: »Verschwörungstheorie«. Es scheint in der Tat so zu sein, dass es zu allen wirtschaftlichen und politischen Themen dieser Erde exakt *eine* richtige und absolute Wahrheit gibt. Nämlich die Wahrheit, die die breite Masse glaubt, die Wahrheit, die von den großen Medienstationen weltweit verbreitet wird, die Wahrheit, die die Politiker und Wirtschaftsbosse in die Kameras sprechen. Wann immer an dieser absoluten Wahrheit gekratzt wird oder wenn sie sogar in Frage gestellt wird, taucht plötzlich und unvermeidlich dieses alles beendende Wort auf: »Verschwörungstheorie«!

Es hat ja in der Tat eine beeindruckende Wirkung. Wer will schon gerne zu diesen Spinnern gehören, die an Ufo-Entführungen glauben? Jede ernsthafte Diskussion endet zumeist, sobald dieses ominöse Wort fällt. Zumindest endet ihre Ernsthaftigkeit.

Aber was ist eigentlich eine Verschwörungstheorie? Die Theorie – also eine Überlegung – über eine Verschwörung. Wikipedia klärt uns über den Begriff »Verschwörung« auf: »Die heimliche Verbündung zwecks Beseitigung von (…) Missständen. Die Zielsetzung einer Verschwörung beruht nicht immer auf niederen Motiven, sie basiert jedoch in jedem Fall auf Täuschung.«

Ist also nicht jede Absprache hinter verschlossenen Türen eine Verschwörung? Wird in Wirtschaft und Politik nicht viel mehr im stillen Kämmerlein und mit stillschweigenden Vereinbarungen entschieden als im Scheinwerferlicht der Kameras? Ist so gesehen nicht der Großteil der politischen und wirtschaftlichen Entscheidungen aus »Verschwörungen« hervorgegangen? Wie oft wurde wohl bei diesen »Verschwörungen« etwas anderes beschlossen, als später in den Medien bekanntgemacht wurde, um es den Menschen besser verkaufen zu können?

Wer aber gerne wissen möchte, was wirklich passiert ist, wer wissen will, welche Entscheidungen wirklich gefällt wurden und zu welchem Zweck, wer das Spiel verstehen möchte, um eine reelle Chance zu haben, bei diesem Spiel auch zu gewinnen, der muss Theorien aufstellen und Verbindungen schaffen, die nicht immer hundertprozentig mit der offiziellen Verlautbarung – und dem entspricht dann auch meist die Meinung der Masse – übereinstimmen. Diese Theorien müssen nicht immer richtig sein. Es sind ja noch immer Theorien. Aber sind sie deshalb von vornherein falsch? Gibt es nur die eine, die offizielle Wahrheit?

Sie werden auf den folgenden Seiten auf viele Fakten, aber auch auf viele Theorien stoßen. Ich behaupte nicht: »So ist es!« Aber ich stelle die Frage: »Könnte es sein, dass...?«

Ich möchte Sie auffordern, offizielle Aussagen zu hinterfragen. Die sind nicht immer falsch, aber zu häufig gibt es noch eine Wahrheit hinter ihnen. Je wichtiger das jeweilige Thema im internationalen oder wirtschaftlichen Zusammenhang ist, desto häufiger gibt es nach meiner Beobachtung eine zweite Wahrheit hinter der ersten.

Beispiel gefällig? Vor wenigen Jahren gehörten Sie noch zu den Verschwörungstheoretikern, wenn Sie gemutmaßt haben: »Die irakischen Massenvernichtungswaffen hat die US-Regierung nur erfunden.«

Meist bringen genau diejenigen das Totschlagargument »Verschwörungstheorie«, die das Hinterfragen schnellstmöglich beenden wollen – am einfachsten, indem sie den Hinterfrager und seine Theorie ins Lächerliche ziehen. Wenn Sie also wieder einmal irgendwo auf den Begriff »Verschwörungstheorie« stoßen, sollte Sie dies besonders neugierig machen.

Verschwörungstheorien müssen nicht zwangsläufig falsch sein. Vielleicht treffen sie sogar häufiger zu als die offiziellen Wahrheiten. Gut, es gibt Ausnahmen, und man muss da sicherlich unterscheiden. Auch ich glaube nicht, dass der vormalige US-Präsident Bush in Wirklichkeit vom Mars stammt und die Gedanken der Menschheit mit Techno-Musik beherrscht. Obwohl ich diesen Gedanken manchmal …

Was sind Einschätzungen der Experten wert?

Täglich erklären uns die Experten der Banken und Fonds, die Wirtschaftspolitiker und Wirtschaftsweisen, dass alles nicht so schlimm ist. Sie sprechen von kleinen Korrekturen und bald wieder steigenden Kursen. Sie warnen vor Panikverkäufen und sehen Kaufkurse. Was ist davon zu halten? Dazu möchte ich aus einem Artikel der *Süddeutschen Zeitung* zitieren:

> »Alle von der SZ befragten Finanzmarkt-Beobachter erwarten, dass die Aktienkurse in Deutschland bis Ende kommenden Jahres zulegen werden. Beim Dax wird im Schnitt ein Anstieg um ein Fünftel (…) erwartet. (…) An der Umfrage zum kommenden Finanzjahr haben sich 35 Banken, Fondsgesellschaften, Vermögensverwalter und Versicherungen beteiligt. Sie sehen voraus, dass der Dax, der am Montagnachmittag bei knapp 6500 Punkten stand, im kommenden Jahr kräftig zulegen wird. (…) Am positivsten gestimmt ist die Deutsche Bank, die den Schlusswert in einer Spanne

von 8200 und 8700 Zählern sieht. Mit Verlusten rechnet kein einziger der Befragten (…).«

Ist doch nichts Besonderes, werden Sie vielleicht denken. Ist es doch. Dieser Artikel stammt nämlich vom 16. Dezember 2000 und nicht von Ende 2007! Und danach ging's bergab – genau wie 2008. Erschreckende Parallele.

Folgendes Zitat stammt aus einem Artikel vom 10. Februar 2001 bei einem Dax-Stand von nur noch 6400 Punkten:

»Wer beim schubweisen Börsencrash im vergangenen Jahr den Ausstieg verpasst hat (…), sollte seine Aktien und Fonds jetzt auf keinen Fall zu Tiefstständen verkaufen. Verzweifelte Kleinanleger und Börsenfrischlinge, die erst ›neulich‹ zu Höchstständen einstiegen, warnt Finanzexperte (…) von Stiftung (…) dringend vor Panikverkäufen. Damit wären gleich zwei grobe Fehler begangen: Beim absoluten Hoch rein und im tiefsten Tal raus.«

Zwei schmerzhafte Jahre später stand der Dax bei 2200 Punkten. Wer auf diese Experten vertraut hat, hat dieses Vertrauen teuer bezahlt. Eigenes Nachdenken, kritisches Infragestellen und gesunder Menschenverstand hätten vielleicht vor der Katastrophe bewahrt.

Sieben Jahre später hören wir bis aufs Komma die gleichen Einschätzungen und Beschwichtigungen. Die gleichen fahrlässigen Ratschläge wie »Bloß keine Panikverkäufe, alles wird gut«. Wieso wird eigentlich jede rationale Entscheidung, sich von fallenden Aktien zu trennen – was doch das Normalste auf der Welt sein sollte –, stets als Panikverkauf hingestellt? Ganz einfach: Um die Anleger genau von diesem Tun abzuhalten. »Nein, nein, ich will nicht zu denen gehören, die in Panik handeln. Ich denke ja rational. Wenn Verkaufen also panisch ist, dann verkaufe ich

NICHT. Vielleicht mache ich es ja noch schlauer und kaufe sogar!« Und schon haben die Fondsgesellschaften und Bankexperten ihr Ziel erreicht. So einfach ist das.

Diese Zeilen hatte ich schon einige Monate fertig, da höre ich heute, im September 2008, während ich an einem ganz anderen Kapitel arbeite, im Fernsehen einen von mir ansonsten sehr geschätzten Kollegen mit folgenden Worten: »Wer aber jetzt den Weg von 8000 auf 6000 mitgemacht hat, dem würde ich nicht empfehlen auszusteigen. (…) Es ist abzusehen, wann das Ende der Finanzkrise eingeläutet wird (…).« Ich dachte erst an ein Déjà-vu, aber es ist wohl so, dass selbst die Profis aus der Geschichte einfach nicht lernen.

Natürlich dürfen nicht alle Experten über einen Kamm geschoren werden. Nicht jeder versucht dem Zuschauer arglistig die Interessen seines Arbeitgebers zu verkaufen. Man muss da genau unterscheiden. Da sind zum einen natürlich die Experten der Banken, Versicherer und Fonds, die verkaufende Kunden mehr fürchten als der Teufel das Weihwasser. Was glauben Sie, was ein Fondsmanager von seinem Arbeitgeber zu hören bekäme, wenn er im Fernsehen sagen würde: »Ich sehe in den nächsten Monaten große Risiken für den Aktienmarkt und empfehle Ihnen, Aktien und Fonds zu verkaufen.« Wahrscheinlich wäre das Nächste, was er hört, das Quietschen der Tür im Arbeitsamt. Banken, Versicherer und Fonds leben davon, Kapital einzusammeln und zu investieren. Wenn in größerem Maßstab Kapital abgezogen würde, wäre das schlecht fürs Geschäft und im schlimmsten Falle existenzbedrohend.

Manche Experten sind vor allem richtige Experten darin, die Interessen ihres Arbeitgebers in den Medien zu vertreten und dennoch nichts Falsches zu sagen. Ein Analyst sagte einmal in einem TV-Interview: »Ich sehe auf Sicht der nächsten drei bis vier Monate deutlich höhere Kurse!« Der Anleger sieht das und denkt: »Prima! Dann ist ja das Schlimmste vorbei, und ich kann wieder beruhigt kaufen.« Als ich den Analysten nach der Sendung auf diese Aussage anspreche und ihm heftig widerspreche, kommt die trockene Antwort: »Ja, ja, ich hab ja nur gesagt: auf Sicht der nächsten drei bis vier Monate. Danach erwarte auch ich einen drastischen Einbruch!« Schade, dass dieser Teil der Einschätzung beim Zuschauer nicht ankam, der nach der Sendung mit seinem Vermögen wieder in den Aktienmarkt eingestiegen ist.

Als Nächstes gibt es die »Experten«, die sich gar nicht die Mühe machen, sich ein eigenes Bild zu entwickeln. Die nehmen einfach die Meinungen der anderen »Experten« und machen sie zu ihrer eigenen. Ist ja auch bequem. Ein solcher Kommentator ist dann in guter Gesellschaft, steht mit seiner Meinung nicht gegen die der anderen, und man bestätigt sich gegenseitig, wie richtig man liegt. Die haben keine böse Absicht! Die wissen es einfach nicht besser, und wenn es alle sagen, wird's schon stimmen.

Es gibt ohnehin nur wenige wirkliche »Meinungsmacher«. Diejenigen, die es schaffen, ihre Einschätzungen als Erste in die Nachrichtenagenturen zu bringen, entscheiden darüber, welche Meinung die Welt künftig über dieses oder jenes Geschehen hat. Die meisten »Experten« haben selbst gar nicht die Zeit, sich mit allen Themen im Detail auseinanderzusetzen. Also lesen sie die ersten Analysen und Einschätzungen von anderen, um sich ein Bild zu machen. In den meisten Fällen übernehmen sie diese Meinung ungeprüft. Vor der Fernsehkamera geben sie diese Einschätzung des ersten Analysten dann weiter, und so weiter, und so weiter. Diejenigen, die den schnellsten Zugang zu den Medien haben und bei denen eventuell schon eine vorgefertigte Einschätzung zum jeweiligen Ereignis in der Schublade liegt – vielleicht sogar, weil sie mit diesem Ereignis zu tun haben –, besitzen eine ungeheure Macht über die öffentliche Meinung und Wahrnehmung. So gibt es in Deutschland sogenannte Thinktanks (Denkfabriken), die nichts anderes machen, als im Auftrag von finanziell starken Interessengruppen wie der Industrie Analysen zu erstellen und die öffentliche Meinung in deren Sinne zu beeinflussen. Sie geben den Journalisten eine vorgefertigte Analyse oder »Einschätzung«, noch bevor die Journalisten sich eine eigene Meinung gebildet haben. Da die Medien immer schneller reagieren müssen, haben die wenigsten Zeit, selbst ausführlich zu recherchieren. Also übernehmen sie die Analyse der Lobby dankbar und verbreiten diese als allgemeingültige Wahrheit. Noch einfacher wird das, wenn entscheidende Journalisten in diese »Lobbyarbeit« gleich mit eingebunden werden.

Schließlich gibt es noch die Experten, die nicht nur bereits ahnen, dass der Eisberg, auf den wir aufgelaufen sind, mehr als einen Kratzer in die Bordwand geritzt hat, sondern die schon hören, wie die Kammern volllaufen und die ersten Schotte brechen. Und genau wie ein verantwortungsbewusster Kapitän versuchen sie, die Passagiere zu beruhigen, um eine geordnete und kontrollierte Rettungsaktion zu ermöglichen. Das ist sicherlich die ehrenwerteste Form der Desinformation – aber es bleibt dennoch eine. Denn vielleicht ließen sich mehr Leute retten, wenn ihnen die ungeschönte Wahrheit gesagt und ihnen empfohlen würde, an Deck zu kommen, anstatt sie in die Kabinen zurückzuschicken. Denn was, wenn die Rettung des Schiffes misslingt? Die Passagiere bleiben in ihren Kabinen und gehen mit Mann und Maus unter. So wie die Aktienbesitzer mit ihren Depots untergehen, wenn der Markt einbricht. Vielleicht wäre es doch besser gewesen, die Kabine zu verlassen und an Deck zu kommen oder eben seine Depots zu leeren. Wenn das Schiff stabilisiert ist und keine Gefahr mehr besteht, kann man ja jederzeit mit überschaubarerem Risiko wieder einsteigen. Vielleicht hat man ein paar schöne Stunden unter Deck verpasst (ein paar Prozent Gewinn nicht gemacht), aber man war jedenfalls nicht der Gefahr ausgesetzt, das Leben (das gesamte Kapital) zu verlieren.

Wenn ich mir die Kommentare aus dem Jahr 2007/2008 anschaue, die von steigender Konsumfreude der Privathaushalte in Deutschland und den tollen Chancen durch die asiatischen Märkte berichten, erinnert mich das zunehmend an die letzten Bilder der Titanic. Da spielte auch noch die Kapelle, als das Schicksal des Schiffes bereits besiegelt war.

Der oberste Wirtschaftsweise sprach in Interviews im Dezember 2007 davon, dass alles gut wird, weil der private Verbraucher in Deutschland demnächst viel mehr Geld in der Tasche haben wird und damit den Konsum und die Wirtschaft ankurbelt. Da blieb mir zunächst der Mund offen stehen. Bei mir ist diese Geldflut noch nicht angekommen. Und ich frage mich, wo der Verbraucher all das viele Geld plötzlich herbekommt. Oder haben Sie gehört, dass die Energieversorger Ihre Strompreise drastisch senken, dass die Lebensmittelpreise in den nächsten Monaten deutlich fallen werden? Die angekündigte russische Gaspreiserhöhung um wieder einmal 20 Prozent war wahrscheinlich auch nur ein Scherz. Der Russe hat halt einen merkwürdigen Humor!

Kurzum: Auch hier genügt der gesunde Menschenverstand, um die Aussagen auch der honorigsten Vertreter als das zu erkennen, was sie sind: gutgemeinte Versuche, die Passagiere zu beruhigen. Ich werfe es ihnen nicht einmal vor. Vielleicht müssen sie wirklich so handeln. Aber ich will dennoch nicht als Letzter in der Kabine sitzen.

Seit dem Frühsommer 2007 warne ich vor einem starken Einbruch der Märkte und empfehle den Menschen seit dieser Zeit in Funk, Fernsehen und Zeitungsinterviews, aus ihren Aktien und Risikoanlagen auszusteigen. In all den Monaten danach wurde mir immer wieder vorgeworfen, das wäre verantwortungslos. Mit welchem Recht wird das behauptet!? Ich sage den Menschen nicht: »Wettet auf fallende Kurse!« Ich sage: »Geht aus dem Risiko, haltet euer Geld fest. Wettet überhaupt nicht!« Das ist der verantwortungsvollste Ratschlag, den man einem Menschen in solch unsicheren Zeiten geben kann. Diejenigen, die seit vielen

Monaten die Parole ausgeben: »Halten! Aussitzen! Das müssen Sie langfristig sehen! Nur keine Panikverkäufe!«, handeln verantwortungslos, denn sie empfehlen den Menschen damit, direkt auf steigende Kurse zu wetten.

Wenn ich unrecht habe, verliert keiner, der meinem Rat gefolgt ist, auch nur einen Euro. Im Gegenteil, er hat sogar noch seine Tagesgeldzinsen verdient.

Wenn aber diejenigen unrecht haben, die »Halten« empfohlen haben, verlieren die Menschen, die diesem Rat gefolgt sind, Haus, Hof und eventuell ihre Altersvorsorge.

Wer von beiden ist also unverantwortlich!?

Nachdem ich in einem Interview vor weiter fallenden Kursen gewarnt hatte, hat mir ein hochrangiger Politiker vorgehalten, ich dürfe vor der Kamera nicht jede Wahrheit sagen.

Nach einem sehr »deutlichen« Interview meinerseits bei mehreren TV-Sendern fühlte sich Jean-Claude Trichet, der Präsident der Europäischen Zentralbank (EZB), genötigt, »die Börsenhändler zur Ordnung zu rufen«. »Sie sollen ihren irrationalen Pessimismus im Zaum halten!«, sagte er.

Wie war das noch gleich mit dem Recht auf freie Meinungsäußerung!? Werden jetzt diejenigen attackiert, die frei und offen über die Situation sprechen, statt derer, die die Lage hervorgerufen haben?

Dazu fällt mir der große Satz des Chefanalysten der Bremer Landesbank Folker Hellmeyer ein: »Erst stirbt der freie Markt, dann stirbt die Demokratie.« Sind wir etwa schon so weit?

Die Nebelkerzenmethode oder:
Warum Sie nicht Ihrem Gefühl vertrauen

Eigentlich müsste jeder logisch denkende Bürger die Lageeinschätzungen der Experten durchschauen können und rufen:
»Das stimmt doch nicht! Der Kaiser hat keine Kleider an!« Warum passiert das nicht? Die Erklärung ist so erschreckend wie einfach. Es werden von allen Seiten beständig Nebelkerzen geworfen, die nur einen Zweck haben: Die Menschen bekommen so
viele verwirrende, komplizierte und kaum nachzuvollziehende
»Fakten« um die Ohren gehauen, dass die meisten gleich resigniert abwinken und sagen: »Das ist mir alles zu kompliziert, die
werden schon recht haben.« Und diese »Fakten« werden dann
gezielt so präsentiert, dass bei der Bevölkerung jeweils die Stim-
mungslage erreicht wird, die beabsichtigt ist. Wir wollen uns einige dieser Nebelkerzen genauer ansehen. Dann verlieren sie
ganz schnell ihre Mystik und damit ihre Wirkung.

Nebelkerze »IFO-Index«
Wenn Expertenaussagen kritisch hinterfragt werden, verteidigen
die Fachleute ihren Standpunkt zumeist mit den aktuellen Wirtschaftsdaten. Kleines Beispiel gefällig? Bitte sehr: Einer der am
häufigsten zu Rate gezogenen Indizes zur Lage der Konjunktur in
Deutschland ist der IFO-Index, auch »Geschäftsklimaindex« genannt. Klingt kompliziert, ist es aber nicht. Es werden einmal im
Monat 7000 Firmenchefs befragt:

> »Wie schätzen Sie Ihre augenblickliche Lage ein? Gut, be-
> friedigend oder schlecht? Und wie, glauben Sie, wird sich
> Ihre wirtschaftliche Lage in den nächsten sechs Monaten
> entwickeln? Günstiger, gleichbleibend oder ungünstiger?«

Das war alles. Gar nicht so kompliziert. Aaaaber: Erstens kann an diesem Index durch Auswahl der Firmen mächtig getrickst werden. Ich rufe zum Beispiel einfach mehr bei Stromversorgern als bei Fliesenlegern an. Und wenn ich im Dezember einen Gartenbaubetrieb anrufe, wird der mir sagen: »Im Moment läuft es nicht so toll, aber in den nächsten sechs Monaten erwarten wir deutlich mehr Aufträge.« Die Folgerung: Die Wirtschaft erwartet einen Konjunkturaufschwung! Geht doch. Oft werden diese lästigen Anfragen auch gar nicht von den Firmenchefs beantwortet, wie man meinen könnte. Mir wurde bereits glaubhaft versichert, dass dieser Anfragebogen gelegentlich auch vom Praktikanten ausgefüllt wird. Darüber hinaus werden zwar 7000 Firmen befragt, aber es ist nicht die Rede davon, wie viele auch antworten. Vielleicht hat derjenige, der gerade um die Existenz seiner Firma kämpft, ganz andere Dinge zu tun, als einen nervigen Fragebogen an ein Wirtschaftsforschungsinstitut zurückzusenden.

Des Weiteren sind Firmenchefs auch keine Übermenschen. Wenn der Leiter einer großen Holzhandlung jeden Tag in der Zeitung liest, dass die Wirtschaftsexperten mit einer anziehenden Wirtschaft rechnen, weil der Konsument bald mehr Geld in der Tasche hat, wird dieser Firmenchef, der ja von Haus aus optimistisch sein sollte, der Überzeugung sein: Wenn das so ist, wie die sagen, werde ich in den nächsten Monaten auch mehr Holz verkaufen. Und schon entspricht der Ifo-Index dem, was die Experten gesagt haben.

Das bedeutet im Umkehrschluss: Erst wenn die Lage in den Firmen schon als so dramatisch wahrgenommen wird, dass selbst die optimistischen Firmenchefs, die ja immer am liebsten Gewinnzuwächse ankündigen, zurückrudern und den Beteuerungen der Experten keinen rechten Glauben mehr schenken wollen, wird der IFO-Index zurückgehen.

Der IFO-Geschäftsklimaindex hatte Anfang 2007 seinen höchsten Stand seit über zehn Jahren und fällt seitdem kontinuierlich. Keine weiteren Fragen, Euer Ehren!

Nebelkerze »Arbeitsmarktstatistik«

Darüber hinaus ist im Moment ständig von der wunderbaren Vermehrung der Arbeitsplätze zu lesen. Zugegeben: Wie es die Bundesregierung schafft, aus einem Heer von Arbeitslosen auf dem Papier ein Jobwunder zu erschaffen, das hat in der Tat schon etwas von einem biblischen Wunder. Hätte die Bundesagentur für Arbeit diese Nummer vor 2000 Jahren durchgezogen, wäre das vermutlich irgendwo zwischen der Teilung des Roten Meeres und der Speisung der 5000 in der Bibel erzählt worden. Es ist doch so: Auf Seite 1 der Zeitungen steht oft »Niedrigste Arbeitslosenzahl im Dezember seit Jahren«, auf Seite 2 bis 4 der gleichen Zeitung wird vom Stellenabbau im Bankgewerbe und von der Verlagerung von Tausenden von Handy-Arbeitsplätzen nach Rumänien berichtet. Mein Nachbar hat gerade seine Spedition geschlossen, und die Bundesagentur für Arbeit frohlockt monatlich mit tollen Zahlen. Sind das alles nur traurige Einzelschicksale und wir alle nur fachlich zu wenig beschlagen, um zu erkennen, dass das große Ganze sich wunderbar entwickelt? Oder sind meine Beobachtungen nach dem gesunden Menschenverstand gar nicht so falsch, aber die Zahlen der Statistik passen da irgendwie nicht rein? Höchste Zeit, sich diese Arbeitslosenstatistik einmal näher anzusehen. Also machen wir unsere Windmaschine an, blasen den Nebel der Statistikformeln beiseite und konzentrieren uns auf das Offensichtliche.

Die Bundesagentur für Arbeit (BA) meldet im Februar 2008 offiziell 3,6 Millionen Arbeitslose. Jetzt denkt der geneigte Wähler: »Na ja, 3,6 Millionen haben keine Arbeit und werden unterstützt. Alle anderen, die nicht mehr zur Schule gehen oder noch nicht in Rente sind, haben Arbeit.« Das ist gesunder

Menschenverstand – hat aber leider nichts mit der Schönrechnerei unserer Regierung zu tun. Die sieht das ganz anders: Der Arbeitslose, der zum Beispiel gerade auf Staatskosten eine Berufsqualifizierungsmaßnahme macht, ist nämlich gar nicht arbeitslos. Der Arbeitslose, der gerade auf Kosten der Arbeitsagentur eine Berufsberatung erhält, ist auch nicht arbeitslos. Sie werden denken: »Wie das? Der Arbeitslose ist arbeitslos, bezieht Arbeitslosengeld, aber wird nicht als arbeitslos gezählt?« Und ich sage Ihnen: »Ja! Genau so wird das Spiel gespielt.«

Und damit wir nicht nur im luftleeren Raum argumentieren, hier die harten Fakten der Bundesagentur für Arbeit. Im Februar 2008 nahmen 1,46 Millionen Arbeitslose an sogenannten »ausgewählten Maßnahmen aktiver Arbeitsmarktpolitik« teil. Unter diesen tollen Begriff fallen Qualifizierung, Berufsberatung, Förderung der Berufsausbildung und so weiter. Aber halt! Wir dürfen ja nicht sagen: »Arbeitslose«. Denn mit dem Dritten Gesetz für moderne Dienstleistungen am Arbeitsmarkt (in Kraft seit 1.1.2004) wurde im § 16 Arbeitslose, SGB III klargestellt: »Teilnehmer an Maßnahmen der aktiven Arbeitsmarktpolitik gelten als nicht arbeitslos.«

Es gibt natürlich auch Arbeitslose über 58 Jahre. Hier geht es für Detailinteressierte um § 428, SGB III. Hierunter fallen im November 2007 204 000 Menschen, die zwar Arbeitslosengeld kassieren, aber nicht als arbeitslos gezählt werden.

Die Ein-Euro-Jobber dürfen wir auch nicht vergessen. Die bekommen zwar Arbeitslosengeld. Doch da sie ja arbeiten, und sei es auch nur für einen Euro pro Stunde, sind sie laut Regierung ebenfalls nicht arbeitslos. Toll! Das macht noch einmal 287 000 Arbeitslose weniger im Februar 2008.

Dazu kommen noch die kranken Arbeitslosen, die nicht mehr als arbeitslos zählen, die Jugendlichen, die keinen Job haben, aber eine Lehrstelle suchen, und so weiter und so weiter …

Da blickt zwar keiner mehr durch – soll ja aber auch nicht.

Drehen wir den Spieß doch mal um und betrachten die Sache mit dem gesunden Menschenverstand. Die Zahlen haben wir wieder von der Bundesanstalt für Arbeit.

Wir behaupten einfach, dass wir alle diejenigen als arbeitslos zählen, die Arbeitslosengeld bekommen. Ist doch eigentlich die einfachste und logischste Betrachtungsweise, oder?

Februar 2008:

Empfänger Arbeitslosengeld I:	1,1 Millionen
Empfänger Arbeitslosengeld II:	5,1 Millionen
Gesamtzahl der Arbeitslosen:	**6,2 Millionen!**

Vergleichen wir das noch einmal mit den 3,6 Millionen, die uns die Regierung an die Backe malen will. Was macht die Bundesagentur da? Sie schmeißt eine ganze Kiste Nebelkerzen mit den Namen »Ein-Euro-Job-Kerze«, »Über-58-Kerze« und so weiter, und in dem ganzen Qualm steht einer und schreit: »Ich hab's gesehen, es sind nur 3,6 Millionen Arbeitslose!!!« Und da wir keine Lust haben, selbst im Nebel herumzustochern, glauben wir es halt.

Würden wir uns die Mühe machen, wären wir wieder bei des Kaisers neuen Kleidern. Wir zählen einfach alle Arbeitslosen als Arbeitslose, und schon ist der ganze Spuk enttarnt. So einfach ist das! Aber warum macht man das? Warum erzählt man uns nicht die Wahrheit? Ein römischer Senator hat einmal im Senat den Vorschlag eingebracht, dass alle Sklaven in der Öffentlichkeit weiße Armbänder tragen sollten. Er war der Ansicht, man könne ja nicht mehr unterscheiden, wer Sklave und wer ein Freier sei. Der Senat lehnte diese Anfrage ab. Aus gutem Grund: »Wenn die Sklaven sehen, wie viele sie sind, fegen sie uns hinweg.« Mit leicht veränderter Wortwahl ginge der Satz heute auch wieder durch.

Notiz am Rande: 1932 gab es in Deutschland 5,6 Millionen Arbeitslose – was daraus wurde, ist hinlänglich bekannt.

Solange der Arbeitslose glaubt, dass die Wirtschaft toll läuft und nur er persönlich zu blöd ist, daran teilzuhaben, so lange hält er schamvoll den Mund. Alle anderen scheinen ja Jobs zu bekommen, da wird es wohl an ihm selbst liegen. Vielleicht sollte er sich doch mal wieder rasieren.

Aber was, wenn die Arbeitslosen wüssten, dass sie 6 Millionen sind? Vielleicht würden sie dann doch selbstbewusster nach Änderungen verlangen. Und davor haben die Regierung und die Industrie eine Heidenangst.

Selbst die hessische Sozialministerin Silke Lautenschläger wirft der Bundesregierung und der Bundesagentur für Arbeit in einem Interview mit dem hessischen Rundfunk »Statistik-Schwindel« vor. Aber was bei den Arbeitslosen so schön funktioniert, das muss doch auch bei anderen unliebsamen Zahlen funktionieren.

Nebelkerze »Inflation«

Die Regierung spricht von 2 bis 3 Prozent Inflation. Wir persönlich haben eher den Eindruck, als seien es 10 Prozent. Woher kommt der Unterschied? Wieso gibt es offiziell kaum Inflation, und dennoch haben wir immer weniger im Geldbeutel und müssen immer mehr für die Dinge des täglichen Bedarfs ausgeben? Sie kennen das: Der Bonzettel im Supermarkt wird zwar immer kürzer, der Betrag, der unten als Summe steht, aber immer höher. Und dennoch haben wir angeblich kaum Inflation. Wie geht denn das?

Machen wir doch einmal die Windmaschine an!

Was ist eigentlich Inflation? Inflation ist, wenn alles teurer wird. Werden beispielsweise nur Benzin und Heizöl immer teurer, aber Lebensmittel im Gegenzug billiger, herrscht keine Inflation. Inflation kann man auch etwas vereinfacht mit »Geldentwertung« übersetzen. Es gibt je nach Wirtschaftssystem und

Wirtschaftslage unterschiedliche Ursachen für Inflation. In diesem Buch wollen wir uns der Übersichtlichkeit wegen jener Form von Inflation widmen, die im Moment die Märkte umtreibt: der Inflation durch immer mehr neues Geld.

Geld wird benötigt, um Waren gegeneinander tauschen zu können. Nehmen wir an, es gäbe nur fünf Gummibärchen und fünf Ein-Euro-Münzen. Dann ist jedes Gummibärchen einen Euro wert, und jede Ein-Euro-Münze ist ein Gummibärchen wert. Wenn jetzt ein weiteres Gummibärchen produziert wird, muss auch eine neue Münze geprägt werden, damit immer noch ein Gummibärchen einem Euro entspricht. Käme aber jemand auf die Idee, statt dieser einen Münze sechs neue Münzen zu prägen, hätten wir doppelt so viele Münzen wie Gummibärchen. Logischerweise sagt jetzt derjenige, der ein Gummibärchen verkaufen möchte: »Moment mal! Gummibärchen sind doch viel seltener als Münzen! Du musst mir jetzt schon zwei Münzen pro Gummibärchen geben!« Also ist jetzt ein Gummibärchen zwei Münzen wert, und eine Münze nur noch ein halbes Gummibärchen. Folglich haben wir es mit Geldentwertung zu tun. Das ist Inflation. Würde immer nur so viel neues Geld in Umlauf gebracht werden, wie es dem Wachstum der Wirtschaft entspricht, hätte man dauerhaft stabile Preise und keine Inflation.

Warum funktioniert das nicht? Unser Wirtschaftssystem ist auf Verschuldung angelegt, auf Konsumieren und Investieren, bevor die eigentliche Leistung erbracht wurde. Also wird einfach mehr Geld herausgegeben, als Wirtschaftsgüter existieren. Der Staat nimmt zum Beispiel einfach mal aus dem Nichts heraus neue Schulden auf (schafft also de facto neues Geld), um Straßen zu bauen. In der Hoffnung, dass auf diese Weise neue Arbeitsplätze entstehen und dann mehr Menschen Steuern zahlen, mit denen die Schulden wieder zurückgezahlt werden können. So kann man die Wirtschaft ankurbeln, indem man ein wenig Inflation herbeiführt. Denn zunächst einmal gibt es ja etwas mehr Geld, als es echte Wirtschaftsleistung gibt. Die entsteht erst, wenn die Arbeitsplätze später wirklich geschaffen werden und die Straßen gebaut werden.

Allerdings sorgt unser System dafür, dass dies von Jahr zu Jahr neu geschieht. Immer mehr Verschuldung, um immer wieder neu die Wirtschaft wachsen zu lassen. Das wäre so weit kein Problem, wenn wir nicht den Zins und Zinseszinseffekt hätten. Denn von Jahr zu Jahr wachsen der Schuldenberg und die Zinslast. Also muss der Staat immer mehr Geld neu schaffen (Kredit aufnehmen), von dem ein immer größerer Teil nicht mehr zur Stimulierung der Wirtschaft, sondern zur Bedienung der Zinsen verwendet wird. Diese Zinsen, die gezahlt werden, fördern aber nicht die Wirtschaft, sondern werden zu immer größeren Vermögen bei einigen wenigen gehortet. Also steht der Geldvermehrung keine gestiegene Wirtschaftsleistung gegenüber. Was es für die Preise bedeutet, wenn immer mehr vorhandenes Geld der gleichen oder nur leicht steigenden Wirtschaftsleistung gegenübersteht, haben wir schon bei den Gummibärchen gesehen: Das Geld wird, in Gummibärchen gerechnet, immer wertloser, also steigen die Preise. Das Ergebnis ist Inflation!

Seit Jahrzehnten wird an den Universitäten eine ganz einfache Methode zur Berechnung der Inflation gelehrt:

Geldmengenwachstum minus Wirtschaftswachstum = Inflation

Jetzt kommen wir langsam zu des Pudels Kern:

Geldmengenwachstum (M3) in Deutschland 2007:	ca. 12 %
abzüglich Wirtschaftswachstum in Deutschland 2007:	ca. 2,2 %
ergibt Inflation 2007:	**ca. 9,8 %**

Das entspricht schon eher meiner angeblich so falschen »gefühlten Inflation«! Hat mein Bauchgefühl – vielleicht sollte ich sagen: mein »gesunder Menschenverstand« – etwa doch recht!?

Die Abgeordnetendiäten stiegen im Jahr 2007 um 9,4 Prozent. Wenn das keine beeindruckende Parallele ist! Da konnten wohl doch ein paar Leute rechnen … Zumindest, wenn es um den eigenen Geldbeutel geht. Aber der Bürger wird mal wieder für besonders blöd verkauft! Dem erzählt man allen Ernstes, die Inflation läge bei 2 bis 3 Prozent, und er wäre nur zu dumm, das zu verstehen, weil er halt nur die »gefühlte Inflation« spürt und die »großen, schwierigen« Zusammenhänge nicht versteht. Da kommt mir die Galle hoch!

In der Tat wurden diese angeblich großen und schwierigen Zusammenhänge nur zu einem einzigen Zweck geschaffen: als Nebelkerze, um den Bürger zu verschaukeln. Im Einzelnen funktioniert diese Nebelkerze übrigens ganz einfach:

Man bildet einen sogenannten »Warenkorb«. Klingt ja auch logisch. Warenkorb kennen Sie: Das ist das Teil im Supermarkt, in das Sie all die Dinge Ihres täglichen Bedarfs tun. Und genauso, wie am Einkaufswagen immer die Rolle am rechten Vorderrad klemmt und die eingeworfene Ein-Euro-Münze nicht mehr herauskommt (scheint ein Naturgesetz zu sein), klemmt es auch am bundesdeutschen Warenkorb. Da kommt einfach alles rein, was der Bürger (angeblich) braucht. Dann schauen wir, wie sich diese Preise verändern.

Das klingt ganz gut, ermöglicht aber eine Menge Tricks. Ich kann die Zusammenstellung in meinem Warenkorb beispielsweise so ändern, dass ich von den Dingen, die teurer werden, einfach weniger in den Warenkorb lege und dafür mehr von jenen Dingen, deren Preise fallen. So wurde die Gewichtung von Lebensmitteln, deren Preise in den letzten Jahren dramatisch anzogen, von 13,1 Prozent im Jahr 1995 auf 10,4 Prozent im Jahre 2005 reduziert!

Gleichzeitig wurde der Anteil von Freizeit und Kultur, zu dem auch die immer billiger werdenden Fernreisen zählen, von 10,4 auf 11,6 Prozent erhöht. Im Klartext heißt das: Man will der armen Rentnerin erklären, dass sie halt Pech hat, wenn ihr ganzes Geld, das sie nach den Ausgaben für Wohnen und Heizen noch übrig hat, für immer teurere Lebensmittel draufgeht. Würde sie weniger essen und stattdessen öfter nach Mauritius fliegen, hätte sie auch nicht so eine hohe persönliche Inflationsrate. Was für ein Zynismus!

Aber um dem Ganzen die Krone aufzusetzen und weil dieser Trick alleine nicht den gewünschten Effekt erzielen kann (das ist ja schließlich schon eine Hausnummer, die Inflationsrate von 9,8 auf 2,2 Prozent zu »berichtigen«), wurde ein noch witzigeres Instrument geschaffen: die Hedonische Methode. Das klingt schon so, dass man sich gar nicht erst damit beschäftigen will. Soll es auch. Auf Deutsch klingt das schon viel interessanter: »Lustzugewinn«.

Da wird man doch hellhörig und schaut sich zur Erklärung ein Beispiel an: Sie benötigen einen neuen PC. Also gehen Sie in den Elektronikmarkt Ihres Vertrauens. Wie immer reicht für Ihre einfachen Word-Anwendungen das simpelste Modell aus. Sie stellen das Gerät an die Kasse und bezahlen 1100 Euro. Letztes Jahr haben Sie noch 1000 Euro bezahlt. »Na ja«, denken Sie sich, »ist halt 10 Prozent teurer geworden.«

Aber am Ausgang steht ein Statistiker und rechnet Ihnen vor: »Nein, nein! Das sehen Sie völlig falsch! Letztes Jahr hatte der PC 2 Ghz. Jetzt hat der Prozessor 4 Ghz. Da haben Sie ja einen Lustzugewinn von 100 Prozent!! Und das für nur 10 Prozent mehr Geld. In Wirklichkeit ist der PC also viel billiger geworden. Haben Sie sich schon überlegt, wofür Sie all das gesparte Geld jetzt ausgeben werden? Die Regierung rechnet fest damit, dass Sie damit die Konjunktur ankurbeln!«

Sie werden sich verwundert die Augen reiben, vorsichtig weitergehen und hoffen, dass der Irre nicht gefährlich ist …

Aber genau das passiert jeden Tag, an dem man Ihnen erzählen will, die Inflationsrate betrage nur 2,2 Prozent!

Jetzt haben wir drei exemplarische Nebelkerzen aus unserem direkten Umfeld kennengelernt. Wenn wir das immer gleiche Prinzip dahinter verstanden haben, fällt es uns zunehmend leichter, auch all die anderen »Unstimmigkeiten« zwischen dem erlebten Alltag, dem gesunden Menschenverstand und den offiziellen Verlautbarungen in den Medien zu erkennen. Denken Sie bei jeder Stellungnahme, die Ihnen über die Medien entgegengeschleudert wird, an den legendären Satz von Walter Ulbricht 1961, zwei Monate vor dem Bau der Berliner Mauer: »Niemand hat die Absicht, eine Mauer zu errichten!«

Natürlich ist nicht alles erlogen oder verzerrt, aber es ist nie verkehrt, eine ordentliche Portion Skepsis an den Tag zu legen. Fragen Sie sich immer: »Passt diese Aussage zu dem, was mir mein gesunder Menschenverstand sagt?« Wenn Sie hierbei Zweifel haben, vertrauen Sie lieber auf sich selbst statt auf die »Experten«. Der von mir hochgeschätzte Hermann Kutzer, ehemaliger Chefredakteur des *Handelsblatts,* pflegte seine Vorträge häufig mit dem Satz einzuleiten: »Meine Damen und Herren, glauben Sie uns kein Wort!«

Am Montag, dem 10. März 2008, sagte der Bear-Stearns-Manager Alan Greenberg in die laufenden Kameras, Marktgerüchte über Liquiditätsprobleme bei der fünftgrößten amerikanischen Investmentbank seien – so wörtlich – »total lächerlich«. Fünf Tage später wurde die Bank mitsamt ihren 14 000 Angestellten in einer dramatischen Rettungsaktion für den Spottpreis von 236 Millionen Dollar an den Konkurrenten JP Morgan Chase verschachert und so in buchstäblich letzter Minute vor dem Zusammenbruch »gerettet«. Die Los Angeles Galaxy hat für David Beckham übrigens 250 Millionen Dollar bezahlt …

Die Anleger, die auf die Worte des Herrn Greenberg vertraut haben und am Freitag Bear-Stearns-Aktien zum Stückpreis von

30 US-Dollar erworben haben, waren 48 Stunden später um 90 Prozent ärmer, denn der Übernahmepreis lag bei ganzen zwei Dollar pro Aktie. Einige Wochen später wurde der Kaufpreis dann »großzügig« auf 10 Dollar erhöht, da die Unverschämtheit doch zu offensichtlich war und eine große deutsche Bank angeblich als »Stinkstiefel« hinter den Kulissen ein deutlich höheres Angebot vorgelegt hatte. Diese Aktion hat bei den US-Bankern für nicht allzu viel Begeisterung gesorgt und das Klima zu eben dieser großen deutschen Bank deutlich frostiger werden lassen, was deren Vorsitzender in einigen wichtigen Entscheidungen der darauffolgenden Monate drastisch zu spüren bekam.

Also, die wichtigste Lektion: Glauben Sie niemandem außer sich selbst. Auch mir nicht!

Warum akzeptiert die Finanzwelt »optimierte« Zahlen?

Sie haben gesehen, dass veröffentlichte Zahlen stets mit größter Skepsis zu betrachten sind. Wir könnten von diesen Beispielen noch etliche durchkauen. Ich denke jedoch, für den Moment genügt es. Auf den einen oder anderen Aufreger bezüglich der Wirtschaftsdaten komme ich noch zu sprechen.

Jetzt stellt sich natürlich die Frage: Warum, zum Henker, kümmern sich die hochbezahlten Finanzmenschen an den Kapitalmärkten denn überhaupt um diese Zahlen, wenn sie ohnehin nicht stimmen? Eigentlich müssten doch landauf, landab die Analysten auf die Barrikaden gehen und rufen: »Das stimmt alles nicht! Der Kaiser hat keine Kleider an!« Stattdessen nicken alle freundlich mit dem Kopf und loben des Kaisers neue Kleider. »Oh, wir haben die Arbeitslosigkeit im Griff! Seht nur, wie stabil unsere Preise sind!«

Auf diese Frage gibt es mehrere Antworten, die allesamt ein

gewisses Kopfschütteln hervorrufen. Zum einen sind tatsächlich noch Experten anzutreffen, die diese Zahlen für bare Münze nehmen. Zugegeben, ich bin in den letzten Jahren sehr wenigen davon begegnet. Die große Masse der »Finanzcommunity« ist sich vollkommen darüber im Klaren, dass die Zahlen mehr oder weniger Kappes sind. Die Spanne reicht von »möglicherweise etwas ungenau« bis »Volksverarsche«. Dennoch hat auch der geplagte Finanzmensch ein großes Problem: An irgendetwas muss er sich ja orientieren. Also hat man sich irgendwann stillschweigend dazu durchgerungen, dass es am einfachsten ist, so zu tun, als würden die offiziellen Daten, so wie sie sind, stimmen. Jetzt haben wir wenigstens eine mathematische Konstante, mit der alle rechnen. Wenn alle falsch rechnen, ist es für mich ja nicht so schlimm. Außerdem ist es ziemlich anstrengend, immer wieder gegen alle anderen mit dem Argument anrennen zu müssen: »Aber das stimmt doch alles nicht!« Man hat mit dem Alltagsgeschäft schon genug zu tun und kann nicht auch noch gegen Windmühlen kämpfen.

Hinzu kommt ein höchst praktischer Nebeneffekt: Vielen Banken und Vermögensberatern passt es prima ins Konzept, wenn die Kunden glauben, dass die Inflationsrate bei 3 Prozent liegt. Dann finden die Kunden 5 Prozent Zinsen oder sogar 6 Prozent Fondserfolg eine ganz tolle Sache, hat man doch inflationsbereinigt 2 oder 3 Prozent verdient. Wenn der Kunde wüsste, dass die Inflation bei 10 Prozent liegt, würde er zu Recht sagen: »Habt ihr noch alle Latten am Zaun? Ich bekomme 5 Prozent Zinsen, während mir die Inflation jedes Jahr 10 Prozent wegfrisst!? Da bin ich ja bis zur Rente ein armer Mann!«

Warum sollte also jemand ein Interesse daran haben, an den offiziellen Daten zu zweifeln? Sie sind doch ganz nützlich.

Natürlich wissen die Profis ganz genau, dass die reale Inflation wesentlich höher ist. Daher jagen sie ja auch seit Jahren wie der Teufel hinter der armen Seele höheren Renditen für ihre eigenen

Finanzanlagen hinterher, um diese echte Inflationsrate zu schlagen oder zumindest auszugleichen. Warum hatten wir denn in den letzten Jahren die Forderungen nach immer höheren »Eigenkapitalrenditen« (das ist die Rendite, die auf das eigene eingesetzte Geld anfällt) bei den Unternehmen? Erinnern Sie sich? Josef Ackermann forderte für die Deutsche Bank im Jahr 2005 eine Eigenkapitalrendite von 25 Prozent vor Steuern. Dafür war man auch bereit, trotz Milliardengewinnen Mitarbeiter zu entlassen. Die Leute haben sich an den Kopf gefasst. Aber Ackermann hat es geschafft. Selbst wenn man die Steuern abzieht, hat die Deutsche Bank im Jahr 2006 20,4 Prozent Rendite erzielt, 2007 immerhin noch 18 Prozent. Da blieb nach der Inflation noch ein schönes Sümmchen übrig. Und wie sah das in den letzten Jahren bei Ihnen aus, lieber Leser?

Natürlich waren diese hohen Renditen nicht mit langweiligen Pfandbriefen und Mittelstandskrediten zu erzielen. Da musste schon etwas Kreatives her. Hohe Rendite heißt auch immer hohes Risiko. Aber wenn man die Inflation schlagen will … Da durfte es dann schon mal ein abenteuerliches Finanzvehikel mit amerikanischen Häuslebauern sein. Die Folgen dieser Renditegier können Sie in Ihrer Tageszeitung oder auf den folgenden Seiten dieses Buches nachlesen.

Sinn oder Unsinn der täglichen Zahlenflut

Ergänzend kommt hinzu, dass jede Woche eine Flut von Wirtschaftsdaten die Finanzmärkte überschwemmt. Viele Marktteilnehmer haben ohnehin längst jeden Überblick verloren. Einige Eifrige bemühen sich, in diesem Meer von neuen Daten irgendwie den Kopf über Wasser zu halten, zu erkennen, welche Daten gerade wirklich wichtig sind, und dann auch noch zu verstehen, wie das jeweilige Ergebnis zu interpretieren ist, bevor oft schon Minuten später die nächste »wichtige« Kennziffer über sie hereinbricht. Da kommen Erstanträge auf Arbeitslosenzahlen der USA, gefolgt von der ersten Schätzung des Bruttoinlandsprodukts der USA, bevor Minuten später der »Zottelbärenindex« wieder alles über den Haufen wirft.

Der Begriff »Zottelbärenindex« ist volkswirtschaftlich nicht ganz korrekt und geht auf meinen hochgeschätzten Kollegen Rolf B. zurück, der den »University of Michigan Verbrauchervertrauensindex« stets mit den liebevollen Worten begrüßte: »Was wollen die langhaarigen Zottelbären von der Uni Michigan mir heute wieder erzählen?« Die Marktteilnehmer haben in der Masse längst aufgehört zu hinterfragen, was hinter der einen oder anderen gemeldeten Zahl wirklich steckt. Kaum jemand weiß, wie diese Zahlen erhoben werden, ob sie der Realität entsprechen oder ob sie in irgendwelchen Hinterzimmern von Eigenbrötlern mit dicken Brillengläsern und unerfülltem Liebesleben zusammengeschraubt werden.

Ich gehe sogar noch weiter und behaupte, dass die meisten Marktteilnehmer überhaupt nicht wissen, was es mit dieser oder jener Zahl auf sich hat. Fragen Sie mal probehalber irgendwelche Händler: »Heute Mittag kommt der ZEW-Index. Liegt diese Zahl etwa bei −50 oder +50 und handelt es sich dabei um Indexpunkte oder Prozent?« Geschätzte 70 Prozent würden falsch antworten, und vielleicht 20 Prozent hätten richtig geraten (und nur die restlichen 10 Prozent haben es vielleicht wirklich gewusst …).

Das konkrete Wissen spielt schlicht keine Rolle. Wann immer eine neue Zahl veröffentlicht wird, lautet die Frage der Händler nur: »Ist das besser als das, was die Analysten erwartet haben, oder schlechter?« Die veröffentlichte Wirtschaftskennziffer wird von den Nachrichtenagenturen meist zusammen mit einer weiteren Zahl geliefert, der sogenannten Analystenschätzung. Dazu werden unterschiedlich viele Experten der Banken nach ihrer Prognose für diese oder jene Zahl befragt. Aus all den Antworten wird ein Durchschnitt gebildet, und das ist dann die Analystenerwartung. Ob diese Schätzung von einem Volkswirt abgegeben wurde oder ob dieser mangels Zeit einen Praktikanten die Zahl auf das Antwortformular hat schreiben lassen, bleibt ungeklärt. Häufig hat das schon etwas von Kaffeesatzlesen und Schwarze-Katze-bei-Vollmond-hinterm-Hof-Vergraben. Entsprechend oft weichen die veröffentlichten Zahlen von eben diesen Analystenerwartungen ab. Je stärker die Abweichung, umso hysterischer reagiert der Markt: »In den USA wurden letzten Monat 30 000 Stellen abgebaut« – die Analysten hatten mit 50 000 gerechnet. Die Händler springen vor Freude aus den Schuhen und die Aktien wie von der Tarantel gestochen nach oben. Aber nur für wenige Minuten. Dann ist der Spuk vorbei, und es geht in die gleiche Richtung weiter wie vor der Bekanntgabe der Zahlen.

Da kann die veröffentlichte Wirtschaftskennzahl noch so grottenschlecht sein – wenn sie nur besser war als die mysteriöse »Analystenerwartung«, freut sich der Markt wie ein Schnitzel über steigende Kurse. Verrückte Börsenwelt.

Wenn man sich umhört, weiß eigentlich keiner so recht, wer diese Analysten sind, deren falscher Blick in die Kristallkugel für den Kurssprung gesorgt hatte. Fest steht nur, dass diese Zahl dazu geführt hat, dass die Marktkapitalisierung (der Börsenwert) der deutschen Unternehmen mal eben um einige Milliarden Euro gestiegen ist. Ganz schön einflussreich so eine Analystenschätzung, nicht wahr?

Allerdings muss auch mal eine Lanze für die Berufsgruppe der Analysten gebrochen werden. Die meisten machen in der Tat einen ausgezeichneten Job. Doch es ist schon fast mehr Kunst als Mathematik, wenn die reale Wirtschaft vernünftig analysiert werden soll, aber häufig mit unrealistischen »offiziellen« Zahlen gearbeitet werden muss. Jede Zahl zu hinterfragen und selbst zu recherchieren ist schlicht nicht möglich.

Diese ganze Zahlenflut hat zwar kurzfristig – also für einige Minuten – immer starke Auswirkungen. Für den langfristigen

Anleger ist das alles aber völlig uninteressant. Der muss wissen, wie entwickelt sich die Wirtschaft oder die Firma, deren Aktie er besitzt, in den nächsten Monaten und Jahren. Dafür benötigt er das große Bild.

Selbst die Porsche AG hat den Unsinn des sich immer schneller drehenden Zahlenkarussells erkannt und weigert sich seit Jahren, Quartalsergebnisse zu veröffentlichen. Die Begründung ist einleuchtend: Die Zahlen können im Lauf des Jahres stark schwanken und haben daher kaum Aussagekraft für das Gesamtergebnis. Die Porsche-Aktie ist wegen dieser Verweigerung der Quartalsergebnisse aus dem MDax geflogen. Da war Porsche-Chef Wiedeking konsequent. Wenn andere das nur auch wären. Denn diese Fixierung auf Quartalsergebnisse hat unschöne Auswirkungen. Viele Manager haben nicht mehr das langfristige Wohl des Unternehmens und der Mitarbeiter im Sinn, sondern denken nur noch von Quartal zu Quartal. Da werden Entscheidungen getroffen, die langfristig unsinnig und sogar schädlich sind, nur um einen kurzfristigen Erfolg zu haben, damit die nächsten Quartalsergebnisse gut aussehen. So gibt es beispielsweise in vielen Bankhäusern klare Vorgaben an die Kundenberater, wie viele Bauspardarlehen, Versicherungen und Fonds sie verkaufen müssen, um ihr Quartalsziel zu erreichen. Da spielt es keine Rolle, ob der Kunde mit diesen Produkten langfristig Erfolg hat oder den Kram überhaupt braucht. Vielleicht ist dieser Kunde auf Grund der Entwicklung nächstes Jahr so verärgert über das Produkt, dass er die Bank wechselt. Egal, Hauptsache das Quartalsergebnis stimmt.

Jeden Tag neue Zahlen, die mal in diese, mal in jene Richtung hüpfen, sind – selbst wenn man ihre Korrektheit unterstellt – mehr verwirrend denn erhellend. Da sind die Überschriften der Tageszeitungen ein viel besserer Indikator. Wenn von Massenentlassungen bei den Banken, einer Jahrhundertimmobilienkrise und einbrechenden Absatzzahlen der Autohersteller geschrieben wird, dann weiß ich: Der Arbeitsmarkt sieht nicht gut aus. Und wenn mir dann eine offizielle Zahl das Gegenteil erzählen will, denke ich an des Kaisers neue Kleider zurück. Ganz ohne Analysten-schätzung und kreative Rechenkünste.

Selbstverliebtes Finanzsystem und frustrierte Anleger

All die oben beschriebenen Hintergründe sind dem privaten An-leger meist zwar nicht bewusst, und doch kann er sich häufig nicht eines unbestimmten, aber tiefsitzenden Gefühls erwehren, das ihm sagt: »Da kannst du ohnehin keinem trauen. Als kleiner Mann wirst du doch überall nur belogen und betrogen.« Und da-mit hat er nicht einmal unrecht. Allerdings gilt es, genau zu unter-scheiden, denn ein großer Teil der Marktteilnehmer entspricht nicht diesem Klischee. Es gibt eine Menge seriöser Kundenbera-ter bei den Banken, die trotz des Drucks von oben ihre Kunden nach bestem Wissen und Gewissen beraten. In der Welt der Börse kenne ich weit mehr Menschen mit hohen moralischen und ethi-schen Einstellungen als solche mit niederen Absichten. Jedoch scheint es, als würden manche den Zwängen des Systems, den Forderungen der Investoren nach Rendite oder einfach nebulös dem »Zwang der Märkte« nachgeben, und zwar umso mehr, je mehr Verantwortung sie tragen. Und diese Entscheidungsträger, die ihre Ethik immer mehr den Zwängen des Systems geopfert haben, sind es dann am Ende, die das ganze Finanzsystem zu dem machen, was es ist.

Dieses Finanzsystem scheint sich längst von der Basis der realen Wirtschaft und der breiten Masse der Menschen gelöst zu haben. Früher diente die Finanzwirtschaft der realen Wirtschaft und half dieser, sich zu entwickeln. Dazu gehörte die Kreditver-gabe genauso wie das Anlegen von Geldern, die Regelung des

Zahlungsverkehrs und auch das Zusammenbringen von Kapital und Ideen. Genau das war der ursprüngliche Sinn von Aktiengesellschaft und Börse: Es gab auf der einen Seite Menschen mit tollen Ideen, aber ohne Geld und auf der anderen Seite welche mit Geld, aber ohne gute Ideen. Diese beiden hat die Börse zusammengebracht. Man hat eine Aktiengesellschaft gegründet, und der Mann mit den Ideen (der Unternehmensgründer) hat zusammen mit dem Mann, der das Geld hat (Investor, Aktionär), ein mehr oder weniger erfolgreiches Unternehmen in die Zukunft geführt. Manchmal ist ein Geldgeber ausgestiegen, dann hat sich wieder ein anderer an dem Unternehmen beteiligt. Das war der Börsenhandel: Geld und Ideen zusammenbringen zum Wohle der gesamten Wirtschaft und somit auch der Bevölkerung.

Was ist daraus geworden? Ich behaupte ganz ketzerisch: ein hysterisches Kasino, in dem Billionen von US-Dollar, Euro und Yen täglich ohne irgendeinen sinnvollen Zusammenhang mit der realen Wirtschaft um den Globus rasen und in dem Tausende von Zockern – manche nennen sich Investmentbanken, andere Hedgefonds oder Daytrader – ständig versuchen, irgendwo ein paar Scheine aus diesem Finanzhurrikan herauszufischen.

Nur ein immer kleiner werdender Bruchteil des gesamten Kapitalstroms hat noch direkt mit der realen Wirtschaft zu tun. Längst hat der immer schneller um sich selbst kreisende Finanzmarkt seine ursprüngliche Aufgabe vergessen. Im Blutrausch nach immer mehr Rendite und immer höheren Bonuszahlungen wird die ehemalige Basis, die Realwirtschaft, zerfleischt. Dabei war es doch das ursprüngliche Ziel, ihr zum Erfolg zu verhelfen. Stattdessen kaufen Hedgefonds erfolgreiche Unternehmen auf, zerschlagen sie, setzen Tausende von Arbeitskräften auf die Straße, verkaufen die Filetstücke an jeden, der genug bietet, in der Hoffnung, noch ein bisschen mehr herauspressen zu können, bevor man das ehemals erfolgreiche Unternehmen wie eine ausgelutschte Zitrone in den Abfalleimer der Konjunktur wirft. Um die

Tausenden von Arbeitslosen soll sich gefälligst der Staat kümmern. Der Mensch als Verfügungsmasse und Negativfaktor in der Renditeberechnung – auf zum nächsten Unternehmen! Wo lässt sich der schnelle Euro machen, wo kann man noch ein Unternehmen ausquetschen?

Längst gibt es nicht mehr genug »Realwirtschaft«, um all die neu geschaffenen Geldmengen zu beschäftigen. Also beschäftigen sie sich mit sich selbst, werden mehr und mehr zum Selbstzweck. An die Stelle von Investitionen in die reale Wirtschaft treten Wetten, die die Zocker untereinander und gegeneinander abschließen. Diese Wetten werden »Derivate« genannt. Die Basis dafür sind Elemente aus der Realwirtschaft. Gewettet wird auf eine bestimmte Zinsentwicklung, ein Steigen oder Fallen der Aktienmärkte oder auf den Reispreis. Jedoch haben diese Wetten verheerende Dimensionen und Auswirkungen; fast ist es wie in dem Song von Chris de Burgh, in dem der Teufel und Gott sich gegenübersitzen und um die Seelen der Menschen pokern. Das Volumen dieser Wetten betrug Ende 2007 596 Billionen US-Dollar! Fünfhundertsechsundneunzigtausend Milliarden! Das entspricht dem Elffachen aller weltweit produzierten Waren und Dienstleistungen.

Der amerikanische Investor Warren Buffett hat die Derivate als finanzielle »Massenvernichtungswaffen« bezeichnet, die möglicherweise tödliche Gefahren beinhalten.

Den größten Teil dieser Wetten haben relativ wenige große Finanzinstitute gegeneinander und noch dazu größtenteils auf Kredit abgeschlossen. Wenn auch nur einer dieser Zocker pleitegeht, brechen alle anderen Spieler wie auf einem riesigen Dominospielfeld zusammen. Die Welt blickte schon einmal in diesen Abgrund. Der hieß LTCM, ein US-Hedgefonds mit dem Namen »Long-Term Capital Management« (wörtlich: langfristiges Kapitalmanagement). Sehr langfristig war sein Erfolg allerdings nicht: 1994 gegründet; 1997 erhielten mit Myron Samuel Scholes und

Robert C. Merton zwei seiner Direktoren den Nobelpreis für Wirtschaftswissenschaften – und 1998 brach der Fonds zusammen … Dafür gab es dann aber keinen Nobelpreis mehr. Es ging um Wetten in Höhe von 1,2 Billionen US-Dollar. Als Folge der drohenden Zahlungsunfähigkeit von LTCM wurde eine Kettenreaktion bis hin zu einem Zusammenbruch der amerikanischen und weltweiten Finanzmärkte befürchtet. Die US-Zentralbank senkte die Zinsen, und ein Team aus vierzehn internationalen Finanzinstituten rettete unter Aufbringung aller Kräfte die Welt vor der wirtschaftlichen Kernschmelze. Zu ihnen zählten auch die Deutsche Bank, GoldmanSachs, JPMorgan, Merrill Lynch, Morgan Stanley und UBS. Kommen Ihnen diese Namen aus den aktuellen Krisenberichten vertraut vor? Ob diese Unternehmen, die momentan selbst mit größten Problemen zu kämpfen haben, in der Lage wären, heute noch einmal so einen Kraftakt zu vollbringen? 1998 ging es um 1,2 Billionen US-Dollar. Der Gesamtmarkt heute beträgt geschätzte 600 Billionen. Es steht zu befürchten, dass Warren Buffetts Worte noch grausame Aktualität erfahren werden.

Die Finanzwelt hat sich also längst zu großen Teilen von der realen Wirtschaft abgekoppelt. Anstatt die Realwirtschaft zu unterstützen und zu fördern, wird sie deren größte Bedrohung. Ein Kollaps des Finanzsystems würde die Realwirtschaft mit in den Abgrund reißen. Einen Vorgeschmack haben wir im Herbst 2008 bekommen, als offenbar wurde, wie Verwerfungen innerhalb des Finanzsystems direkt auf die reale Wirtschaft und ihre wichtigsten Komponenten, nämlich die Menschen, durchschlagen.

Der Mittelständler, der bei der Förderbank anklopft, weil er Geld für eine Erweiterung seiner Backstube braucht, bekommt zu hören: »Tut uns leid, wir können Ihnen kein Geld leihen, wir haben alles im amerikanischen Kasino verzockt.«

Auch für den ganz normalen Bürger hat dieses Abkoppeln der Finanzwelt Konsequenzen. Er wird von der Kapitalindustrie immer weniger beachtet. Sehen Sie sich die Produkte an, die Tag für Tag in den Medien beworben werden. Die angebliche Zielgruppe: der private Anleger. Also Sie! Einen Großteil der Berichterstattung nimmt die Zertifikateindustrie ein. Man könnte auch sagen: die Buchmacher. Denn diese Zertifikate sind in der Regel ebenfalls nichts anderes als Wetten. Wenn Sie ein Zertifikat erwerben, beteiligen Sie sich nicht wie mit einer Aktie an einem Unternehmen. Wenn Sie eine Daimler-Aktie kaufen, gehört Ihnen ein kleiner Teil von Daimler. Sie dürfen sogar mitbestimmen, was in diesem Unternehmen passiert, da Sie als Aktionär ein Stimmrecht haben und auf der Hauptversammlung über wichtige Entscheidungen bis hin zur Abwahl des Vorstandes mitentscheiden können. Nicht so bei einem Zertifikat. Das ist lediglich eine Wette, die Sie mit einem Finanzinstitut eingehen, das Ihnen diese Wette anbietet. Zum Beispiel eine Wette auf den künftigen Aktienkurs von Daimler. Geht die Wette auf, verdienen Sie Geld, geht die Wette schief, verlieren Sie Geld. Macht das Finanzinstitut, mit dem Sie gewettet haben, Bankrott, ist Ihr Geld im Kamin. Daimler hat davon so oder so nichts. Dem Unternehmen fließt kein Geld zu, mit dem es investieren könnte.

Aber mal ehrlich: Wer versteht diese Wetten eigentlich? Jeden Tag werden bis zu 1000 neue Zertifikate aufgelegt. Also 1000 neue Wettideen mit den abenteuerlichsten Produkten. An der Deutschen Börse in Frankfurt werden mittlerweile 280 000 Zertifikate und Optionsscheine gehandelt. Da gibt es welche mit dem Namen »Knock-Out« – für so manchen Anleger ist der Name Programm –, andere namens »Fallschirm«, »Basisschwelle« und »Kick-Back«. Irgendwann kommt bestimmt das Von-hinten-durch-die-Brust-ins-Auge-und-wieder-zurück-Zertifikat. Natürlich mit englischer Beschreibung. Viele Profis sagen mir: Ich verstehe das Zeug längst selbst nicht mehr. Andere gestehen ein, dass es schon einer intensiven Beschäftigung mit einem Zertifikat bedarf, um es wirklich zu verstehen und abschätzen zu können, welche Auswirkungen die einzelnen Sonderregelungen jeweils in bestimmten Marktsituationen haben.

Also, da frage ich mich: Wer zur Hölle braucht diesen Unsinn? Wenn selbst die Profis Probleme haben, die Dinger zu verstehen, was soll dann bitte schön der normale Anleger mit dem Kram? Zugegeben, es gibt sicherlich einige interessante Produkte darunter, die für Leute mit viel Fachkenntnis durchaus ihren Reiz haben. Man muss aber schon recht findig sein, um aus dem ganzen Zertifikateberg das Beste herauszupicken. Wieso verwenden die Banken und Börsen einen Großteil Ihrer Marketingaktivitäten auf diese komplexen Produkte, die kaum noch jemand versteht? Der Normalbürger hört sich das an, wendet sich ab und tippt sich an die Stirn: »Die spinnen, die Banker!«

»Denen in der Finanzwelt« traut er nicht, die Produkte versteht er nicht. Also wendet er sich ganz ab: »Lasst mich mit dem Kram in Ruhe. Mach ich halt gar nix!« Die Folge ist, dass sich die wenigsten Menschen in Deutschland heute aktiv um ihr Geld und ihre Altersvorsorge kümmern. Gerade mal 5,8 Prozent aller Deutschen haben Aktien. Eine erschreckende Zahl. Die Menschen haben resigniert und das Feld der Finanzen verlassen. Der Finanzwirtschaft scheint das vollkommen egal zu sein. Welche Rolle spielen auch die paar Milliarden der potentiellen Sparer, wenn es doch um Hunderte von Billionen geht, die um die Welt rasen?

Und so kommt Tag für Tag der »Zertifikatcheck für Anleger«, das »Zertifikat der Woche« und die Schaltung zum »Zertifikateexperten« nach Stuttgart, wo zu hören ist, dass die »Anleger heute Mittag auf Gold setzen, nachdem sie heute Morgen aus Weizen ausgestiegen sind«. Ich frage mich, was das mit »Anlegern« zu tun hat? Man sollte lieber von Zockern berichten. Nicht, dass das verwerflich wäre. Wer dieses Spiel beherrscht und mitspielen will, warum nicht? Aber es sollte doch bitte schön nicht als Wundermittel für die breite Masse der echten Anleger angepriesen werden. Gebt den Menschen endlich die Produkte, die sie ver-

stehen! Das Dreifach-gedoppelte-Fallschirm-Zertifikat auf Oran-
gensaftkonzentrat mag ja noch so toll sein, aber kein Anleger
sollte ein Produkt kaufen, das er nicht voll verstanden hat und von
dem er nicht genau weiß, welche Chancen und Risiken es birgt.
Es ist nun mal Tatsache, dass die meisten Menschen in unserer
Republik schon froh sind, wenn sie verstanden haben, was eine
Aktie oder gar ein Fonds ist. Ist ja auch kein Wunder. Selbst auf
weiterführenden Schulen wird zwar gelehrt, wie eine Gerade das
Zentrum der Kugel im dreidimensionalen Raum quer durch ein
Dreieck tangiert, aber wie eine Lebensversicherung oder ein Bau-
sparvertrag funktioniert, bleibt ein dunkles Geheimnis.

Das selbstverliebte Finanzsystem erkennt die Bedürfnisse der
normalen Leute nicht mehr. Es ist, als würden ihnen Ferraris und
Lamborghinis mit 800 PS und jeden Tag neuem Schnickschnack
zur Verfügung gestellt, ohne zu erkennen, dass der normale Auto-
fahrer damit vollkommen überfordert ist. Der wäre froh, man
würde ihm einen einfachen, beherrschbaren Kleinwagen zur Verfügung stellen, mit dem er sicher sein Ziel erreicht und bei dem er
alle Knöpfe und Schalter versteht. Da er (zu Recht) Angst hat, mit
dem Ferrari an der nächsten Mauer zu landen, wenn er das falsche Pedal drückt, steigt er erst gar nicht ein und erreicht nie sein
Ziel, am Strand der Costa Brava einen sicheren Lebensabend zu
verbringen, da er sich notgedrungen zu Fuß auf den Weg gemacht
hat und bereits in Castrop-Rauxel erschöpft hängengeblieben ist.

Also, liebe Banker und Finanzberater: Holt eure Kunden da ab,
wo sie stehen, und bietet ihnen die Produkte an, die sie wirklich
brauchen und vor allem verstehen. Das ist bei dem einen Festgeld, bei dem anderen ein Multi-Asset-Fonds-Produkt. Manch
einer versteht auch eine Schiffsbeteiligung oder gar eine Stiftung.
Aber überfordert die Leute nicht.

Und lieber Anleger: Lassen Sie sich nichts aufs Auge drücken,
was Sie nicht wirklich verstanden haben. Natürlich macht es
Sinn, sich auch mit neuen Produkten zu beschäftigen und in sie

zu investieren. Natürlich kann man mit einem Sportwagen schneller ans Ziel kommen, wenn man ihn beherrscht. Deshalb möchte ich Sie ermutigen: Bleiben Sie dran, kümmern Sie sich regelmäßig um Ihre Geldanlagen, und erweitern Sie Stück für Stück Ihre Kenntnisse und Ihr Verständnis der Märkte und Produkte. Aber ganz gleich, was Sie auch tun: Alles ist besser, als nichts zu tun. Schon das Tagesgeldkonto ist besser als das Girokonto oder gar das Sparbuch.

2 Geld bewegt die Welt

Was ist eigentlich Geld, und wie entsteht es?

Geld ist eines der spannendsten Themen überhaupt, auch wenn Sie es jetzt vielleicht noch nicht glauben wollen. Am Ende dieses Kapitels werden Sie mir recht geben. Wir brauchen dieses Wissen unbedingt als Grundlage, um verschiedene Entwicklungen zu verstehen, die im Weiteren aufgegriffen werden. Außerdem sollten Sie wissen, was Sie da täglich im Geldbeutel mit sich herumtragen, auch wenn Ihnen dieses Wissen vermutlich nicht gefallen wird.

Haben Sie sich schon einmal gefragt, warum eigentlich kaum jemand weiß, wie Geld entsteht, was es ist oder wo es herkommt? Ich meine nicht die Münzen in Ihrem Geldbeutel, sondern überhaupt das ganze Geld, das auf den Girokonten hin und her gebucht wird. Man hört immer wieder den Satz: »Die Notenbanken schmeißen die Druckerpresse an.« Doch kaum jemand weiß wirklich Bescheid über die wichtigste Sache in unserem täglichen Wirtschaftsleben. An kaum einer Schule wird dieses elementare Wissen gelehrt. Nirgends wird darüber aufgeklärt. Warum wohl? Vielleicht sollen Sie es gar nicht wissen?

Aber beginnen wir von vorne. Bevor die Menschheit Geld verwendet hat, hat sie sich mit Tauschhandel begnügt. Der Fischer hat dem Bootsbauer zehn Zander gegeben, damit der ihm seinen Kahn repariert, und so weiter. Zuweilen war das aber ziemlich unpraktisch. Wenn einer einen Esel hatte und wollte dafür ein Brot kaufen, war das ein ziemlich schlechtes Geschäft für einen von den beiden, und dieser eine war nicht der Bäcker. Nur einen Teil des Esels einzutauschen hätte bei der schlechten Wundversorgung der damaligen Zeit wahrscheinlich erhebliche Nachteile gehabt. Also kam man recht schnell auf die Idee, dass man irgendetwas erfinden muss, womit die jeweiligen Dienstleistungen und Waren gegeneinander aufgerechnet werden können: das Geld. Da sich Muscheln und Glasperlen nur sehr beschränkter Akzeptanz erfreuten, haben sich recht bald Gold und Silber als Verrechnungseinheit durchgesetzt. Das lag zum einen daran, dass Gold und Silber in der gesamten damals bekannten Welt als werthaltig anerkannt waren. Gegen Gold in welcher Form auch immer konnte man schlichtweg überall Waren eintauschen. Hinzu kam, dass man Gold beliebig aufteilen konnte, ohne dass es an Wert verlor. Wenn Sie ein Goldstück von einem Kilo in zehn Goldstücke von jeweils 100 Gramm teilen, sind diese zehn kleinen Stücke zusammen exakt so viel wert wie das ursprüngliche Ein-Kilo-Stück. Im Gegensatz zum Esel. Wenn Sie da ein Bein …

Auch bei Perlen oder Diamanten würde die Teilung unschöne Ergebnisse bringen. Gold und Silber waren also geradezu ausersehen, die Rolle des Tauschmittels zu übernehmen. Ein Brot kostete x Gramm Gold, ein Esel vielleicht 30 Gramm Gold. Der Verkäufer des Esels konnte also von dem erhaltenen Gold wieder ein paar Gramm abschneiden und seinen Hunger stillen, indem er sie beim Bäcker gegen ein Brot eintauschte.

Das ständige Absägen von Gold und Silber war aber nun auch ziemlich unpraktisch, sodass recht schnell Münzen geprägt wurden. Die Münzprägung war faktisch ein Siegel mit der Garantie, dass diese Metallscheibe mit dem Kopf des Kaisers exakt 12,4 Gramm Gold enthielt. Es gab größere und kleinere Münzen und dazu viele Silbermünzen, deren Wert deutlich niedriger lag als der der Goldmünzen. So reisten die Händler durch die Gegend und tauschten Tontöpfe gegen Silbermünzen, Silbermünzen gegen Waffen und so weiter. Sie reisten zwischen den verschiedenen Regionen und Ländern, und es spielte keine große Rolle, ob sie römische Münzen bei sich hatten oder keltische. Das Einzige, was zählte, war das Gewicht der Münzen in Gold oder Silber.

Über Jahrhunderte war vollkommen klar: Nur Gold und Silber können Zahlungsmittel sein. Nur Gold und Silber sind aufgrund ihrer natürlichen Seltenheit immer wertvoll und jederzeit gegen Waren eintauschbar. Niemand wäre auf die Idee gekommen, Papier könne als Tauschmittel dienen. Das ging viele Jahrhunderte gut, bis es aufgrund des immer größer werdenden Handelsvolumens recht unpraktisch wurde, Gold- und Silbermünzen in großen Säcken mit sich herumzuschleppen, um irgendwo am anderen Ende des Reichs neue Ware einzukaufen. Also kam man zu der Erkenntnis: Ein Beglaubigungsschreiben wäre doch eine tolle Sache. So etablierte beispielsweise der Kreuzritterorden der Templer, die ihre Burgen in allen Ländern hatten und Gold und Silber in der jeweiligen Burg horteten, eines der ersten internationalen Zahlungssysteme.

Das funktionierte so: Ein Kaufmann zahlte beispielsweise bei den Templern im heutigen Berlin-Tempelhof (damals Siedlung Tempelhove) einen bestimmten Betrag ein. Die Templer haben ihm über diesen Betrag ein Dokument ausgestellt, einen Kreditbrief. Diesen hat er dann auf seine Reise ins ferne Jerusalem mitgenommen, was ihm sicherlich einfacher gefallen sein dürfte, als mehrere Säcke Münzen über Berg und Tal zu schleifen. Dort hat er den Kreditbrief beim ortsansässigen Mutterhaus der Templer wieder in Münzen zurückgetauscht. Der internationale, bargeldlose Zahlungsverkehr war geboren. Diese Kreditbriefe der Templerzeit entsprechen in etwa dem, was wir heute als Geldschein kennen, jedoch mit einem kleinen, aber entscheidenden Unterschied: Zu Zeiten der Templer wäre kein Kaufmann auf den absurden Gedanken verfallen, dass dieses Stück Papier wirklich Geld sein könnte. Es war ein Versprechen. Ein Versprechen der Templer, gegen Übergabe dieses Papiers eine gewisse Menge von Goldmünzen an den Überbringer auszuhändigen. Nicht mehr und nicht weniger. Man nennt ein solches System »Goldhinterlegungsstandard« oder einfach »Golddeckung«. Im Lauf der Zeit haben sich die Menschen so sehr an dieses bequeme Papier gewöhnt, dass die Händler untereinander gar nicht mehr auf der physischen Übergabe der Goldmünzen bestanden, die sie zur Weiterreise selbst wieder gegen einen neuen Kreditbrief hätten eintauschen müssen. Stattdessen wurde einfach der Kreditbrief von einem Händler an den anderen weitergegeben.

Genau das Gleiche spielte sich bei der Gründung der Vereinigten Staaten ab. Gesetzliches Geld waren ausschließlich die vom Staat geprägten Gold- und Silbermünzen. Im Münzgesetz von 1792 bestimmte der Kongress den »United States Dollar« zur gesetzlichen Münze mit einem Silbergehalt von 24,05 Gramm. Die Prägung kleinerer Münzen wie halbe Dollar und Quarters (25-Cent-Münzen) mit entsprechendem Silbergewicht wurde ebenfalls genehmigt. Diese Münzen stellen bis heute das einzige Geld dar, das von der Verfassung der Vereinigten Staaten anerkannt wird. Der Dollar war also eine klare Größe. Jedermann wusste, ein Dollar sind 24 Gramm Silber. Basta. Sobald durch Abrieb das Gewicht einer Münze um mehr als1 Prozent abgenommen hatte, musste sie eingeschmolzen und durch eine neue ersetzt werden. Auf Manipulation oder gar Verringerung des Gewichts durch Absägen stand die Todesstrafe. So sehr war man bemüht, die Akzeptanz des Silberdollars durchzusetzen.

Aber wie zu Zeiten der Kreuzritter wäre es auch im modernen Amerika ziemlich unhandlich, Säcke an Silbermünzen mit sich herumzutragen. Also erlaubte der Kongress den privaten Banken, den Händlern mit Hilfe des Gesetzes über gesetzliche Zahlungsmittel (»Zahlungsmittel«, nicht »Geld«!) »Noten« und »Briefe« auszustellen – also »Banknoten«. Kein Mensch wäre damals auf die Idee gekommen, dass es sich bei diesen Banknoten um Dollars handelte. Die Banken, die diese Banknoten ausstellten, nannte man, Sie ahnen es, »Notenbanken«. Es war klar, dass diese Noten an sich keinen Wert hatten, sondern nur ein Versprechen beinhalteten, nämlich das, jederzeit von der ausstellenden Bank

Silbermünzen in dem angegebenen Umfang zu beziehen, die im Gegenzug zur Ausgabe der Noten bei der Bank hinterlegt waren.

Zumeist war dieser Herausgabeanspruch an Gold- und Silbermünzen oder auch an Gold- und Silberbarren gebunden. Sie kennen sicherlich die deutsche Goldmark des Kaiserreichs oder die heutige englische Währung Pfund Sterling, deren Name sich noch immer auf das »Sterling-Silber« bezieht.

Die Golddeckung der Währungen galt in etwa von 1815 bis 1914 weltweit. Auch davor gab es wie oben beschrieben die Deckung durch Gold und Silber, allerdings kam es in dieser Zeitspanne durch das mächtige England zu einer sehr stabilen und weltweit gültigen Goldwährung. England definierte, dass eine Unze Gold exakt 3 Pfund, 17 Shilling und 9 Pence entsprach. Dieser Wert der Währung blieb über fast hundert Jahre konstant. Alle übrigen Währungen der Welt wurden entsprechend ihrem hinterlegten Goldgewicht umgerechnet. Man hatte also über hundert Jahre ein stabiles Wechselkursverhältnis aller wesentlichen Währungen. Ganz wichtig: Der Wert des Geldes wurde am Gold gemessen – nicht umgekehrt. Das sorgte ein Jahrhundert lang für stabile Verhältnisse, Wohlstand und weitestgehende Vollbeschäftigung.

So weit, so gut. Doch irgendwann wurde bemerkt, dass niemals alle Banknoten gleichzeitig vorgelegt wurden. Was auch passierte, es war völlig unwahrscheinlich, dass zu irgendeinem Zeitpunkt alle Menschen gleichzeitig all ihre Banknoten bei der Bank vorlegen würden. Also konnte man doch einfach ein paar Banknoten mehr in Umlauf geben, als wirklich Gold oder Silber in den Tresoren lag. Der gesunde Menschenverstand begehrt hier auf und sagt: »Moment mal! Das ist doch Betrug!« Ja, das ist es. Aber wenn er von Regierungsseite kommt, nennt man es nicht Betrug, sondern Geldpolitik. So konnte man also mehr Geld schaffen, als eigentlich durch das echte Gold und Silber gedeckt war. Da Regierungen zu allen Zeiten Geld brauchen, ob zum Verschleudern für Prunkbauten oder für die Kriegsführung, war das eine gern genutzte Einnahmequelle.

Und ab 1914 brauchten die Regierungen sehr viel Geld. Sie mussten zwei Weltkriege bezahlen. Sie mussten also schnell viel Geld schaffen. In einem System, das durch Golddeckung garantiert ist, kann man aber nicht mal eben die Druckerpresse anwerfen, denn man müsste im Gegenzug ja auch entsprechende Mengen an Gold einlagern.

Also verwässerte man die Golddeckung, indem man zum Beispiel die Regelung erließ, dass nur noch für 30 Prozent des Geldes Gold hinterlegt zu werden brauchte – oder man schaffte die Golddeckung gleich ganz ab. Nun konnte die Geldmenge beliebig gesteigert werden. Ohne die Abschaffung der Golddeckung hätte der Erste Weltkrieg gar nicht stattfinden können. Den Regierungen wäre ganz schnell das Geld für neue Waffen ausgegangen, und der Krieg wäre zu Ende gewesen. So aber stieg beispielsweise die Geldmenge des Deutschen Reiches von 1914 bis 1918 von 9 Milliarden Reichsmark auf 52 Milliarden Reichsmark. Einfach per Druckerpresse. Die Folgen waren Hyperinflation und wirtschaftliche Zusammenbrüche weltweit. Massenarbeitslosigkeit und Verzweiflung und in der Folge der Zweite Weltkrieg. Niemand konnte das Geld so schnell ausgeben, wie es an Wert verlor. Sie erinnern sich vielleicht an alte Erzählungen, wie die Leute eine Schubkarre voller Geld nicht unbeaufsichtigt haben stehen lassen können. Es hätte sonst jemand das Geld ausgekippt und die Schubkarre geklaut.

In den Folgejahren gab es immer wieder Versuche, den Goldstandard zumindest teilweise wieder einzuführen, aber sie scheiterten jedes Mal an den Interessen einzelner einflussreicher Personenkreise.

Den Gipfel erreichten ausgerechnet die USA, als ihr damaliger Präsident Franklin D. Roosevelt am 5. April 1933 den privaten Goldbesitz verbot und unter Strafe stellte. Jeder Bürger musste seinen Goldschmuck, Münzen, Barren und so weiter bei den staatlichen Stellen abliefern. Private Haushalte und Banktresore wurden durchsucht und alles Gold konfisziert. Dieses Goldverbot blieb fast vierzig Jahre lang gültig und wurde erst 1971 aufgehoben.

In der Zeit nach dem Zweiten Weltkrieg wurde allerdings erneut ein Goldstandard eingeführt. Im sogenannten Bretton-Woods-Abkommen (benannt nach einem Kaff in den USA mit unglaublichen 600 Einwohnern) legten die USA fest, dass eine Unze Gold exakt 35 US-Dollar wären. Alle anderen Länder mussten ihre Währungen entsprechend anpassen. So waren also auch die Währungen der anderen Länder quasi goldgedeckt, da sie in einem festen Wechselkurs in US-Dollar getauscht werden konnten und diese wiederum gegen Gold. Das war für die USA zunächst kein Problem. Sie hatten ja riesige Goldmengen eingezogen und sich während der Weltkriege ihre Waffenlieferungen in Gold bezahlen lassen. Im Lauf der Zeit brauchte die Supermacht durch ihre weltweiten Aktivitäten aber immer mehr und mehr Geld, beispielsweise für den Vietnamkrieg. So reduzierte man nach und nach die Garantie, für 35 US-Dollar jeweils eine Unze Gold zu liefern, und produzierte immer mehr Dollarnoten, ohne weiteres Gold einzulagern. Als dann Frankreich 1969 seine gesamten Dollarnoten in Amerika einreichte und das Gold dafür ausgeliefert haben wollte, konnte Amerika dieses Gold nicht liefern. Die USA waren de facto zahlungsunfähig. Als Folge kündigte Präsident Nixon das Versprechen, Gold für vorgelegte Dollarnoten auszuliefern, einfach auf. Von diesem Tag an konnten die »Banknoten« gegen nichts mehr eingetauscht werden. Aus der Banknote als Versprechen auf die Aushändigung echten Geldes in Gold oder Silber war ein Zettel mit dem Versprechen auf absolut nichts geworden.

Das lässt sich sehr gut anhand einer US-Dollar-Note und ihrer im Laufe der Jahre wechselnden Aufschrift veranschaulichen: Auf der Banknote von 1928 ist zu lesen: »Silberzertifikat. Dies zertifiziert, dass 1 Silberdollar beim Schatzamt der USA hinterlegt wurde, auszahlbar an den Überbringer dieser Forderung.« Auf der Banknote von 1953 steht: »Die USA zahlen dem Überbringer dieser Forderung 1 Dollar.« Die Hinterlegung für alle Scheine ist schon nicht mehr garantiert. Auf der US-Dollar-Note von heute steht nur noch dieser eine Satz: »In God we trust.«

Da hat irgendjemand im Finanzministerium wirklich rabenschwarzen Humor bewiesen. Denn in der Tat garantiert diese Dollarnote schlichtweg gar nichts! Sie ist nicht mehr wert als das Papier und die Druckfarbe. Das Einzige, was ihrem Besitzer bleibt, ist in der Tat Gottvertrauen – das Vertrauen darauf, dass irgendein anderer diesen Geldschein von mir gegen eine Dienstleistung oder eine Ware tauscht und annimmt. Dies gilt in der logischen Konsequenz für alle gängigen Papierwährungen der heutigen Zeit. Sie können ihre Funktion nur aufrechterhalten, solange die Masse der Menschen und die Wirtschaft daran glauben, dass ein anderer diese wertlosen Papierfetzen als Zahlungsmittel akzeptiert. Ein unglaubliches Experiment, das man bis vor wenigen Jahrzehnten als absolute Torheit angesehen hätte! Es existiert in dieser Form erst seit den siebziger Jahren. Nicht wenige Kritiker gehen davon aus, dass dieses Experiment in naher Zukunft in einem Desaster enden wird.

Im Herbst 2008 forderten die europäischen Staatschefs ein »Bretton Woods II«. Den meisten Menschen war zu diesem Zeitpunkt nicht klar, was das bedeutet: nichts anderes als eine Währungsreform. Eine neue Währung mit Edelmetalldeckung.

Es ist absolut notwendig, dass Sie diesen Zusammenhang verstanden haben:

Das heutige Weltwirtschaftssystem hängt einzig und allein davon ab, dass die Menschen diesen bunten Papierschnipseln ohne jegliche Verpflichtung, genannt »US-Dollarnoten«, vertrauen.

Und was, wenn morgen ein wichtiger Marktteilnehmer sagt: »Wir akzeptieren keine US-Dollars mehr für unsere Waren«? Dann haben wir ein Problem. Das wäre wie ein großer Dominostein, dessen Fall eine weltweite Kettenreaktion mit anschließender Kernschmelze auslösen würde.

Daher ist es nur allzu verständlich, dass die USA alles unternehmen würden, um dieses buchstäblich blinde Vertrauen in den US-Dollar aufrechtzuerhalten. Denn was rechtfertigt dieses Vertrauen? Die Gesamtverschuldung (also die Schulden des Staates, der Industrie und der Bürger) der Vereinigten Staaten ist so hoch wie noch nie zuvor in der Geschichte. Alle sind sich einig, dass die USA diese Schulden in Höhe von über 40 Billionen US-Dollar niemals werden zurückzahlen können. Wie lange ist die Welt bereit, einem hoffnungslos überschuldeten Kreditnehmer ständig neue Darlehen einzuräumen – gegen das wertlose Versprechen, es irgendwann zurückzuzahlen? Und da geht es nicht um Peanuts, sondern um Darlehen in der unglaublichen Größenordnung von zur Zeit 2 Milliarden US-Dollar pro *Tag!*

Dass dieses Gottvertrauen der Märkte in den US-Dollar überhaupt bis heute Bestand hat, hat seinen Ursprung in einem genialen Coup. So gibt es mehrere Analysen, die besagen, dass die USA in den Jahren 1972/1973, also nach Aufgabe des Goldstandards und dem Zusammenbruch des Währungsabkommens von Bretton Woods, in geheimen Verhandlungen mit dem saudiarabischen Königshaus folgende Vereinbarung getroffen haben: »Ihr Saudis liefert Öl weltweit nur noch gegen Zahlung von US-Dollars. Dafür garantieren wir, die USA, dem saudischen Königshaus militärischen Schutz gegen eure äußeren Feinde und sichern euren Machtanspruch innerhalb des Landes gegen die aufmüpfige Bevölkerung.« Es gibt für diese These keine offiziellen Bestätigungen, aber viele Hinweise, dass es genau so ablief. Wohlgemerkt: Saudi-Arabien ist der weltweit mit Abstand größte Exporteur von Rohöl.

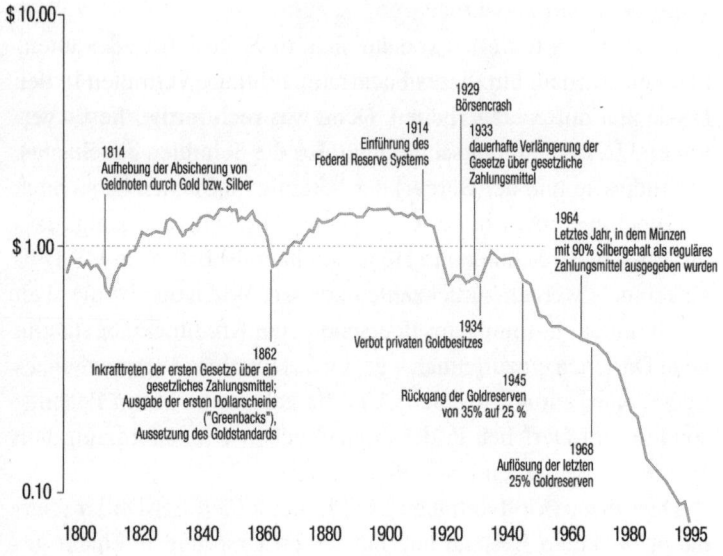

Der Wertverlust des Dollars
Kaufkraft eines US-Dollars
1800 bis 1995
1940 = 1 Dollar
1995 = 8 Cents

$ 10.00

1929
Börsencrash

1914
Einführung des
Federal Reserve Systems

1933
dauerhafte Verlängerung der
Gesetze über gesetzliche
Zahlungsmittel

1814
Aufhebung der Absicherung von
Geldnoten durch Gold bzw. Silber

1964
Letztes Jahr, in dem Münzen
mit 90% Silbergehalt als reguläres
Zahlungsmittel ausgegeben wurden

$ 1.00

1862
Inkrafttreten der ersten Gesetze über ein
gesetzliches Zahlungsmittel;
Ausgabe der ersten Dollarscheine
("Greenbacks"),
Aussetzung des Goldstandards

1934
Verbot privaten Goldbesitzes

1945
Rückgang der Goldreserven
von 35% auf 25 %

1968
Auflösung der letzten
25% Goldreserven

0.10

1800   1820   1840   1860   1880   1900   1920   1940   1960   1980   1995

Quelle: www.silberinfo.de

Es spielt auch keine Rolle, *wie* es die Amerikaner gemacht haben, auf jeden Fall ist es ihnen gelungen, den durch nichts gedeckten US-Dollar als weltweit anerkannte Verrechnungseinheit durchzusetzen. Mit weitreichenden Folgen: Die meisten Rohstoffe, ob Öl oder Weizen, Gold oder gefrorener Orangensaft, werden im internationalen Handel in US-Dollar abgerechnet. Das klingt zwar nicht übermäßig interessant, ist es aber. Denn die Folgen sind äußerst brisant.

Wer immer auf dem Weltmarkt einen Tanker voll Rohöl kaufen will, braucht dafür eine dicke Brieftasche voller US-Dollars. Also muss er zunächst seine Heimatwährung gegen US-Dollars verkaufen. Diese gibt er dann dem Scheich, der ein paar Fässer voll schmierigen Drecks aus dem Sandboden geholt hat. Und das wiederholt sich bei jedem Tanker Öl, der gekauft wird. Immer braucht der jeweilige Käufer US-Dollars. Damit passiert zweierlei: Der Scheich wird reich, und es gibt eine ständige weltweite Nachfrage nach neuen US-Dollars. Denn der Scheich gibt seine Dollars nicht ganz aus, er leistet sich nur ein paar Prunkvillen, Luxusyachten und Einkaufsreisen nach Paris. Den Großteil seiner Dollargewinne aber legt er an. Und wo? Zumeist in amerikanischen Staatsanleihen. Das heißt: Er leiht der US-Regierung Geld. Die US-Regierung gibt dieses Geld wiederum aus für Konjunkturprogramme, Waffensysteme oder militärische Abenteuer. So können die Amerikaner also ständig neues Geld drucken, weil die Welt durch den wachsenden Welthandel und das immer neue geförderte Öl nach immer neuen Dollars verlangt. Der Scheich leitet das Geld durch, lebt nicht schlecht davon und verleiht den Rest wieder an die USA, in der Hoffnung, immer pünktlich seine Zinsen darauf zu erhalten und jederzeit darauf zurückgreifen zu können, wenn er mal etwas mehr Geld brauchen sollte.

Die Asiaten und speziell die Chinesen sind in den achtziger Jahren freudig in dieses Spiel eingestiegen. Allerdings nicht nur ins Ölgeschäft, sie liefern vielmehr alle möglichen Waren in die USA, vom Spielzeug bis zum Videorekorder. Auch sie erhalten dafür US-Dollars, die sie, wie nicht anders zu erwarten, wiederum in US-Staatsanleihen anlegen. Man kann das ganze Spiel auf einen Nenner bringen. Seit nunmehr etwa dreißig Jahren läuft folgender Deal:

Die ölexportierenden Staaten und Asien liefern Öl und Waren gegen leere Versprechungen. Dieser Handel wird einzig von dem Vertrauen getragen, dass der US-Dollar für alle Zeiten von allen Marktteilnehmern akzeptiert wird.

Dieser Deal kam in den letzten Jahren wiederholt mächtig ins Wanken. Die Reaktionen der Vereinigten Staaten waren entsprechend. Wann immer jemand am Dollar gezweifelt hat, wurde es heftig.

Bei meinen vielen Gesprächen stelle ich auch immer wieder die Frage: »Was war Ihrer Meinung nach der wahre Grund für den Einmarsch in den Irak?« Man findet heute niemanden mehr, der ernsthaft antwortet: »Die Menschenrechte oder die Massenvernichtungswaffen.« Die allermeisten antworten: »Natürlich das Öl!« Womit sie nicht ganz unrecht haben, denn der Zugriff auf die irakischen Ölvorkommen ist sicherlich mit ein Grund gewesen. Andererseits haben die USA in den Jahrzehnten zuvor in Saddam einen verlässlichen Öllieferanten gehabt. Warum also jetzt ein solches militärisches Großfeuer abbrennen mit all seinen Risiken, um etwas zu erreichen, was man ohnehin bereits hat?

Nur wenige geben auf Anhieb die wirklich richtige Antwort. Dennoch antworten einige, meist Leute mit entsprechender Position und viel Hintergrundwissen, wie aus der Pistole geschossen: »Der Dollar!«

Tatsächlich war Saddam Hussein einer der Ersten, der an diesem Deal rüttelte und sagte: »Ich mache das nicht mehr mit!« Im Jahr 2000 erklärte er, für das irakische Öl nur noch Euro statt US-Dollar zu akzeptieren. Des Weiteren wechselte er einen Großteil seiner US-Dollar-Reserven in Euro um. Damit war sein Schicksal besiegelt. Die USA konnten unter keinen Umständen zulassen, dass der US-Dollar seine Funktion als Welthandelswährung insbesondere für Öl verlor. Man versuchte es mit Worten, mit Druck, und letztlich kam die finale Lösung mit dem Einmarsch in den Irak. Das Erste, was nach der Einnahme Bagdads umgestellt wurde, waren die Konten und die Abwicklung der Ölgeschäfte – von Euro auf Dollar.

Trotz dieser Hintergründe spricht die ganze Welt davon, die USA hätten es mit ihrem Irakkrieg nur auf das Öl abgesehen, und die Massenvernichtungswaffen seien bloß vorgeschoben gewesen. Hören Sie ein Wort des Dementis aus den USA? Wird irgendetwas unternommen, um der Welt einzureden: »Nein! Es ging uns nicht ums Öl! Na gut, wir haben uns mit den Massenvernichtungswaffen geirrt, aber es sah alles so aus«? Nein. Man lässt die Welt in dem Glauben: »Die Amis, die Schlingel, denen ging es nur ums Öl!« Es ist den USA nur recht, wenn alle das glauben. Wie viel dramatischer wären die Auswirkungen, wenn die Menschen wüssten, dass es in Wirklichkeit um die Glaubwürdigkeit des Dollars ging! Sie würden anfangen, am Dollar zu zweifeln, und würden das ganze System in größte Gefahr bringen. Das wäre weit schlimmer, als wegen der Ölgier gescholten zu werden. Also vergräbt man einen toten Hund über der eigentlichen Leiche. Wenn die Ermittler auf den Hund stoßen, fragen sie nicht weiter, ob noch etwas darunter liegt.

Diese Entwicklung zieht sich wie ein roter Faden durch die politischen und militärischen Krisen mit Beteiligung der USA in den letzten Jahren. So hat Nordkorea 2002 offenbar seine Bestände an US-Dollars in Euro umgetauscht – und ist anschließend auf der »Achse des Bösen« gelandet. Ob dabei nur die ebenfalls 2002 begonnene Urananreicherung des Landes eine Rolle spielte? Und Hugo Chavez, der zu Recht umstrittene Präsident Venezuelas, hat mehrfach angedroht, sein Öl nicht mehr gegen US-Dollar, sondern gegen Euro und andere Währungen zu verkaufen. Mit den südamerikanischen Nachbarn handelt er bereits Öl gegen Waren unter Umgehung des Dollars. Im September 2007 wurde der staatliche Ölkonzern angewiesen, seine Dollarbestände in andere Währungen wie den Euro zu tauschen. Seitdem haben sich die ohnehin nicht guten Beziehungen zwischen Chavez und den USA weiter verschlechtert. Bisheriger Tiefpunkt: Am 12. September 2008 meldete *NZZ Online,* dass Chavez den US-Botschafter ausgewiesen habe, unter anderem weil die USA angeblich Pläne von Putschisten zum Sturz der Regierung Chavez unterstützten.

Den größten Angriff auf den US-Dollar startete allerdings … Sie werden es leicht erraten, wenn Sie sich erinnern, wem die lautesten amerikanischen Drohungen der letzten Jahre galten. Richtig: der Iran.

Bislang wird das internationale Öl fast ausschließlich an den Ölbörsen in London und New York gehandelt. Natürlich in US-Dollar. Der Iran hat das Undenkbare getan. Er hatte bereits 2002 mitgeteilt, Öl nicht nur gegen US-Dollar, sondern auch gegen Euro verkaufen zu wollen. Motiv: die Unabhängigkeit von den USA und dem Dollarraum, wie der *Spiegel* am 8. April 2002 zu berichten wusste. Für das Jahr 2006 folgte die Ankündigung, eine iranische Ölbörse zu gründen, an welcher das internationale Öl nicht mehr in US-Dollar, sondern in Euro und Yen gehandelt würde.

Vermutlich hätten sich viele Staaten und internationale Händler nur zu gerne dieser Möglichkeit bedient. Und vermutlich wäre dies das Ende des US-Dollars als Weltleitwährung mit der Folge des völligen Zusammenbruchs des US-Dollars und des amerikanischen Wirtschaftssystems. Es war also vollkommen ausgeschlossen, dass die USA die erfolgreiche Gründung dieser iranischen Ölbörse zulassen würden. Der Druck nahm immer weiter zu, und man versuchte, den Iran von seinem Vorhaben abzubringen. Und dabei ging es beileibe nicht um die Atomanreicherung. Man versuchte es mit Verhandlungen, Druck und Sanktionen – mal mit mehr, mal mit weniger Erfolg. Der Iran war sich über die Brisanz seines Schrittes im Klaren. So wurde die Eröffnung der iranischen Ölbörse immer wieder hinausgeschoben. Seit September 2007 verkauft das Land sein Öl nach Japan gegen Yen, und seit Dezember 2007 hat der Iran alle Öllieferungen von US-Dollar auf andere Währungen umgestellt. Im Februar 2008 wurde die Ölbörse endlich eröffnet. Allerdings wird Öl dort bislang nicht gegen Euro, sondern gegen die Landeswährung Rial gehandelt. Das Regime von Irans Präsident Mahmud Ahmadinedschad pokert also hoch. Die weitere Entwicklung bleibt abzuwarten, aber ich empfehle Ihnen, bei Meldungen zu diesem Thema genau hinzusehen.

Der Dollar und die seltsame Explosion der Lebensmittelpreise

Immer mehr Staaten erkennen, dass die Weltherrschaft des Dollars und damit der Vereinigten Staaten dem Ende entgegengeht. Die Chinesen haben aufgrund ihrer Exporte in den vergangenen fünfundzwanzig Jahren unglaubliche Summen an US-Dollars angehäuft. China ist mittlerweile einer der größten Gläubiger der USA. Fast eine Billion US-Dollar betragen die Schulden der USA in China. Mit jedem Tag, an dem die US-Währung weiter fällt, verliert China Geld. Also versuchen die Asiaten, diese Dollarberge abzubauen. Dazu werden Staatsfonds gegründet, deren Aufgabe es ist, einkaufen zu gehen. Ich nenne das gerne »Extreme-Shopping«. Jede Frau wäre froh, wenn sie mit einem solchen Budget auf Tour gehen dürfte. Der letzte chinesische Staatsfonds wurde mit 200 Milliarden Dollar und dem Auftrag ausgestattet: Kauft was Sinnvolles, Hauptsache, wir werden die Dollars los! Also ziehen die Fondsmanager um die Welt und kaufen ein, was sie kriegen können. Australische Erzminen, afrikanische Gasfelder oder europäische Hightechunternehmen. Diese Bewegung »raus aus dem Dollar« bringt natürlich die amerikanische Währung unter Druck. Jetzt kommen wir zu einem Thema, bei dem viel Spekulation im Spiel ist. Bitte lesen Sie die folgenden Zeilen mit viel Skepsis.

Die Chinesen haben die Amerikaner faktisch in der Hand. Würde China morgen dem Dollar offiziell abschwören, wäre Amerika binnen weniger Wochen pleite. Gleichzeitig sitzen die Chinesen aber selbst in der Falle, da sie über sehr große Dollarbestände verfügen. An einem Platzen des Dollars können sie nicht interessiert sein, solange sie selbst noch zu sehr von ihm abhängen. Dennoch wollen sie – wie viele andere Staaten zurzeit – so schnell wie möglich aus ihren Dollarbeständen aussteigen. Je aggressiver sie dabei vorgehen, umso größer wird der

Druck auf die amerikanische Währung. Wenn der Dollar massiv und vor allem schnell an Wert verliert, geht ganz schnell die Frage um die Welt: »Holla! Was ist denn mit dem Dollar los? Bricht der komplett weg? Ich glaube, da gehe ich auch mal lieber aus meinen Dollaranlagen raus.« Ein solches Szenario gab es im Frühjahr 2008, als der Greenback wie ein Stein fiel und mühelos über 1,50 US-Dollar pro Euro gesprungen ist. Einige Marktteilnehmer hatten es wohl übertrieben mit dem Abbau ihrer Bestände. In der Tat stellte sich die Welt bereits damals die Frage: Ist das das Ende des Dollars?

Es war höchste Zeit, dass die USA etwas unternahmen, um die Chinesen dazu zu bewegen, den Druck auf den Dollar abzuschwächen. Aber was? Militärische Maßnahmen oder internationaler Druck sind gegen China mittlerweile kaum noch anwendbar. Doch es gibt einen Punkt, an dem der chinesische Drache verwundbar ist wie einst Achill an seiner berühmten Ferse: China muss eine Milliarde Menschen ernähren. Der Großteil dieser Menschen ist noch immer bettelarm und hat ohnedies Mühe, sich sein täglich Reisschälchen leisten zu können. Was könnte es also für die chinesische Bevölkerung und somit auch für die chinesische Regierung Schlimmeres geben als explodierende Lebensmittelpreise?

Aber Achtung, das ist noch immer eine Hypothese! Ich trage lediglich einige Mosaiksteinchen zusammen, die ein interessantes Bild ergeben. Es muss nicht das richtige Bild sein. Dafür fehlen die Beweise. Es soll lediglich die Diskussion anregen. Aber einiges spricht für diese These: Wer ist der größte Exporteur von Mais auf der Erde? Die Vereinigten Staaten von Amerika. Und wer ist wohl der größte Weizenexporteur? Die Vereinigten Staaten von Amerika. Und selbst beim Reis ist Amerika die Nummer drei unter den größten Exportländern – nach Thailand und Vietnam.

Und wo werden die Lebensmittelpreise gemacht? Hauptsächlich an der Chicago Board of Trade, der großen amerikanischen Warenterminbörse. Dort wird durch Terminkontrakte – man könnte auch sagen durch Wetten auf die Zukunft – der Preis für die diversen Getreidearten festgelegt. Wer hat den größten Nutzen eines extrem starken Preisanstiegs? Natürlich der Exporteur. Und wer hat den größten Schaden? Derjenige, der die meisten Menschen ernähren muss.

Und was geschah? Binnen weniger Wochen explodierten, immer parallel zum starken Einbruch des Dollars, die Lebensmittelpreise. Dramatische Entwicklungen rund um den Globus waren die Folge. Vor dem Hintergrund des galoppierenden Preisanstiegs für Weizen, Mais, Reis und Sojabohnen warnte die Weltbank vor massiven sozialen Konflikten rund um den Globus. In Haiti gab es Unruhen und Massenproteste gegen die hohen Lebensmittelpreise. Fünf Menschen starben, Dutzende wurden verletzt. Supermärkte und Tankstellen wurden leer geräumt, der Sturm auf den Regierungssitz nur knapp verhindert. Auch in Westafrika und Ägypten kam es wegen der explodierenden Lebensmittelpreise zu heftigen Protesten und Zusammenstößen mit den Sicherheitskräften, wobei aus Ägypten tumultartige Szenen im Kampf um subventioniertes Brot zu berichten waren. Gewaltsame Ausschreitungen meldeten ferner Burkina Faso, Senegal, Kamerun, Mauretanien, Mosambik und die Elfenbeinküste. Protestaktionen gab es ferner auch in Indonesien, und auf den Philippinen wurde ein Krisengipfel einberufen. Auch andere asiatische Staaten befürchteten Unruhen. In mehreren Ländern wurde ein Exportstopp für Lebensmittel verhängt, um die Versorgung der eigenen Bevölkerung sicherzustellen. Und ausgerechnet aus den USA kamen Medienberichte, wonach Supermärkte Reis rationieren würden. Von angeblichen Hamsterkäufen war die Rede. Die Signale standen auf Sturm, denn die Menschheitsgeschichte ist voll von Geschichten, in denen hohe Lebensmittelpreise zu Aufständen führten, die die jeweiligen Regierungen weggefegt haben. Auch China und Russland haben damit bereits Erfahrungen gesammelt und wissen, wie gefährlich hohe Lebensmittelpreise angesichts einer armen Bevölkerung sein können.

Binnen weniger Wochen waren die Lebensmittelpreise an den Terminmärkten außer Kontrolle geraten. Doch als daraufhin eine Beruhigung beim Verfall des Dollars einsetzte, kamen auch die Lebensmittelpreise plötzlich ganz schnell wieder herunter. Der Preis für Mais fiel innerhalb eines Monats um 30 Prozent! So schnell wie der Spuk mit den Lebensmittelpreisen kam, so schnell war er auch wieder vorbei.

Hat da jemand einen Schuss vor den Bug abgefeuert? Könnte die Drohung gelautet haben: »Ihr habt uns mit dem Dollar in der Hand, aber wir können euch mit den Lebensmittelpreisen in die Hölle schießen«? Wollte man bewusst eine weltweite Panik schüren, um die Gegenseite zu einem »maßvollen« Umgang mit dem Dollar zu zwingen? Am Ende, so scheint es, kam es zu einem »Waffenstillstand«. Sobald der Druck auf den Dollar nachließ, war plötzlich keine Rede mehr von knappen Lebensmitteln und zu vielen Essern.

Ganz klar: Diese Geschichte beruht ausschließlich auf Beobachtung und Interpretation. Es gibt keinen Beweis für diese These. Aber könnte es nicht so gewesen sein? In jedem Fall entlarvten die dramatischen Ereignisse die »Experten« mal wieder als fürchterliche Scharlatane. Was wurde in den Monaten der hohen Lebensmittelpreise nicht alles als Grund genannt!

Expertenaussage eins: »Die Chinesen essen jetzt so viel, weil sie mehr Wohlstand haben. Besonders Fleisch. Daher werden die Preise immer weiter in astronomische Höhen steigen.« Und jetzt? Essen die Chinesen plötzlich nichts mehr? Sind sie wegen der Tibetfrage geschlossen in den Hungerstreik getreten, oder warum sind die Preise um 30 Prozent eingebrochen?

Expertenaussage zwei: »Das ist doch klar, dass die Preise so steigen, wenn Mais und Soja zu Treibstoff verarbeitet werden. Das wird sich weiter fortsetzen. Die Preise werden noch viel höher steigen.« Und jetzt? Haben die Raffinerien Gewissensbisse bekommen und den Mais an die arme Bevölkerung Westafrikas verteilt? Wurde die Produktion von Biodiesel plötzlich eingestellt?

Expertenaussage drei: »Der Maispreis ist so explodiert, weil der Mississippi die ganzen amerikanischen Anbauflächen überflutet hat. Die Böden sind auf Jahre nicht mehr nutzbar!« Und jetzt? Gab es eine göttliche Schnellsanierung der Ackerflächen?

Erinnern Sie sich, wie aufgrund dieser Expertenaussagen alle Anlegerzeitungen für Rohstofffonds und Rohstoffzertifikate trommelten? Jede Hausfrau sollte plötzlich zum Weizenspekulanten werden. Wer braucht schon Aktien oder Festgeld? Das Glück liegt in Reiszertifikaten! Die Titelseiten überboten sich mit reißerischen Rohstoffthemen. Was ist daraus geworden? Wer auf den Hype reingefallen ist, saß wenige Monate später mit rotverweinten Augen vor seinem Bankberater. Der hatte natürlich auch ins gleiche Horn geblasen und beruhigte den Anleger jetzt mit den Worten: »Das müssen Sie langfristig sehen. In Zukunft kann es mit den Lebensmittelpreisen nur nach oben gehen.« Natürlich hofft er, dass seine Kunden es langfristig sehen – mindestens so lange, bis er die Zweigstelle gewechselt hat, bevor ihnen der Kragen platzt.

Noch ein Wort zur Spekulation mit Lebensmitteln: Ich halte es für einen der größten Skandale unserer freien Wirtschaftswelt, dass hemmungslose Spekulation mit Grundnahrungsmitteln überhaupt möglich ist. Wenn ich Aktien kaufe, stelle ich der Aktiengesellschaft Geld zur Verfügung, damit sie Ertrag erwirtschaftet und im Idealfall auch noch Arbeitsplätze schafft und die Wirtschaft insgesamt voranbringt. Das nenne ich investieren, um etwas zu schaffen und weiterzuentwickeln. Wenn ich Öl oder Gold kaufe, in der Hoffnung, dass die Preise steigen, dann ist das kein Investieren, sondern Spekulieren. Ich wette nur auf den Preisanstieg. Wenn viele Marktteilnehmer Gold kaufen, weil sie auf einen steigenden Goldpreis wetten, steigt die Nachfrage, und der Goldpreis schießt tatsächlich in die Höhe. Daraus entsteht jedoch kein großer Schaden, außer dass Gold für die Industrie teurer wird oder auch die Schmuckhersteller ihre Preise anheben müssen. Das tut niemandem wirklich weh. Aber wenn ich mit Grundnahrungsmitteln spekuliere, sieht die Sache ganz anders aus.

Stellen Sie sich folgendes Szenario vor: Wir legen alle jeweils nur 100 Euro im Monat als Sparrate in einen Rohstofffonds. Da kommen weltweit einige Milliarden zusammen. Der Rohstofffonds kauft dann am Terminmarkt Weizen oder Reis. Daraufhin steigt der Reispreis. Nicht weil ich den Reis essen will, sondern nur weil ich mir mal eben einige Tonnen virtuell in die Garage gepackt habe, um sie später zu einem höheren Preis an die Hungernden zu verkaufen. Ich kaufe also mit meinem Rohstoffinvestment an der gleichen Börse den gleichen Reis wie die Familie in Indonesien. Für die Familie macht es der Großhändler, für mich der Fondsmanager. Das Problem der Hungernden in diesen Ländern besteht nicht darin, dass kein Reis da ist, sondern darin, dass sie ihn sich nicht leisten können, weil er zu teuer ist. Und ich bin derjenige, der den Preis mit nach oben treibt, um dann am Elend und der Not dieser Menschen zu verdienen.

Ich gebe Ihnen ein anschauliches Bild: In einer abgelegenen Gegend steht ein einziger Stand mit Lebensmitteln. Davor befindet sich eine Schlange hungriger Menschen, die darauf hoffen, dass ihre wenigen Münzen ausreichen, um die mitgebrachte Reisschale zu füllen. Da kommt der reiche Spekulant von hinten angerannt und schreit: »Ich kaufe den ganzen Stand!« Danach erhöht er die Preise um 50 Prozent und freut sich diebisch über seinen Profit, während die Menschen in der Schlange enttäuscht und mit nur halb gefüllten Reisschalen zu ihren wartenden Kindern zurückgehen.

Genau das tun wir im Prinzip, wenn wir mit Grundnahrungsmitteln zocken. Daher bin ich ausdrücklich für ein striktes Verbot von Spekulationsgeschäften jeder Art mit den Grundnahrungsmitteln Weizen, Reis, Mais, Getreide und – schon mal vorsorglich für die Zukunft – Trinkwasser.

Im August 2008 hat die ARD den international vielfach ausgezeichneten Dokumentarfilm *We feed the world* von Erwin Wagenhofer ausgestrahlt, in dem ein Vorstand eines der größten Nahrungsmittelkonzerne der Welt darüber schwadroniert, dass es kein Grundrecht der Menschen auf kostenloses Trinkwasser gebe. Trinkwasser sei ein Produkt wie jedes andere, und dafür müssten die Menschen in Zukunft eben bezahlen. Wenn es sich manche nicht leisten könnten, wäre das nicht sein Problem. Zumindest sinngemäß hat er das gesagt.

Es scheint also nur eine Frage der Zeit zu sein, bis auch Trinkwasser auf Termin gehandelt wird. Was kommt als Nächstes? Saubere Atemluft? Einmal kurz einatmen für drei Cent, einmal tief durchatmen für 10 Cent? Wie pervers kann unser System noch werden? Was ist zu abwegig, um es sich vorzustellen?

Es ist absolut nichts dagegen einzuwenden, wenn Landwirte ihre Ernte auf Termin an ihre Abnehmer verkaufen, um die Erträge frühzeitig kalkulieren zu können. Alle Vereinbarungen zwischen Lieferanten und Produzenten über jetzige und künftige Abnahmepreise sind vollkommen in Ordnung. Natürlich soll sich auch der Preis für Lebensmittel nach Angebot und Nachfrage richten. Aber nach echter Nachfrage. Nach Nachfrage von Essern. Die Milliarden von Dollar, Euro und Yen, die nur zu Spekulationszwecken in diese Märkte fließen, haben dort schlichtweg nichts verloren.

Gibt es in dieser Welt mit Abertausenden von Anlagemöglichkeiten nicht auch für Sie eine Alternative zu Ihrem Investment in Grundnahrungsmittel? Bei allem Streben nach Gewinn und Rendite sollten doch Ethik und Moral auch noch eine Rolle spielen. Sonst sind wir nicht besser als die, die wir hier so hart kritisieren. Lassen Sie uns die Welt ein klein wenig besser machen, wo wir die Möglichkeit dazu haben.

Wie wird heute Geld »geschaffen«?

Es ist nicht nur der Staat, der Geld schafft, sondern es sind zum größten Teil private Banken. Die meisten Menschen haben nur eine vage Vorstellung davon, wie Geld heutzutage eigentlich entsteht.

Durch Sprüche wie »Die Notenbanken werfen mal wieder die Druckerpresse an«, die ich selbst gerne verwende, wie ich gestehen muss, entsteht leider ein völlig falsches Bild von unserer »Geldschaffung«. Die tatsächlich geprägten Münzen oder gedruckten Geldscheine machen weniger als 10 Prozent des gesamten im Umlauf befindlichen Geldes aus. Der weit überwiegende Teil existiert nur elektronisch – zum Beispiel als Zahl auf Ihrem Kontoauszug.

Am besten schauen wir uns die wundersame Geldschöpfung anhand eines Beispiels an: Sie gehen zur Pfefferminzia-Bank und zahlen 10 000 Euro in Scheinen auf ein Girokonto ein. Auf Ihrem Kontoauszug stehen jetzt 10 000 Euro. Logisch. Dann verleiht die Pfefferminzia-Bank diese 10 000 Euro an einen anderen Kunden, nennen wir ihn Hugo, und stellt ihm diese 10 000 Euro auf sein Girokonto. Jetzt haben Sie 10 000 Euro auf dem Konto, und Hugo verfügt ebenfalls über 10 000 Euro. Also können Sie jetzt gemeinsam 20 000 Euro ausgeben. Es wurden folglich 10 000 Euro einfach so aus dem Nichts heraus produziert. Klingt unglaublich, aber genau so funktioniert die Schaffung von Geld.

Zugegeben, ich habe es etwas vereinfacht, es gibt da noch Dinge wie eine »Mindestreserve«, die die Europäische Zentralbank von den Banken einfordert, damit diese nicht so ganz unbegrenzt neues Geld produzieren können. So muss die Bank beispielsweise von Ihren 10 000 Euro 2 Prozent, also 200 Euro, bei der EZB hinterlegen und kann Hugo nur 9800 Euro Darlehen gewähren. Auf diese Weise soll eine unbegrenzte Vermehrung von Geld verhindert werden, was allerdings mehr symbolischen Charakter hat.

Die USA haben diese Mindestreserve schon lange auf null Prozent zurückgenommen. Die Banken können so viel Geld erschaffen, wie sie Kreditnehmer finden.

Wie sicher ist mein Geld bei meiner Bank?

Gehen wir noch mal zu der ursprünglichen Konstellation zurück: Sie haben 10 000 Euro in Scheinen bei Ihrer Bank eingezahlt. Die Bank schreibt Ihnen 10 000 Euro gut. Gleichzeitig hat sie Hugo diese 10 000 Euro geliehen und auch seinem Konto gutgeschrieben. Im Tresor hat die Bank allerdings nur 10 000 Euro in Scheinen liegen. Wenn jetzt Hugo und Sie gleichzeitig zur Bank gehen und jeder von Ihnen sich diese 10 000 Euro in bar auszahlen lassen will, kann die Bank das gar nicht, da sie ja nur 10 000 Euro im Tresor hat. Die Bank wäre zahlungsunfähig. Das Banksystem mit Buchgeld funktioniert also nur so lange, bis viele Kunden gleichzeitig ihr Geld abheben wollen. Das passiert zum Beispiel dann, wenn die Menschen ihrer Bank nicht mehr trauen. Die Leute befürchten, dass ihre Bank Bankrott macht, und wollen das Geld abheben, bevor es weg ist. Denn das Geld, das sie eingezahlt haben, wird ja nicht für sie im Safe aufbewahrt. Sie haben mit der Einzahlung Ihrer Bank einen Kredit gegeben. Und wenn diese Bank nun Pleite macht und diesen Kredit an Sie nicht zurückzahlen kann, haben Sie eben Pech gehabt.

Daher sind Gerüchte über Zahlungsschwierigkeiten einer Bank ein Spiel mit dem Feuer. Selbst wenn an dem Gerücht absolut nichts dran ist, kann es die Menschen dazu bewegen, zu ihrer Bank zu rennen und das Geld vom Konto abzuheben, also praktisch den an die Bank gegebenen Kredit sofort zurückzufordern. Man nennt das dann einen »Bank-Run« oder Bankensturm. Wie wir oben gesehen haben, kann keine Bank unseres Systems alle auf den Konten stehenden Summen auf einmal auszahlen. Sie hat dieses Geld ja gar nicht. Und genau deshalb kann ein hartnäckiges Gerücht eine intakte Bank binnen Stunden in die reale Pleite treiben.

Erinnern Sie sich an die Bilder aus England, als sich Bankkunden am Schalter der Northern Rock Bank um die letzten zur Auszahlung verfügbaren Banknoten prügelten? Das war ein solcher Bank-Run. Die ersten haben ihr Geld bekommen, aber wer zu spät kam, hatte das Nachsehen. Auch hier gilt wieder die alte Börsenweisheit: »If it's panics, panic first!«

Die ersten Fragen, die sich die Menschen stellen, wenn die Märkte in schwere See geraten, sind deshalb verständlicherweise: »Wie sicher ist mein Geld?«, und: »Was passiert mit meinem Geld, wenn meine Bank Pleite macht?« Daraufhin antworten die Berater wie aus der Pistole geschossen: »Da kann gar nix passieren. Ihr Geld ist staatlich garantiert, und außerdem gibt es noch den Einlagensicherungsfonds, der sichert Sie zusätzlich ab.« Wirklich? Schauen wir uns das Ganze doch mal ohne Nebelkerzen an.

Zunächst einmal das Beste: Über Ihre Aktien und Fondsanteile müssen Sie sich keine Gedanken machen. Diese verwahrt die Bank nur für Sie. Selbst wenn die Bank Konkurs anmeldet, können Sie die Herausgabe der aufbewahrten Aktien und Fonds ebenso verlangen wie den Inhalt Ihres Banksafes.

Viel spannender ist aber, was mit Ihrem Guthaben auf dem Konto geschieht. Die Kundengelder im deutschen Bankensystem werden durch die Einlagensicherung geschützt. Diese Einlagensicherung besteht zum einen aus einer gesetzlichen Garantie. Diese ist aber pro Anleger auf 90 Prozent seines Geldes und maximal 20 000 Euro beschränkt. »Einlagen« sind hier nicht im orthopädischen Sinn zu verstehen, sondern meinen Guthaben auf Girokonten, Sparbüchern und Ähnliches. Wenn Sie also 10 000 Euro auf dem Sparbuch haben, bekommen Sie im Insolvenzfall 9000 Euro ausgezahlt. 1000 Euro sind weg. Haben Sie 100 000

Euro auf der Bank, bekommen Sie aber maximal 20 000 Euro. Von den übrigen 80 000 Euro müssen Sie sich leider verabschieden.

Aber halt: Um diesen GAU zu verhindern, gibt es über die gesetzliche Absicherung hinaus noch eine private Absicherung seitens der Banken, den Einlagensicherungsfonds des Bundesverbandes deutscher Banken e.V. beispielsweise. Ihm gehören viele große Banken in Deutschland an. Wenn Sie wissen wollen, ob Ihre Bank dabei ist, können Sie das unter www.bankenverband.de in Erfahrung bringen.

Diese Entschädigungseinrichtung ist eigentlich eine tolle Sache. Sie wirbt auch damit, dass die Entschädigungssumme jedes einzelnen Kunden bei 30 Prozent des haftenden Eigenkapitals der jeweiligen Bank liegt. Das bedeutet zum Beispiel, dass die Einlagen jedes einzelnen Kunden der Deutschen Bank bis zu einer Summe von etwa 10 Milliarden Euro geschützt sind. Jeder Kunde der Deutschen Bank, der weniger als 10 Milliarden Euro auf dem Konto hat, bekommt also von dieser Entschädigungseinrichtung sein gesamtes Geld wieder, wenn die Deutsche Bank pleitegehen sollte. Wer mehr auf dem Sparbuch hat, muss den Rest abschreiben, das sollte dann aber ohne größere Abstriche beim Jahresurlaub verkraftbar sein.

Hier endet meist das Beratungsgespräch, und der Kunde wähnt sich sicher und zufrieden. Sie können es sich bereits denken, dass dieses Thema, welches Sie in jeder Bankbroschüre nachlesen können, hier nicht so ausführlich erörtert würde, wenn es da nicht noch eine dunkle Seite hinter der strahlenden Fassade gäbe.

Haben Sie sich schon einmal gefragt, wer denn bitte schön die ganzen Milliarden bezahlen soll, wenn die Deutsche Bank Pleite macht? Herr Ackermann, verzeihen Sie, dass ich ausgerechnet Ihr Haus als Beispiel nehme, aber als größte private Bank der Republik ist es halt besonders anschaulich.

Der Einlagensicherungsfonds übernimmt die Zeche. Hat aber irgendjemand mal gefragt, ob der überhaupt genug Geld im Portemonnaie hat? Ich habe Anfang 2008 mal nachgefragt. Aber seltsamerweise keine Antwort bekommen. Laut den Statuten des Einlagensicherungsfonds besteht über den Inhalt des Topfes Geheimhaltungs- und Schweigepflicht. Man möchte keinen Anlass zu Spekulationen geben. Das ist doch der Hammer, oder? Stellen Sie sich vor, man verspricht Ihnen: »Im Notfall löscht die Feuerwehr Ihr Haus.« Wenn Sie aber wissen wollen, ob die Feuerwehr auch genug Wasser im Fahrzeug hat, sagt man Ihnen: »Das sagen wir nicht!«

So was schürt ja das Vertrauen ungemein und bringt mich erst richtig in Stimmung, da mal etwas tiefer zu schürfen. Und was ich da gefunden habe, hat mir gar nicht gefallen. Aus Insiderkreisen hört man – ich bitte diese Zahl lediglich als begründete Spekulation und nicht als Fakt zu sehen –, dass in diesem Feuerwehrfonds nur 4,5 Milliarden Euro liegen sollen. Im Sommer 2007 haben aber laut Bundesbankausweis die privaten Banken 874 Milliarden Euro Einlagen ihrer Kunden. Also sind lediglich 0,5 Prozent der Kundengelder durch diesen Fonds abgesichert. Ohne mathematische Purzelbäume zu schlagen, kann man aufgrund dieser Schätzungen getrost davon ausgehen, dass der Einlagensicherungsfonds bereits pulverisiert ist, wenn auch nur eine der zwanzig größten Banken der Republik die Tore schließt. Und dann wird wieder ein Finanzminister vor die Kameras treten und sagen: »Tut mir leid, das konnte ja keiner ahnen.«

In einem solchen Fall *kann* der Einlagensicherungsfonds seine Mitglieder zur Kasse bitten und einen Nachschuss einfordern. Aber glauben Sie im Ernst, eine private Bank würde sich selbst in Zahlungsschwierigkeiten bringen, um die Kundengelder eines Konkurrenten zu retten? Wir haben die peinlichen Streitereien gesehen, als es darum ging, wer die Milliarden für die Rettung der Hypo Real Estate aufbringen soll. Da kann man sich ungefähr vorstellen, wie es aussieht, wenn es eines Tages um zehnmal höhere Summen gehen sollte.

Die Sparkassen sowie die Volks- und Raiffeisenbanken haben jeweils eigene mehrstufige Absicherungssysteme, die im Normalfall gut funktionieren, aber im Falle eines Super-GAUs ebenfalls an ihre Grenzen kämen.

Um es ganz klar zu sagen: Dieses System ist besser als nichts. Es ist besser als alle Absicherungssysteme unserer Nachbarstaaten. Aber man muss sich darüber im klaren sein, dass es eine hundertprozentige Absicherung nicht geben kann. Nichts im Leben ist zu 100 Prozent sicher. Schon gar nicht Ihr Geld oder Ihre Rente.

Die Sicherungseinrichtungen der Banken sind ähnlich wie die sieben Airbags in Ihrem Auto: Für die am häufigsten vorkommenden Unfälle funktionieren die wunderbar. Wenn Sie aber mit Tempo 200 gegen einen Brückenpfeiler krachen oder auf dem Bahnübergang stehenbleiben, sind diese Airbags schlichtweg überfordert, und das war's dann. Es kann keine Absicherung gegen alles geben.

Nur: Warum sagt man das den Menschen nicht? Ich glaube, die meisten Leser werden mit dieser Wahrheit wunderbar umgehen können. Sie lassen ja auch nicht Ihr Auto stehen, aus Sorge, dass die Airbags bei 200 km/h nicht ausreichen. Genauso können Sie Ihrer Bank vertrauen. Aber wenn der GAU, der größte anzunehmende Unfall, geschieht, war's das mit der Kohle. So einfach ist die Sache.

Es sei denn, der Staat würde großherzig einspringen, und genau das hat er im Oktober 2008 getan. Niemand hatte mehr Vertrauen in die Banken. Gerüchte gingen um, welche Bank wohl die nächste sei, die pleitegeht. Als dann Anfang Oktober 2008 die Zentralbanken Alarm schlugen, weil sie einen starken Anstieg der Bargeldnachfrage registrierten, reagierte Bundeskanzlerin Merkel rasch, unkonventionell und keinen Tag zu früh. Hätte sie nicht an diesem Wochenende die Staatsgarantie für alle Spargroschen aller privaten Konten erklärt, wäre es vermutlich wenige Tage später zu einem Sturm der Menschen auf ihre Banken gekommen, um das Geld von den Konten zu holen. Diese Entscheidung kann man nicht hoch genug bewerten.

Diese Staatsgarantie wirkt ebenso wie die Garantie, die deutschen Banken mit 500 Milliarden zu retten, ausschließlich durch das so gebildete Vertrauen. Die Banken haben sich untereinander nicht mehr vertraut, und die Menschen haben den Banken misstraut. Die Regierung hat nichts anderes gemacht, als das Vertrauen der Menschen durch die Banken hindurch auf die Regierung durchzuleiten. Ein einmaliger und gewagter Vorgang. Man kann nur beten, dass diese Garantien nie tatsächlich in Anspruch genommen werden. Sollte das geschehen, stehen wir einen Schritt vor dem Staatsbankrott.

Zunächst aber funktioniert die Garantie. Die Menschen belassen ihr Geld auf dem Konto, und die Banken leihen sich untereinander wieder zaghaft Geld. Wie es weitergeht, bleibt abzuwarten. Aber man sollte aufhören, den Leuten zu sagen: »Macht euch keine Gedanken, es kann überhaupt nichts passieren.« Hören Sie es leise im Hintergrund? »Niemand hat die Absicht, eine Mauer zu errichten!«

Was schließen wir daraus? Es ist immer, aber wirklich immer unabdingbar, selbst ein wachsames Auge auf die Entwicklungen zu haben und dann unaufgeregt, aber rechtzeitig zu reagieren. Vor allem: Glauben Sie keinem Versprechen, das Sie nicht bis ins Detail überprüft haben.

3 Krisenherd USA

Wir hören seit Anfang 2007 beständig von Immobilienkrise (natürlich nur in den USA!), Kreditklemme und Bankenkrise. Alles klingt schlimm, doch wird uns von allen Seiten immer wieder bestätigt: »Das ist halb so wild und bald vorbei. Und dann geht die Party nach oben erst richtig los.« Schauen wir uns die Sache doch einmal genauer an:

Es gab in Amerika in den späten achtziger Jahren des letzten Jahrhunderts schon einmal eine Immobilien- und Bankenkrise historischen Ausmaßes – die sogenannte Sparkassenkrise (die haben aber viele schon wieder verdrängt). Auslöser war damals folgender: Die Sparkassen in den USA waren seit der großen Weltwirtschaftskrise in den Jahren nach 1929 sehr strengen Staatsreglementierungen unterworfen. Sie durften keine Ratenkredite vergeben, durften nur Konten führen, und selbst die Anlagezinssätze wurden ihnen vorgeschrieben. Als durch zunehmenden Konkurrenzdruck der großen Banken immer mehr Sparkassen in wirtschaftliche Probleme gerieten, lockerte der Staat 1982 unter dem neuen Präsidenten Ronald Reagan die Vorschriften für die Sparkassen. Sie durften jetzt auch Ratenkredite und Unternehmenskredite vergeben. Die Sparkassen konnten endlich auch Kreditkarten ausgeben, und die Beschränkungen der Zinssätze wurden ebenfalls aufgehoben. Darüber hinaus durften sie im Immobiliengeschäft tätig werden. Einzig das Investmentbanking (also Dinge wie Wertpapierhandel, Börsengänge und Vermögensverwaltung) blieb ihnen verwehrt.

Die Sparkassen wollten nun so schnell wie möglich in den Immobilienmarkt drängen und haben die Risikokontrolle nicht allzu eng gesehen. Hinzu kam, dass sie hochriskante Zinsdifferenzgeschäfte eingegangen sind, die jedem Volkswirt die Haare zu Berge stehen ließen: Sie haben Geld langfristig, also für zehn bis zwanzig Jahre, zu festgelegten Zinsen an die Häuslebauer verliehen. Gleichzeitig haben sie selbst dieses Geld kurzfristig für sechs Monate bis zwei Jahre am Markt aufgenommen. Das geht so lange gut, wie die kurzfristigen Zinsen niedriger sind als die langfristigen. Sobald sich das aber ändert und die kurzfristigen Zinsen ansteigen, müssen die Banken mehr Zinsen für das Geld bezahlen, das sie selbst aufnehmen, als sie für das Geld bekommen, das sie zu langfristig vereinbarten Zinsen verliehen haben. Dann kommen die Banken in größte Schwierigkeiten.

Genau solche Geschäfte waren es übrigens, die im Jahr 2008 die Hypo Real Estate (HRE) in den Abgrund rissen. Deren irische Tochter Depfa Bank hat genau diese Zinsgeschäfte gemacht und damit ihre Mutter ins Verderben gerissen. Auch Bankmanager scheinen einfach nicht aus der Geschichte lernen zu wollen. Jeder hält sich für besonders schlau. Genau wie in jenen achtziger Jahren, als die Zinsen in den USA in Richtung 20 Prozent stiegen. In der Folge gingen etwa tausend (!) US-Sparkassen pleite und stürzten die USA und folglich die Weltwirtschaft in eine Rezession.

Der amerikanische Staat musste – als Gewährsträger der Sparkassen – den größten Teil des Schadens übernehmen. (Wie der deutsche Staat für die HRE zwanzig Jahre später.) Der Gesamtschaden belief sich auf 175 Milliarden US-Dollar, von denen der US-Staatshaushalt (also die Bürger) 125 Milliarden übernehmen musste.

Dann traten Präsident Ronald Reagan und US-Notenbankchef Alan Greenspan auf den Plan. Sie sahen die einzige Möglichkeit, die Rezession zu beenden, darin, den Teufel (Kreditkrise) mit dem Beelzebub (noch mehr billiges Geld) auszutreiben. Also senkten sie die Zinsen massiv (kommt Ihnen der Ablauf bisher bekannt vor?) und erleichterten die Geldvergaberichtlinien noch mehr. Durch diese neuen Kreditvergaberichtlinien kam die große Zeit der Kreditvermittler. Diese mischten dann den Sprengstoff erst so richtig an, dessen Lunte zwanzig Jahre später brennen sollte.

Wenn Sie heute zur Bank Ihres Vertrauens gehen, um einen Kredit für Ihr Eigenheim aufzunehmen, beginnt ein intensiver Prozess der Durchleuchtung. Die Bank zieht Sie aus bis aufs Unterhemd, um herauszufinden, ob Sie sich den Kredit überhaupt leisten können. Und wenn das geschafft ist, gewährt sie Ihnen Ihr Immobiliendarlehen, nicht ohne einen anständigen Risikopuffer einzubauen: 20 Prozent Eigenkapital, Beleihung des Hauses nur zu 80 Prozent, für den Fall, dass Ihr Haus vielleicht in den nächsten Jahren im Preis fallen sollte. Das alles hat seinen guten Grund, denn die Bank wird Ihr Darlehen die nächsten dreißig Jahre im eigenen Bestand haben und Jahr für Jahr jeden Monat aufs Neue hoffen, dass Sie Ihre Raten auch diesmal bezahlen und sie ihr Geld im Lauf der Zeit zurückerhält.

Nicht so in den USA nach Präsident Reagan. Hier haben die Geldvermittler die Darlehen nur sehr kurzfristig in den eigenen Büchern. Die Kreditgeber treffen sich mit dem Häuslebauer und leihen ihm ohne großes Zögern nahezu jeden Betrag. Danach nehmen sie einige tausend dieser kaum geprüften Darlehen und bündeln sie zu einem großen Päckchen. Auf dieses Päckchen machen sie einen Aufkleber: »Diverse Immobilienkredite unterschiedlicher Qualität«. Dann verkaufen sie das ganze Bündel mit einem gewissen Abschlag an internationale Investoren weiter. Dass ein auswärtiger Investor die in diesem Paket enthaltenen Kreditverträge der Häuslebauer gar nicht überprüfen kann, liegt auf der Hand. Wie sollte auch eine französische Bank in Paris die Immobilien des Örtchens Duncan in Oklahoma bewerten? Oder wie die wirkliche Bonität des Tabakpflanzers Jonathan (»Jon«) Arbuckle in Virginia? Doch das alles hat niemanden wirklich interessiert, offensichtlich am wenigsten die Investoren selbst. Die haben sich blind auf die Einschätzungen sogenannter Ratingagenturen verlassen.

Ratingagenturen sind angeblich unabhängige Institute, die ermitteln sollen, wie sicher eine gewisse Anlageform beziehungsweise wie hoch die Gefahr ist, dass mein investiertes Geld den Bach runtergeht. Jetzt hat eine solche Ratingagentur leider auch keine Abteilung mit Sehern, Glaskugeln und Tarotkarten, sondern muss sich in Ermangelung dieser Dinge zumeist auf die Einschätzungen der Kreditvermittler vor Ort verlassen. Was glauben Sie, welche Einschätzung ein Kreditvermittler in New Jersey seinem Kreditvertrag, den er ja verkaufen will, beilegt? Etwa die: »Der Herr Arbuckle wird das Darlehen in diesem Leben mit Sicherheit nicht mehr zurückzahlen können, da er wahrscheinlich ohnehin in zwei Monaten seinen Job verliert, aber er ist ein wirklich netter Kerl, und außerdem benötige ich die Abschlussprovision, deshalb habe ich ihm das Darlehen gewährt«? Wohl eher nicht. Also kann es nicht verwundern, wenn die Einschätzungen der Ratingagenturen ein klein wenig optimistisch ausfallen. Nur: Darüber wurde nie nachgedacht. Rund um den Globus wurde solch ein risikobelasteter Sondermüll in Billionenhöhe bedenkenlos gekauft. Erstens weil die Ratingagenturen sagen, dass das okay sei, zweitens weil er eine tolle Rendite abwirft und drittens weil es schließlich jeder macht. Bevor Sie sich jetzt den Kopf auf die Tischplatte schlagen, lesen Sie sich das Folgende durch. Es wird nämlich noch unglaublicher …

Nachdem über Jahre hinweg jeder halbwegs solvente Amerikaner sein Häuschen mit Pool erworben hatte, brauchte man neue Kreditnehmer, um die riesige weltweite Nachfrage nach diesen Kreditpäckchen zu erfüllen. Also nahm man es bei der Kreditprüfung immer weniger genau. Jedem Tabakpflanzer (nicht dem Plantagenbesitzer, sondern dem Tagelöhner!) wurde ein Immobilienkredit aufgeschwatzt. Selbst wenn der anfangs gar nicht wollte, hat man ihn mit abenteuerlichsten Konstruktionen überredet: »Es spielt gar keine Rolle, ob Sie den Kredit zurückzahlen können! Schauen Sie: Immobilienpreise steigen immer! Das ist so was wie ein Naturgesetz. Das Haus, das Sie heute für 200 000 Dollar kaufen – die wir Ihnen leihen, da sind wir großzügig! –, ist nächstes Jahr schon 220 000 Dollar wert. Also nehmen Sie nächstes Jahr auf Ihr im Wert gestiegenes Haus ein neues Darlehen von 20 000 Dollar auf. Damit können Sie die Raten des ersten Darlehens bezahlen, und es bleibt Ihnen sogar noch Geld für einen neuen Plasmafernseher übrig! Und das machen wir dann einfach jedes Jahr so weiter! … Toll, gell!?«

Die Kredite hatten sogar lustige Namen, etwa »Nina-Kredite«. Nach dem skurrilen Humor der Kreditvermittler stand das für »No income, no assets«, also »kein Einkommen, keine Vermögenswerte«. Kredite an Habenichtse also. Oder »Lügner-Kredite«: Die Kreditnehmer haben einfach ihr Einkommen angegeben, ohne dass sie das belegen mussten. Wenn da einer in abgerissenen Klamotten 1 000 000 US-Dollar Jahreseinkommen auf den Zettel geschrieben hat, hat der Kreditvermittler ihn angezwinkert.

Ob Sie es glauben oder nicht: Auf einer solchen Finanzierungsgrundlage wurden Abertausende Kredite in Milliardenhöhe (!) vergeben. Sie können sich in etwa vorstellen, was passiert, wenn das Naturgesetz »Immobilienpreise steigen immer« eines Tages nicht mehr gilt. Aber dazu später.

Als in den letzten Jahren die Zinsen in Amerika langsam anstiegen, wurde dieses Konstrukt immer anfälliger, und man erfand eine neue geniale Idee, wie man Menschen, die sich eigentlich nicht einmal die Zinsen leisten könnten, ein Immobiliendarlehen andrehen konnte: die berüchtigten 2+28-Finanzierungen.

Die Kunden wurden mit sehr niedrigen Anfangszinssätzen geködert: »Sie zahlen zwei Jahre lang nur 3 Prozent Zinsen … und danach achtundzwanzig Jahre lang Libor plus 5 Prozent.« Das blickt kein einfacher Landarbeiter, sollte er aber auch gar nicht. »Libor« ist die Abkürzung für »London Interbank Offered Rate« und bezeichnet nichts anderes als den Zinssatz, den eine Bank in London bezahlen muss, wenn sie sich von einer anderen

Bank Geld leiht. Also wird der mittellose amerikanische Tabak-pflanzer künftig achtundzwanzig Jahre lang diesen sich sehr schnell ändernden Zinssatz von London zahlen. Im Moment sind das 4 Prozent zuzüglich weiterer 5 Prozent (Libor plus 5 Prozent), insgesamt also 9 Prozent Zinsen. Wenn die Zinsen in den nächsten Jahren wieder ansteigen, können das problemlos 12, 13 oder 15 Prozent werden.

Dass der arme Herr Arbuckle bei diesem Geschäft nicht nur über die Wupper, sondern aus Verzweiflung eventuell sogar in den Mississippi geht, kann dem Kreditvermittler ziemlich egal sein, denn der hat dieses Darlehen ja längst zusammen mit tausend anderen Darlehen dieser Art in einen Schuhkarton gepackt und das Ganze zur Ratingagentur Moody's nach New York geschickt. Die haben sich auf die Begleitschreiben der Kreditvermittler verlassen. »Ooch, das sieht doch ganz gut aus. Außerdem sind das so viele Verträge, wenn da mal der eine oder andere ausfällt, fängt die Masse das doch ab, und außerdem bezahlt uns der Kreditvermittler ja für unser Rating, da wollen wir mal nicht so sein.« Dann wurde ein guter Qualitätsstempel auf den Schuhkarton geklebt, und damit versehen wurde der Karton verkauft – zum Beispiel an den Finanzkonzern JPMorgan Chase in New York.

Die hat aber nicht nur einen, sondern ganz viele dieser Schuhkartons gekauft, sie alle in ein noch größeres Paket gepackt und an die Ratingagentur S&P (Standard & Poor's) geschickt. S&P guckt rein und denkt: »Prima! Da sind ja eine Menge von Moody's gut bewertete Schuhkartons drin. Und selbst wenn da mal der eine oder andere ausfällt, die Masse fängt das ab, und außerdem bezahlt uns JPMorgan ja für unser Rating, da wollen wir mal nicht so sein.« Da kommt also jetzt ein richtig guter Stempel drauf. Und dieses Paket wird dann an die IKB im schönen Düsseldorf am Rhein verkauft.

Jetzt frage ich persönlich mich: Welche Ahnung hat die IKB in Düsseldorf von der Bonität des Tabakpflanzers Arbuckle in Virginia? Ich behaupte einfach: gar keine! Vermutlich wissen die noch nicht einmal, dass es den Mann überhaupt gibt. Aber sie haben seinen Kreditvertrag im Keller!

Als wäre das Ganze nicht schon abenteuerlich genug, hat man diesen Paketen auch noch andere Darlehen beigemischt – beispielsweise Autofinanzierungen oder Kreditkartenverbindlichkeiten. Überhaupt: Kreditkartenverbindlichkeiten! Es geht ja dieses geflügelte Wort, dass »jeder Amerikaner zehn Kreditkarten hat«. Ist natürlich übertrieben, trifft aber den Kern. Haben Sie sich schon einmal gefragt, was »der Amerikaner« mit zehn Kreditkarten will? Der hat die nicht, um mehr Abwechslung in seinen tristen Alltag zu bringen. Er braucht die dritte Kreditkarte, um die Verbindlichkeiten der ersten beiden zu bedienen, wenn diese ausgeschöpft sind, und so weiter. Was dabei herauskommt, wenn man über Jahre und Jahrzehnte Kredite mit neuen Krediten finanziert, Löcher stopft, indem man neue – noch größere – Löcher reißt, dafür braucht es auch wieder kein Wirtschaftsstudium, sondern lediglich gesunden Menschenverstand. Das geht eine Zeitlang gut, aber dann geht es etwas ganz anderes … nämlich mächtig schief!

Den Höhepunkt dieses Kreditwahnsinns erreichte der amerikanische Markt Ende 2006, als nahezu jeder, der auch nur drei Kreuze unter einen Vertrag setzen konnte, ein Immobiliendarlehen aufgenommen hatte. Es wurden schlichtweg die potentiellen Käufer knapp. Wenn keine neuen Käufer mehr gewonnen werden, ist in einem Markt, in dem es fast unbegrenzt viel Land gibt, die logische Konsequenz, dass die Preise nicht mehr steigen. »Nicht mehr steigen« genügte bereits, um die ersten Hausbesitzer in Schwierigkeiten zu bringen, die ja darauf angewiesen waren, auf ihren steigenden Immobilienwert neue Darlehen aufnehmen zu können, um die Zinsen für das alte zu bezahlen. Diese Hausbesitzer konnten also ihren Verpflichtungen nicht mehr nachkommen und mussten ihr Haus verkaufen, was wiederum Druck auf die Immobilienpreise ausübte. Das war der Beginn der Katastrophe.

Anfang 2007 dämmerte es plötzlich den ersten internationalen Investoren, dass mit ihren Kreditpaketen aus Amerika etwas nicht stimmte. Immer mehr Kredite in diesen Paketen fingen an zu faulen und zu stinken, und die Investoren begannen auf einmal, in diese Pakete reinzuschauen. Und was sie da fanden, hat ihnen gar nicht gefallen. Als Konsequenz stellten sie sofort den Kauf weiterer Kreditpakete ein.

So brach innerhalb weniger Wochen der gesamte Markt für diese »Wundertüten« komplett zusammen – so komplett, dass es nicht einmal möglich war, auch nur ungefähr zu bestimmen, was diese stinkenden Wundertüten in den Kellern der Banken überhaupt noch wert waren. Also haben die einzelnen Banken den Wert eben mal so ungefähr geschätzt und den Verlust dann als Abschreibungen in ihren Quartalsbilanzen bekanntgegeben. Daraufhin lief das große Staunen um den Globus. 5 Milliarden hier, 12 Milliarden dort, 24 Milliarden ganz da drüben. Zur Erinnerung: Das waren die »optimistischen« Abschreibungen der Banken, die natürlich hofften, dass das alles nur ein böser, kurzer Alptraum ist und der Markt für Wundertüten sich in wenigen Monaten wieder erholen würde. Aber um es mit Wilhelm Busch zu sagen: »Wehe, wehe, wenn ich auf das Ende sehe.«

Denn was, wenn der Wundertütenmarkt nicht wieder auf die Beine kommt? Was, wenn noch mehr Kredite darin zu faulen beginnen? Welche Abschreibungen kommen dann noch auf uns zu? Und überhaupt: Warum sollte sich der Immobilienmarkt in den USA kurzfristig wieder erholen?

Bemühen wir doch wieder unseren Freund, den gesunden Menschenverstand: Stellen Sie sich vor, Sie seien Amerikaner und trügen sich mit dem Gedanken, ein Haus zu kaufen. Sie lesen täglich von Immobilienkrise und fallenden Immobilienpreisen. Da sagen Sie sich doch: »Hey, wenn die Preise am Fallen sind, warte ich noch ein halbes Jahr, dann bekomme ich das Haus viel billiger!« Wenn Sie aber in der unglücklichen Lage sind, ein Haus verkaufen zu wollen (oder zu müssen), werden Sie denken: »Mist, mir steht eh das Wasser schon bis zum Hals, ich gehe lieber noch mal 5 Prozent mit dem Preis runter, bevor das alles noch schlimmer wird.«

Wer selbst einmal eine Immobilie erworben hat, weiß, dass von der Überlegung »Wir sollten uns mal nach einem Haus umsehen« über die Finanzierung bis zum ersten Glas Rotwein auf der eigenen Terrasse viele Monate vergehen. Der Immobilienmarkt bewegt sich wesentlich träger und nachhaltiger als beispielsweise der Aktienmarkt. Während der Aktienmarkt schnell wie ein Sportboot die Richtung ändert und sich neuen Situationen in wenigen Tagen oder gar Stunden anpassen kann, ist der Immobilienmarkt wie ein träger Öltanker, der, einmal in Fahrt, sehr lange die Richtung beibehält und nur gaaanz langsam den Kurs ändern kann.

Wenn also die Immobilienpreise erst einmal angefangen haben zu fallen, dann fallen sie recht lange und zu Anfang immer schneller, da sich der Trend durch den Herdentrieb der Leute immer mehr beschleunigt. Je tiefer die Preise fallen, umso mehr Hausbesitzer werden durch die Banken zum Verkauf gezwungen, da sie keine Anschlussfinanzierung mehr erhalten, wenn ihr Darlehen ausläuft. Und dann heißt es: »Wie, Herr Arbuckle? Sie wollen 220 000 Dollar Darlehen? Ihr Haus ist doch nur noch 170 000 Dollar wert! Tja, da werden Sie wohl verkaufen müssen, denn wie wollen Sie sonst Ihr auslaufendes Darlehen von 200 000 Dollar zuzüglich Zinsen zurückzahlen? Bitte? Ja, natürlich bleiben Sie auf den restlichen 50 000 Dollar Schulden sitzen, aber Sie sind ja noch jung, das können Sie abstottern, da sind wir großzügig.«

Es sei denn, Herr Arbuckle hat einen von diesen Verträgen, in denen steht, dass er nur den Schlüssel bei seinem Finanzierer abgeben muss und somit schuldenfrei ist. Die meisten Immobilien-kreditverträge sind in den USA so gestaltet, dass das Darlehen NUR durch die Immobilie selbst abgesichert ist. Der Hauskäufer haftet somit nicht mit seinem sonstigen Vermögen. Wenn er aus-zieht, kann er der Bank den Schlüssel übergeben, und das war's für ihn. Es soll mittlerweile sogar schon gang und gäbe sein, dass Hausbesitzer ihr Haus verwüsten und dann still und heimlich das Weite suchen. Die Bank schaut ein paar Monate später mal nach dem Rechten, weil keine Zahlungen mehr eingegangen sind, und findet eine Ruine vor. Auf dem Schaden und dem Wertverlust bleibt sie dann sitzen.

Wie also kommen die Optimisten auf die Idee, die Immobili-enkrise könne sich schnell erledigt haben? Die ganzen Abschrei-bungen der letzten Monate haben vermutlich noch nicht einmal den realen Ist-Zustand wiedergegeben. Was kommt da noch an Abschreibungen auf uns zu, wenn der Immobilienmarkt weitere zwei bis drei Jahre fällt, wovon unbedingt auszugehen ist?

Darauf angesprochen, reagieren die Optimisten mit den immer gleichen unterhaltsamen Argumenten: »Die Notenbank hat alles im Griff! Die senken die Zinsen weiter. Dann muss der Häusle-bauer weniger Zinsen bezahlen, und alles wird gut!«

Was für ein Unsinn! Das Problem besteht darin, dass der Häuslebauer komplett überschuldet ist. Er hat seine Kreditlinien bis zum Anschlag ausgeschöpft. Und da die einzige Sicherheit, die er hat – seine Immobilie –, gerade mächtig im Preis fällt, sind schon seine bisherigen Darlehen nicht mehr ausreichend besi-chert. Wer sollte diesem Menschen noch einen weiteren Kredit geben? Die Immobilienvermittler können keine Wundertüten mehr an die aufgeschreckten Investoren verkaufen, fallen also aus. Die Banken selbst bekommen zwar jede Menge billiges Geld von der amerikanischen Notenbank zur Verfügung gestellt, aber die werden den Teufel tun, das Geld an die Verbraucher weiterzu-leiten. Oder würden Sie Geld an jemanden verleihen, der eigentlich ohnehin schon pleite ist? Wohl eher nicht. Also helfen die Zinssenkungen in diesem Szenario überhaupt nicht weiter. Dem amerikanischen Verbraucher ist es egal, ob er zu 5 oder zu 2 Prozent *kein* Darlehen bekommt. Er bekommt einfach keines. Also kann er seine bisherigen Verpflichtungen nicht erfüllen, geschweige denn einen neuen Konsumrausch entwickeln. Und nur davon lebt die US-Wirtschaft und damit ein nicht unerheblicher Teil der Weltwirtschaft.

Aber die Zinssenkung hilft den großen US-Banken. Denn diese erhalten billigstes Geld, geben es aber nur mit extremen Risikoaufschlägen, die sie mit der aktuellen Situation ja auch sehr gut begründen können, an ihre Kunden weiter. Wir hatten in Japan in den achtziger Jahren eine vergleichbare Situation, als der Immobilienmarkt dort einbrach. Die japanische Notenbank senkte die Zinsen bis auf 0 Prozent, und dennoch mussten die Bürger bei ihren Banken bis zu 20 Prozent Zinsen für Darlehen zahlen. Ein Riesengewinn für die Kreditinstitute. Genau das passiert auch in den USA.

Die Bürger und Unternehmen zahlen für Darlehen heute höhere Zinsen als vor den Zinssenkungen. Diese hatten also nur einen einzigen Zweck: den Banken ungeheure Gewinne zuzuschanzen, damit sie auf diese Weise ihre Verluste im Immobilienbereich gegenrechnen können. Es ging nur darum, die Banken zu retten. Die Bürger und die Wirtschaft im Allgemeinen spielten bei den Zinssenkungen überhaupt keine Rolle.

Von der Immobilienkrise zur Bankenkrise zur Krise der Realwirtschaft

Im Jahr 2008 hat sich aus der ursprünglichen Krise auf dem amerikanischen Immobilienmarkt eine handfeste Bankenkrise entwickelt. Eine Bankenkrise, die eine Dimension erreicht hat, die wahrlich furchterregend ist. Noch im Sommer 2007 wurde ich mit ungläubigem bis mitleidigem Lächeln bedacht, wenn ich behauptete, diese Bankenkrise sei die schwerste seit der Weltwirtschaftskrise 1929. Mittlerweile gibt es viele angesehene Köpfe, die sich nicht mehr scheuen, sie so zu bezeichnen. Der Finanzgigant George Soros sah im Januar 2008 »die schlimmste Krise seit sechzig Jahren«. Er war davon überzeugt, dass diese Krise die Weltwirtschaft stärker verändern werde als alle anderen nach dem Zweiten Weltkrieg. Und das will was heißen! Zwar herrschte zwischen 1945 und 1971 relative Ruhe. Es gab immer wieder größere und kleinere wirtschaftliche »Zwischenfälle«, aber keine nennenswerten Finanzkrisen. Danach jedoch wurden die Einschläge von Mal zu Mal heftiger. In den fünfzehn Jahren zwischen 1982 und 1997 gab es in hundert Industrie- und Entwicklungsländern gefährliche Wirtschaftskrisen. Betroffen waren 75 Prozent der Mitgliedsstaaten des Internationalen Währungsfonds (IWF). Die Rettungspakete des IWF in dieser Zeit kosteten über 250 Milliarden US-Dollar. Im Sommer 2008 ging man bereits von Abschreibungen in der aktuellen Krise von 1000 Milliarden US-Dollar aus. Und ich gehe jede Wette ein, dass man diese Zahl in dem Moment, in dem Sie, lieber Leser, dieses Buch in Händen halten, als sehr wohlwollend belächeln wird.

In den achtziger Jahren gab es die Sparkassenkrise in den USA, in deren Folge tausend Sparkassen pleitegingen und die Weltwirtschaft in eine Rezession geworfen wurde. Ab 1998 kam noch eins drauf. Die Krisen in Asien und Russland folgten. In Thailand wurde die Hälfte aller Banken geschlossen. Das deutsche Kreditsystem bekam beim Zusammenbruch der Internetblase Anfang des neuen Jahrtausends größte Probleme, die die Banken damals aber noch aus eigener Kraft stemmen konnten.

Das waren alles bedeutende, durchaus feuergefährliche Situationen. Wenn aber im Herbst 2008 sogar Finanzminister Peer

Steinbrück, der eigentlich stets auf eine Beruhigung der Marktteilnehmer setzt und jedes Wort auf die Goldwaage legt, von der »größten Krise der letzten Jahrzehnte« spricht, dürfte selbst dem Unbedarftesten bewusst werden, dass diese Krise ungleich schwerwiegender ist als die vorhergehenden. Da rollt ein Tsunami auf uns zu. Was bis zum Herbst 2008 passierte, war bestenfalls die Phase, in der sich das Wasser weit zurückzieht, bevor die große Welle an Land geht.

Wie dieser Tsunami verläuft und welche Auswirkungen er haben wird, darüber wird in der Finanzwelt gestritten und diskutiert wie über kaum ein anderes Thema. Beeindruckend ist, wie dramatisch die Einschätzungen der Fachleute auseinandergehen. Die einen sehen das Ende unserer wirtschaftlichen Grundordnung, die anderen gehen davon aus, dass in wenigen Monaten alles vergessen ist und wir uns auf den Weg zu neuen Gipfeln machen. Das Faszinierendste daran ist, dass es für beide Sichtweisen gute Argumente gibt. Damit Sie sich ein eigenes Bild machen können, werde ich Ihnen beide Varianten vorstellen, und am Ende entscheiden Sie selbst, welche Variante Ihnen *Ihr* gesunder Menschenverstand als die wahrscheinlichste erscheinen lässt.

Da die Hoffnung bekanntlich zuletzt stirbt, beginnen wir mit dem Horrorszenario und erholen uns am Ende mit dem nicht minder spannenden Hoffnungsszenario.

4 Die wirtschaftliche Kernschmelze – das Horrorszenario

Wir gehen davon aus, dass die Immobilienpreise (zunächst in den USA) noch einige Jahre weiter fallen werden. Die Entwicklungen aller freien Märkte erfolgen immer in Wellen. Und genauso wie eine Welle die Preise nach oben übertreibt, übertreibt die Gegenbewegung in ihrer tiefsten Ausdehnung nach unten. Am besten lässt sich das an der Internetblase 2000 erklären: Zunächst wurden die Kurse völlig wahnsinnig nach oben übertrieben. Der Dax stand bei 8000 Punkten, eigentlich wertlose Unternehmen wurden mit abenteuerlichsten Bewertungen versehen. Da war ein Filmrechtehändler wie EM.TV mehr wert als ein Traditionsunternehmen wie die Deutsche Lufthansa mitsamt ihrer Flugzeugflotte. Am Ende der Korrektur im Frühjahr 2003 waren selbst die stabilsten Unternehmen deutlich unter ihrem Buchwert zu bekommen. Das bedeutet: Wenn jemand alle Aktien einer solchen Firma zu diesem Kurs gekauft und dann alle Vermögenswerte des Unternehmens verkauft hätte, wäre er ein reicher Mann geworden. Eine Allianz-Aktie gab es damals für unter 45 Euro!

Man kann verallgemeinernd sagen, dass die Gegenbewegung umso heftiger in die andere Richtung ausschwingt, je überzogener die ursprüngliche Übertreibung war. Da die Übertreibung am amerikanischen Immobilienmarkt seit zwanzig Jahren wilde Blüten schlug, ist in etwa vorstellbar, wie übel die Gegenbewegung werden wird. Wer in diesen Tagen nach Amerika fährt, berichtet von einem wahren Schilderwald mit der Aufschrift »For Sale«.

Millionen von Amerikanern erfahren im Moment leidvoll, dass Immobilien auch im Wert fallen können. Das wird viele vom Kauf abhalten – zumindest bis die Preise völlig ausgebombt sind. Zu diesem Zeitpunkt wird es allerdings nicht mehr viele geben, die sich überhaupt noch ein Haus leisten können. Es macht sich kaum jemand in Deutschland klar, welche Dynamik dieser Prozess im Herbst 2008 bereits erfahren hat.

Zum Beispiel Cleveland im US-Bundesstaat Ohio: In einem einst als gute Wohngegend bekannten Viertel, der 52. Straße, wo samstags die Autos gewaschen wurden und die Nachbarn auf dem frisch gemähten Rasen zum Barbecue zusammensaßen, steht jedes fünfte Haus leer. Jugendgangs schlagen nachts die Fenster ein und verwüsten die Häuser auf der Suche nach Verwertbarem.

In den umliegenden Wäldern entstehen Zeltdörfer von Menschen, die durch Zwangsversteigerungen aus ihren Häusern geworfen wurden. Das ist keine Schilderung aus einem *Mad-Max*-Film über das Jahr 2150, sondern bittere Realität im Jahr 2008 – geschildert in einem Artikel der *Welt* vom 19. März. In und um Cleveland stehen zu diesem Zeitpunkt 10 000 (!) Häuser leer und verfallen. Der Bürgermeister hat mittlerweile einundzwanzig Banken wegen ihrer Kreditvergabepraxis und des daraus folgenden Verfalls ganzer Stadtviertel verklagt. Große Erfolgsaussichten wird er wohl nicht haben.

Dieser Niedergang der Immobilienpreise findet auch so leicht keinen Boden, wie das vielleicht in Deutschland oder England möglich wäre. Hier in Deutschland gibt es nun mal nur ein sehr beschränktes Platzangebot. Baugrundstücke sind rar und werden somit auch recht schnell wieder Käufer finden, wenn die Preise gefallen sind. Nicht so in Amerika. Hier gibt es nahezu unbegrenzt freies Land. Wer jemals durch den mittleren Westen gereist ist, weiß, wovon ich rede. Hier ist man oft viele Stunden mit dem Auto unterwegs, ohne auch nur auf ein Toilettenhäuschen zu stoßen. Das passiert Ihnen in Deutschland höchstens, wenn Sie nach einer gerade überstandenen Hüftoperation zu Fuß im Pfälzer Wald unterwegs sind.

Also werden die Immobilienpreise zumindest in weiten Teilen der USA auf ein Niveau fallen können, das wir uns hier nicht vorstellen können. Die Grundstückspreise von Lower Manhattan werden nicht sonderlich davon betroffen sein, aber da wohnen ja auch nicht Millionen von Amerikanern, sondern eher die Verursacher der Krise mit den Millionen der Amerikaner.

Eine Untersuchung des Kongressausschusses kommt zu der Prognose, dass bis Ende 2009 zwei Millionen amerikanische Familien ihr Haus wegen Zahlungsunfähigkeit verlieren werden und der Wert der US-Immobilien um 2 bis 4 Billionen Dollar sinken wird. Das sind laut Untersuchungsausschuss vorläufige Zahlen, die auch deutlich höher liegen könnten. Kurzum, hier liegt der Sprengstoff für unser weiteres Szenario. Diese Millionen amerikanischer Familien werden in den nächsten Jahren sicherlich nicht diejenigen sein, die den Konsum vorantreiben – bestenfalls im Bereich Billigzelte. Ihre Nachbarn, die mit aller Anstrengung ihr Haus halten können, werden in der nächsten Zeit ebenfalls auf einen neuen Sportauspuff verzichten. Bereits 2008 brachen die Autoabsätze in den USA dramatisch ein. Ford und General Motors verkauften Anfang des Jahres 10 bis 20 Prozent weniger Fahrzeuge als noch ein Jahr zuvor. Diese Entwicklung wird sich in allen Bereichen der amerikanischen Wirtschaft fortsetzen. Die Menschen sparen beim Ausgehen, verschieben die Anschaffung eines neuen Autos und gucken noch einige Jährchen länger in die »alte« Röhre.

Was nicht gekauft wird, muss auch nicht produziert werden. Also kommt es zu Werkschließungen und Massenentlassungen. Die Banken waren die erste Branche, die von der Krise betroffen war. Folgerichtig kam es auch hier zur ersten Entlassungswelle. JPMorgan Chase hat bereits angekündigt, die Hälfte der 14 000 Beschäftigten von Bear Stearns zu entlassen. Alle Banken setzen zur Zeit massenhaft zum Teil hochqualifiziertes Personal auf die Straße. Kein Wunder, dass der Porscheabsatz in den USA besonders hart getroffen wird. Porsche hat im März 2008 24 Prozent weniger Fahrzeuge verkauft als ein Jahr zuvor. Man mag darüber schmunzeln und denken: »Geschieht denen doch recht.« Aber es gilt zu bedenken, welche Auswirkungen diese Krise auf die einfache amerikanische Familie hat.

Die Entlassungswellen werden nämlich noch mehr Familien in Schwierigkeiten bringen, noch mehr Zwangsversteigerungen bedingen und noch mehr Konsumverzicht erzwingen. Hier entsteht ein Teufelskreis, der noch nicht einmal in Ansätzen vom Aktienmarkt erfasst ist. Das ist der Stoff, aus dem nicht nur eine Rezession entstehen kann, sondern der sich in einer Depression entladen kann, die jener von 1929 bis 1933 in nichts nachstehen muss. Eine schwache Binnennachfrage könnte ja von einem starken Export zumindest teilweise kompensiert werden. Aber: Was können die USA überhaupt noch exportieren? Die US-Produktion ist dermaßen unwirtschaftlich, dass ihre Produkte nicht nur schlecht, sondern selbst bei dem schwachen Dollar noch immer viel zu teuer sind im Vergleich zu den Produkten aus Europa (Qualität) und Asien (Preis). Denken Sie nur an den Ruf, den US-Fahrzeuge hierzulande genießen. In der ADAC-Pannenstatistik habe ich die US-Modelle auf den ersten Rängen jedenfalls nicht gefunden. Nicht umsonst macht der US-Export nur 18 Prozent der amerikanischen Wirtschaftsleistung aus, aber der Konsum 75! Die Exportschlager sind hauptsächlich Weizen, Mais, Reis. Ansonsten fallen mir hauptsächlich Patriot-Abwehrsysteme und Marschflugkörper ein. Doch selbst wenn die USA den Export stark ankurbeln könnten, was wäre das im Vergleich zu den wegbrechenden 75 Prozent Konsum?

Also keine Rettung durch den Export, aber ein immer größer werdendes Drama in der Binnennachfrage. Immer mehr Firmen im ganzen Land kommen in Schwierigkeiten. Massenentlassungen sind die Folge. Eigentlich haben wir somit das gleiche Szenario wie in der großen Weltwirtschaftskrise, die mit dem berühmten »schwarzen Dienstag« am 29. Oktober 1929 inoffiziell begann, die Weltwirtschaft in den dreißiger Jahren im Würgegriff hielt und in der Folge im Zweiten Weltkrieg mit seinem ganzen

Grauen gipfelte. Die Geschichtsschreibung und die Menschen jener Zeit gaben die Schuld an dieser Katastrophe der Spekulation und dem ungezügelten Kapitalismus. Vieles deutet heute auf eine ähnliche Entwicklung. Aber wenn es so kommt, dann Gnade uns Gott, denn die Dimensionen, um die es vor achtzig Jahren ging, sind ein laues Lüftchen im Vergleich zu dem Hurrikan, den die aufgeblähte Kreditblase heute darstellt.

Eines der wichtigsten Kennzeichen für diese Entwicklung ist die Gesamtverschuldung der USA im Verhältnis zum Bruttoinlandsprodukt, also die gesamten Schulden des Staates, seiner Bürger und der Industrie zusammengerechnet im Verhältnis zur wirtschaftlichen Gesamtleistung. Seit 1910 lag diese Gesamtverschuldung in den USA zwischen 130 und 150 Prozent der wirtschaftlichen Gesamtleistung. Durch die laxe Kreditvergabe des Fed (Federal Reserve System, das Zentralbanksystem in den USA) stieg sie in den Jahren bis 1929 auf 170 Prozent und war mit ursächlich für den folgenden Zusammenbruch. Während der Weltwirtschaftskrise wuchsen die Schulden, und gleichzeitig brach die Wirtschaftsleistung ein. Infolge dieses Zusammenbruchs explodierte die Verschuldung kurzfristig auf 270 Prozent der wirtschaftlichen Leistung. Die ganze Welt versank im wirtschaftlichen Chaos. Aber das System wurde »resettet«, also neu gestartet, und 1950 lag das Verhältnis zwischen Gesamtschuld und Bruttoinlandsprodukt wieder bei 130 Prozent.

Was schätzen Sie, wie hoch dieses Verhältnis im Jahr 2008 ist? Wahnwitzige 400 Prozent! Wohlgemerkt *vor* dem Einbruch der Konjunktur. Ich glaube, dass die Entwicklung der Krise im Frühjahr 2008 zeitlich vergleichbar ist mit dem Stand vom Frühjahr 1929. Damals lag der Verschuldungsgrad bei 170 Prozent.

Wenn diese ungeheuerliche Übertreibung nun in eine Gegenwelle mündet, dann verstehen Sie, warum ich die Krise von 1929 bis 1933 als harmlos bezeichne. Wenn diese Blase platzt, bedeutet das die Kernschmelze unseres Wirtschaftssystems.

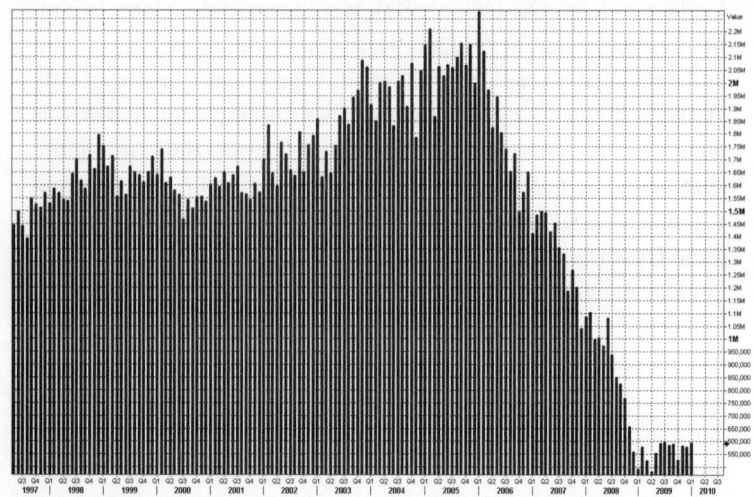

Worst-Case-Szenario

Bevor Sie diesen Abschnitt zu lesen beginnen, räumen Sie bitte alle scharfen Gegenstände außer Reichweite, und bitten Sie nahe Angehörige, regelmäßig nach Ihnen zu schauen und gelegentlich mit aufmunternden Worten und ein paar Schokokeksen Trost zu spenden. Ich beschreibe hier mit voller Absicht ein Worst-Case-Szenario, dessen Eintreffen ich weder für wünschenswert noch für zwingend halte. Dennoch ist nicht völlig auszuschließen, dass eintritt, was im Folgenden beschrieben wird. Es ist immer gut zu wissen, was kommen *kann*. Nur so können die künftigen Nachrichten vernünftig einsortiert werden. Sie müssen dann für sich selbst entscheiden, ob sich durch den Gang der Dinge die Wahrscheinlichkeiten zum positiven oder zum negativen Szenario hin verschieben.

Um dieses Szenario in Gang zu setzen, brauchen wir eigentlich gar nicht mehr viel zu unternehmen. Wir müssen nur einmal unterstellen, dass die einflussreichen Gruppierungen aus Politik, Wirtschaft und Finanzen, die unsere Welt lenken, also die Finanz- und Machthydra, nicht ganz so mächtig sind wie bisher angenommen. Alternativ lassen wir für unser Szenario einfach einen von jenen Dominosteinen fallen, die so schwer sind, dass selbst diese Hydra sie nicht abfangen kann.

Nehmen wir also an, es wird kein Plan zur Stützung des Immobilienmarkts aufgelegt. Die Hauspreise in den USA fallen einfach weiter. Warum sollten sie auch nicht? Wer soll denn die ganzen Häuser auf dem Markt kaufen? Die meisten halbwegs solventen Amerikaner waren ja bereits mit Häusern versorgt. Das war doch schließlich auch der Grund, warum die Preise nicht mehr stiegen. Diejenigen, die jetzt kein Haus mehr haben, befinden sich überwiegend deshalb in dieser Situation, weil ihr Haus gepfändet wurde, haben also kein Geld, um sich ein neues zu kaufen. Und wer sollte diesen »Pleitiers« neue Darlehen einräumen? Also nennen Sie mir einen Grund, warum die Immobilienpreise nicht weiter deutlich fallen sollten.

In diesem Moment wird mir in Diskussionen meist entgegnet: »Jaaa, aber die Häuser sind jetzt so billig, dass die Ausländer mit ihrem vielen Geld und dem billigen Dollar Superschnäppchen auf dem US-Immobilienmarkt machen können.« Stimmt. Aber wenn ich der Ölscheich von Dubai bin oder auch nur der faule Erbe eines reichen Onkels in Castrop-Rauxel, dann will ich was haben für mein Geld. Dann soll es bitte schön eine Penthouse-wohnung in der City von San Francisco oder doch zumindest ein schnuckeliges Häuschen mit Pool an der Küste von Florida sein. Ich will doch nicht das windschiefe Farmerhäuschen mit klappernden Holzläden im Hinterland von Virginia haben, in dem einst ein gewisser Jon Arbuckle den Küchentisch vollgeweint hat. Das Problem des US-Immobilienmarkts sind nicht die gläsernen

Prachtbauten in Manhattan, die man zuerst vor Augen hat, sondern es ist die Masse der einfachen Bleiben in der Weite des Landes. Und wer sollte die kaufen wollen? Die, die sie kaufen können, wollen nicht, und die, die sie kaufen wollen, können nicht. So einfach ist der Teufelskreis.

Also ist erst mal kein Boden abzusehen. Wir gehen folglich davon aus, dass sich die Immobilienmisere noch mindestens bis Ende 2009 fortsetzt. Was entwickelt sich daraus? Immer mehr amerikanische Bürger verlieren ihr Haus und vor allem ihre Kreditwürdigkeit. Das Haus, das bisher als Grundlage für Konsumdarlehen, Kreditkarten und Autoleasingverträge galt, ist entweder überschuldet oder weg. Das betrifft Millionen Amerikaner. Diese Amerikaner können also auch nicht mehr konsumieren. Die Autobauer verkaufen kaum mehr Autos. Der Markt ist ohnehin gesättigt. Erinnern Sie sich noch an die ruinösen Rabattschlachten der US-Autobauer vor 2007? Es besteht gar keine große Notwendigkeit, neue Autos zu kaufen. Und wenn, dann bitte schön einen sparsamen Japaner. Die US-Autoindustrie ist jedoch für einen Großteil der amerikanischen Arbeitsplätze verantwortlich. Folge: Der eine oder andere Mitarbeiter wird mit Bedauern nach Hause verabschiedet werden. Übrigens: Alles bisher Beschriebene ist zumindest in Ansätzen schon 2008 zu beobachten.

Verstärkt sich diese Entwicklung, werden die durch sparsame Konsumenten entstehenden Probleme natürlich auch alle anderen Branchen erreichen. Die Umsätze der Einzelhändler brechen weg. Wer kein Geld hat (und keinen Kredit bekommt), kann auch nicht einkaufen. Also brauche ich auch weniger Filialen und weniger Verkäufer, und ich brauche weniger Leute, die Waren in braune Papiertüten packen. Wieder ein paar hunderttausend Menschen, die plötzlich morgens nicht mehr zur Arbeit fahren, sondern sich stattdessen fragen, wie lange die Bank stillhält, bevor sie auch ihr Haus räumen lässt. Der Druck auf die Immobilien verschärft sich weiter – und die Abwärtsspirale dreht sich immer schneller.

Das Ausbleiben der Konsumenten betrifft natürlich auch alle anderen Industrien, außer vielleicht die Pfandleiher. Überall müssen die Menschen sparen, und sie versuchen ihre unfreiwillig gewonnene Freizeit mit irgendetwas zu verbringen, was Geld bringt. Beispielsweise als Friseur. Das ist kein Scherz. Im Herbst 2008 war zu lesen, dass einige ehemalige Wall-Street-Banker sich als Friseur versuchen! Im Fach »Leute barbieren« haben sie schließlich genug Erfahrung.

Aber zurück zum Thema. Das hat Auswirkungen, die im Moment noch keiner so richtig auf der Liste hat. Das Ausbleiben der Kunden wird zu einem ungeheuren Preiskampf führen. Die Friseure gehen mit den Preisen runter, weil die Kunden sonst gar nicht mehr kommen oder zum Dumping-Schwarzarbeits-Friseur wechseln. Die Autoverkäufer treiben die Rabattschlacht bis zur Selbstzerfleischung, in der Hoffnung, diese Krise wenigstens zu überleben. Gewinnmargen und Umsatzrenditen erinnern dann nur noch von fern an längst vergangene goldene Zeiten. Es geht bloß noch darum, überhaupt ein bisschen Geld in die Kassen zu bringen, um die nächsten Rechnungen bezahlen zu können.

Die Folge sind Preisrückgänge in allen Bereichen. Jetzt könnte man denken: »Prima Sache! Ist doch toll, wenn alles billiger wird!« Ist es nicht. Denn im gleichen Maße, wie die Preise für Waren und Dienstleistungen fallen, müssen auch die Unternehmen immer mehr sparen. Also werden die Gehälter gekürzt oder die Mitarbeiter gleich ganz entlassen. Wo das aufgrund von Verträgen oder Gewerkschaftseinfluss nicht möglich ist, kommt es zum Konkurs der Firma und somit ebenfalls zu einem ungesunden Maß an Freizeit für die ehemaligen Mitarbeiter. Da auch die Steuereinnahmen des Staates dramatisch zurückgehen, ist es auch mit der Arbeitslosenunterstützung nicht mehr weit her. Massenarbeitslosigkeit zieht Massenarmut nach sich. Der Staat, mittlerweile hoffnungslos überfordert, kann keine Sozialleistungen mehr bereitstellen.

So kommen mehr und mehr Kreditverträge in Schieflage und müssen abgeschrieben werden. Das betrifft längst nicht mehr nur Immobilienkredite, sondern auch Konsumentenkredite für den Flachbildfernseher oder die Urlaubsreise von vor vier Jahren. Ebenso können Leasingverträge für das Auto nicht mehr bezahlt werden, und die Kreditkarte ist ohnehin bereits gesperrt. Die Bank hat längst keine Hoffnung mehr, das Geld je wiederzusehen. Nicht nur, dass die Banken in dieser Phase nur sehr ungern neue Kredite vergeben, sie sind dazu gar nicht in der Lage, da sie aufgrund der vielen Ausfälle und Abschreibungen nicht mehr über die nötigen Sicherheiten verfügen, um Kredite vergeben zu können. Im Gegenteil: Es wird eine Hatz nach flüssigen Mitteln beginnen. Jedermann und jede Bank wird verzweifelt versuchen, irgendwie zu Geld zu kommen, um nicht Konkurs anmelden zu müssen. Das Wort »Liquiditätsklemme« bekommt eine ganz neue Dimension.

Folglich wird alles versilbert, was sich versilbern lässt. Zuallererst werden die Dinge zu Geld gemacht, die ein besonders großes Risiko tragen. So sind beispielsweise die Aktienmärkte der sogenannten Schwellenländer wie China, Osteuropa oder auch Südamerika zwar hochinteressant, solange die Wirtschaft boomt, aber wehe, wenn die Angst in den Markt kommt! Wenn in großem Stil Kapital aus diesen Märkten abgezogen wird, kommt es schnell zu erdrutschartigen Verlusten. Die ersten großen Investoren verkaufen ihre Aktien, weil sie Liquidität brauchen, und die Kurse fallen. Weitere professionelle Anleger erkennen dies und ziehen sich ebenfalls rasch aus dem Markt zurück, denn keiner will der Letzte sein, wenn die Käufer ausbleiben. In dieser Marktphase werden häufig die privaten Anleger noch mal richtig in solche Märkte »reingejagt«, denn man braucht ja dringend Käufer für die eigenen Bestände. Das klingt dann so: »In den letzten

Wochen kam es zu deutlichen Gewinnmitnahmen an den Börsen in Asien. Experten sehen aber das Ende des Superbooms in China noch lange nicht gekommen und raten dazu, diese günstigen Kurse für Zukäufe zu nutzen.«

Natürlich hält das den Kursverfall bestenfalls kurz auf. Je tiefer die Kurse fallen, desto lauter werden die Rufe: »Rette sich, wer kann!« Die Letzten, die am Ende noch immer wertlose Depotleichen mit sich herumschleppen, für die sie einst ihre Altersvorsorge investiert haben, sind zumeist die Kleinanleger, die bis zuletzt auf die Experten gehört haben: »Bloß keine Panikverkäufe. Jetzt braucht man auch nicht mehr verkaufen! Die steigen auch wieder!« Fragen Sie ruhig mal im Bekanntenkreis, wer noch Internetaktien aus der Zeit um 2000 im Depot hat. Sie werden überrascht sein, wie viele noch Aktienpakete besitzen, die einmal viele tausend Euro gekostet haben und heute nicht einmal mehr für ein warmes Abendessen reichen würden.

In wirtschaftlich sicheren Zeiten geht es den Investoren um möglichst hohe Rendite. Da ist kaum ein Risiko zu groß, und so engagiert man sich in allen möglichen abenteuerlichen Märkten und Chancen. Das reicht vom dreimal umverpackten Immobilienkredit bis zur erfolgversprechenden Kokosmilchkonservendosenabfüllanlage in Papua-Neuguinea. Aber wenn die Zeiten unsicher werden und die eigenen Aktienmärkte in Europa oder Nordamerika um bis zu 5 Prozent am Tag schwanken, gibt es keinen Grund, in noch riskantere Märkte zu investieren. Hinzu kommt, dass die Banken und Investoren ihr Geld dringend zu Hause brauchen, um die dort entstehenden Löcher zu stopfen. Man nennt das dann »Repatriierung« und holt sein Geld aus der weiten Welt zurück nach Hause – mit katastrophalen Folgen für die Länder, aus denen das Geld abgezogen wird. Da dort häufig Auslandsinvestitionen die Hauptträger der Wirtschaft sind, kommt es in diesen Ländern zu einem plötzlichen und heftigen Zusammenbruch der Börsen. Die jeweilige Landeswährung kommt unter Druck. Wer beispielsweise Aktien an der Börse in Jakarta verkauft, erhält dafür indonesische Rupiah. Damit kann er allerdings zu Hause in Kansas City herzlich wenig anfangen. Also muss er diese Rupiah verkaufen und US-Dollar dafür eintauschen. Wenn das in großem Stil geschieht, bricht die Landeswährung – in unserem Fall die indonesische Rupiah – ein, und der Kurs des Dollars steigt. Das war der Grund für den starken Dollaranstieg im Herbst 2008. Das Vertrauen in die fremde Währung geht verloren. Immer mehr Investoren beeilen sich, ihr Geld in Sicherheit zu bringen. Es werden längst nicht mehr nur Aktien verkauft, sondern auch Staatsanleihen der betroffenen Länder.

Je größer die Angst und je schwächer die Währung, umso höher die Risikoprämien, die der Staat und die Industrie dieser Schwellenländer zahlen müssen, um überhaupt noch Geld im Land zu halten. Die Banken des Landes geraten in große Schwierigkeiten, da auch ihnen das Geld fehlt, das die Ausländer abziehen, um die Probleme in der Heimat zu lösen. Es kommt zu Bankenzusammenbrüchen und gigantischen Wirtschaftskrisen. Die Zinsen steigen in exorbitante Höhen, um die Währung zu stabilisieren, und würgen somit auch noch den letzten Rest von Inlandskonjunktur ab. Solche Entwicklungen hatten wir beispielsweise Ende der neunziger Jahre während der sogenannten Asienkrise oder auch 2001/2002 beim Zusammenbruch des argentinischen Finanzsystems. Wenn auch die Ursachen variieren, so sind die Abläufe doch stets vergleichbar.

Auf dem Höhepunkt der Argentinienkrise fiel das Bruttoinlandsprodukt des südamerikanischen Landes um über 20 Prozent, und die Arbeitslosigkeit stieg auf denselben Wert.

Und bei der Asienkrise 1998 schrumpfte beispielsweise die indonesische Wirtschaft um 13 Prozent, während sie bis 1996 noch regelmäßig um 7 Prozent gewachsen war.

Diese Krisen konnten mit viel Mühe abgefangen werden, weil sie auf eine stabile Weltwirtschaft trafen. Die großen Wirtschaftsnationen konnten die Situationen mit vereinten Kräften retten. Was aber, wenn die potentiellen Retter selbst in Problemen stecken? Was, wenn die früheren Retter sogar der Auslöser der Krise sind? Wer soll diese Lawine stoppen?

Ein solches Szenario gab es übrigens schon einmal. Der große Zusammenbruch 1929 lief exakt so ab. Auslöser damals war ein scharfer Preiseinbruch bei Rohstoffen. Eine Rohstoffblase platzte … Kommt Ihnen das vertraut vor? Weil kreditfinanzierte Spekulationsblasen in Amerika platzten, kamen die amerikanische Wirtschaft und Finanzwelt in größte Schwierigkeiten. Man suchte händeringend nach liquiden Mitteln. Daher wurden große Teile der Gelder, die in den Jahren zuvor in Europa investiert worden waren, schlagartig abgezogen und zum Stopfen der Löcher in der Heimat verwendet. Nicht, dass dies viel gebracht hätte, aber es hat gereicht, um Europa mit ins Verderben zu stürzen. Es kam zu einem Einbruch des Welthandels und zu Massenarbeitslosigkeit. Parallel dazu wurden auch auf den heimischen Märkten zunächst all die Anlageprodukte verkauft, von denen man befürchtete, sie zu einem späteren Zeitpunkt nur schwer loszuwerden.

Doch je weiter die Krise voranschreitet, desto größer wird der Druck, Geld in die Kasse zu bringen, um entweder die Kredite bedienen oder die aktuellen Rechnungen begleichen zu können. Da geht es den Unternehmen nicht anders als den privaten Haushalten. Es ist ein Wettlauf um Bargeld. Da alles Mögliche zum Verkauf steht, um ebendieses Bargeld zu bekommen, fallen die Preise für alles Handelbare immer weiter. Man nennt das Deflation. Durch diese Geldklemme kommt die Wirtschaft immer mehr zum Erliegen. Von 1929 bis 1933, im großen Zusammenbruch der Weltwirtschaft, hatten wir dieses Szenario in Perfektion. Unternehmenszusammenbrüche, Massenarbeitslosigkeit und Massenarmut waren die Folge.

Zu den ersten Vermögenswerten, die liquidiert werden, gehören auch Aktien, die nicht so häufig gehandelt werden. Beispielsweise SDax- oder MDax-Werte. Man weiß, da gibt es ohnehin nur einen relativ engen Markt. Wenn dort mehrere Investoren gleichzeitig verkaufen wollen, kann es sehr schnell stark abwärts gehen. Daher werden solche Titel in Krisenzeiten zuerst abgestoßen. Die liquiden Dax-Aktien können ja später noch versilbert werden, wenn sich leichter Käufer finden. Das bedeutet: Je enger der Markt und je riskanter die Papiere, umso schneller und tiefer der Einbruch. Entsprechend können diese riskanten Märkte auch als Krisenbarometer verwendet werden. Wenn es an solchen ehemals »tollen Zukunftsmärkten« plötzlich zu scharfen Rückgängen kommt, deutet das meist auf steigende Sorgen und größeres Risikobewusstsein bei den Profiinvestoren hin.

Dieses Horrorszenario unterstellt allerdings, dass unserem Wirtschaftssystem eine freie Marktwirtschaft zugrunde liegt. Das ist aber beileibe nicht der Fall. Unser Wirtschaftssystem und das politische System der westlichen Welt werden von einigen überschaubaren Gruppen geplant, überwacht und gelenkt. Ob Sie diese Gruppierungen jetzt als Finanzelite, Wirtschaftsaristokratie oder Finanzmafia bezeichnen, überlasse ich Ihrer Phantasie. Ich bezeichne sie als Finanz- und Machthydra. Fakt ist: Die Kräfte des freien Marktes gelten längst nicht mehr. Manipulation und Einflussnahme sind allgegenwärtig und halten unser zum Zusammenbruch bestimmtes System mindestens seit den achtziger Jahren am Leben. Man könnte meinen, dass eine solche Einflussnahme dann ja gut sei. Das Gegenteil ist aber der Fall. Ein Wirtschaftssystem muss atmen. Es ist ein ständiges Einatmen frischer Luft (Wirtschaftswachstum, Entwicklung neuer Märkte und Ideen), aber auch ein Ausatmen schädlicher Stoffe nötig (Rezession, Zusammenbruch falscher und kranker Strukturen). Eine Rezession ist also nichts Schlechtes, sie ist sogar zwingend notwendig.

Wenn man aber auf das Ausatmen verzichtet und nur noch einatmet, wird man platzen. Oder bestenfalls ersticken, was weniger

Unordnung hinterlässt. Die Manipulationen der Wirtschaftselite haben genau dieses zwingend notwendige Ausatmen blockiert. Sich ankündigende Rezessionen wurden mit einer Geldschwemme verhindert. Jetzt sind wir in der Situation, dass die Lungen bereits zum Bersten gefüllt sind, aber statt auszuatmen wird noch Pressluft nachgepumpt. Ein Kollaps des Systems ist unausweichlich. Die Frage ist nicht ob, sondern wann.

Und das ist die einzige Hoffnung, die ich uns machen kann: dass es nicht jetzt passiert, sondern erst in einigen Jahren.

Unser Wirtschaftssystem aber wird kollabieren. So wie alle Systeme, die auf Zins und Zinseszins beruhen, in den vergangenen Jahrtausenden kollabieren mussten. Das ist mathematisch auch gar nicht anders möglich, wie wir später noch sehen werden.

5 Das Hoffnungsszenario

Zum weiteren Verständnis der Ereignisse und der möglichen Folgen ist es wichtig, die Kräfte zu kennen, die an diesem Geschehen mitwirken. Lassen Sie mich Ihnen deshalb *die Protagonisten des Dramas* vorstellen:

Die Notenbanken

Schauen wir uns doch einmal das amerikanische Zentralbanksystem an. Da kommt man bei den Recherchen aus dem Staunen nicht mehr heraus. Als die (offiziell) mächtigste Organisation im US-Finanzsystem wird in den Medien immer wieder »die Fed«, also die amerikanische Zentralbank, genannt. Ist aber mal wieder nicht so. Zunächst einmal muss es genau genommen nicht *die* Fed, sondern *das* Fed heißen. Fed steht nämlich für »Federal Reserve System«. Hinter dieser Institution vermuten die meisten Menschen eine unabhängige Einrichtung des Staates. Irrtum! Das Fed ist eine halb private Einrichtung, deren Eigentümer die großen amerikanischen Banken sind.

Das Fed setzt sich aus zwölf regionalen Privatbanken zusammen, die sich »Federal Reserve Banken« nennen dürfen. Die wichtigste von ihnen ist die »Federal Reserve Bank of New York«. Sie hat das größte Gewicht im System und ist unter anderem für Eingriffe in den Dollarkurs sowie für den Kauf und Verkauf von amerikanischen Bundesanleihen zuständig. Wem wiederum diese zwölf regionalen Banken gehören, ist eines der großen Geheimnisse des amerikanischen Finanzsystems. Genaue Angaben sind nicht zu finden. Es gibt verschiedenste Quellen, die darauf schließen lassen, dass die Eigentümer heute wie zu Zeiten der Fed-Gründung niemand anderes sind als die großen amerikanischen Geschäfts- und Investmentbanken.

Es genügt, einen Blick auf die Gründerbanken des Fed-Systems zu werfen und zu unterstellen, dass diese noch immer die Träger und somit die Machthaber der Federal-Reserve-Banken sind. Zu den Gründungsmitgliedern gehörten nach verbreiteter Ansicht auch die National City Bank of New York (später Citibank) sowie die Bank Kuhn, Loeb & Co. (später Lehman Brothers). Außerdem wird immer wieder die Chase-National-Bank, die in der amerikanischen Geschichte meist durch den Rockefeller-Clan dominiert war, als mächtigster Inhaber genannt. Inzwischen ist aus ihr die JPMorgan-Chase-Bank geworden.

Das bedeutet also, dass die großen amerikanischen Bankhäuser ihr eigenes Geld drucken und selbst über die staatlichen Zinssätze entscheiden. Wow!

Wundert es Sie jetzt noch, dass das »Fed« den Banken so schnell Hunderte von Milliarden zur Verfügung gestellt hat, als diese in Schieflage gerieten? Die haben sich das Geld de facto selbst genehmigt! Wundert es Sie, dass das »Fed« in historisch einmaliger Art und Weise die Leitzinsen heruntergeprügelt hat? Die Banken brauchten schnell billiges Geld, und prompt wurde das eben mal so entschieden! Wundert es Sie noch, dass das Fed auf Kosten des amerikanischen Steuerzahlers 700 Milliarden zur Rettung seiner eigenen Eigentümer aufbringen will? Einige Kongressabgeordnete schienen diesen Plan durchschaut zu haben und blockierten das Rettungspaket zunächst.

Zugegeben: Die Darstellung ist etwas vereinfacht, denn über die Zinsen entscheidet der sogenannte »Offenmarktausschuss«, dem sieben von der Regierung benannte Direktoren angehören – aber eben auch fünf Vertreter der Fed-Banken. Man kann nun trefflich darüber diskutieren, wie »neutral« und unabhängig das Fed und dieser Ausschuss agieren, aber auch hier hilft einem der gesunde Menschenverstand weiter, um zu ahnen, was passiert, wenn man den Bock zum Gärtner macht. Daher bin ich in der Tat der Meinung, dass das Fed alles tun wird, um seine Mitgliedsbanken, deren Macht und Kapital zu retten. Alles andere dürfte dem Ziel der Selbsterhaltung untergeordnet werden.

Das Fed-System geht übrigens auf eine Initiative des deutschen Bankiers Paul Warburg zurück. Im Jahre 1910 traf sich in einem von Legenden umrankten geheimen Treffen auf Jekyll Island – dem Privatbesitz der Familie Morgan (JP Morgan) – Paul Warburg mit Vertretern von der Rockefeller-Gruppe und JP Morgan, um eine Gesetzesvorlage für eine Zentralbank auszuarbeiten, die von den großen amerikanischen Bankhäusern beherrscht werden sollte. Sie wollten also ihren Machteinfluss auf den Staat und seine Wirtschaft ausbauen und für alle Zeiten festschreiben. Senator Nelson Aldrich – zufälligerweise der Schwiegervater von John D. Rockefeller II – brachte diese Gesetzesvorlage in den Kongress ein. Der erste Anlauf scheiterte am Misstrauen und Widerstand des damaligen US-Kongresses. Die Abgeordneten erkannten in der Vorlage den Plan einer kleinen Runde einflussreicher Bankiers, die absolute und dauerhafte Macht über das amerikanische Finanzsystem zu sichern.

Von dieser Niederlage ließen sich die finanzkräftigen Herren jedoch nicht beeindrucken, sondern finanzierten daraufhin den Wahlkampf des Präsidentschaftskandidaten Woodrow Wilson für die Wahl 1912 und hievten diesen somit in das Amt des amerikanischen Präsidenten. Wilson wurde seiner Rolle gerecht und schleuste die Vorlage seiner Gönner am 23. Dezember 1913, als viele der Kongressabgeordneten bereits im Weihnachtsurlaub waren, unter dem Namen »Federal Reserve Act« durch den Kongress. Damit war das Fed gegründet, so wie wir es heute kennen. Einige Jahre später, 1919, wird Woodrow Wilson folgende Äußerung zugeschrieben:

»Ich bin ein zutiefst unglücklicher Mann. Ich habe unwissentlich mein Land ruiniert. Eine große industrielle Nation wird von ihrem Kreditwesen kontrolliert. Unser Kreditwesen ist in einer Gruppe zusammengeschlossen. Daher sind das Wachstum unserer Nation und alle unsere Tätigkeiten in den Händen einiger weniger. (...) Wir gehören zu den schlechtesten, am meisten kontrollierten und beherrschten Regierungen der zivilisierten Welt. Nicht länger eine Regierung der freien Meinung, nicht länger eine Regierung der Überzeugung oder des Menschenentscheids, sondern eine Regierung der Ansichten und Nötigungen einer kleinen Gruppe beherrschender Männer.«

Ein berühmter Gegner dieses Gesetzes war übrigens Charles A. Lindbergh, der Vater des Flugpioniers. Er sagte vor dem Kongress: »Dieses Gesetz etabliert das gigantischste Kartell auf Erden. (...) Das neue Gesetz wird Inflation erzeugen, wann immer das Kartell Inflation wünscht.«

Mit diesem Hintergrundwissen erscheinen einige Meldungen auf Seite 7 oder 8 der Tageszeitungen im Jahr 2008 in einem ganz anderen, nämlich sehr schummrigen Licht – so ein kurzer Auszug aus einem Artikel der *Financial Times Deutschland* vom 29. Mai 2008:

»Investmentbanken fürchten Regulierung. Die Branche fürchtet, dass sie (...) durch die Fed stärker beaufsichtigt wird. (...) Bis jetzt obliegt die Kontrolle der Branche der US-Börsenaufsicht SEC. Einige Experten und Behördenvertreter fordern, dass die Fed eine stärkere Rolle übernimmt. (...) Es kann nicht sein, dass die Fed den Investmentbanken aus der Not hilft, ihnen Geld leiht und nicht gleichzeitig den aufsichtsrechtlichen Zugriff auf die Institute verlangt.«

Was bedeutet das? Die SEC (Securities and Exchange Commission), also die amerikanische Börsenaufsichtsbehörde, ist im Gegensatz zum Fed eine hundertprozentige staatliche Behörde. Ihre fünf Kommissare werden vom Präsidenten ausschließlich unter Beratung und Zustimmung des Senats bestimmt. Nur drei Kommissare dürfen der gleichen Partei angehören. Jedes Mandat dauert fünf Jahre und ist gestaffelt, so dass jedes Jahr ein neuer Kommissar bestellt wird. Wenn es also eine unabhängige Kontrollinstanz gibt, dann ist es die SEC. Das Fed nimmt die Krise zum Anlass, die Kontrolle der Banken von der staatlichen SEC abzuziehen und selbst zu übernehmen. Wie gezeigt, gehört das Fed jedoch eben jenen Banken, die es nun kontrollieren will. Wenn es jemals eine Situation gegeben hat, auf die die altdeutsche Metapher vom Bock passt, der zum Gärtner avanciert, dann diese.

Ein erster Schritt dazu wurde im Juli 2008 umgesetzt. Im *Handelsblatt* hieß es dazu: »Damit ist die US-Notenbank dauerhaft an der Aufsicht über die Investmentbanken beteiligt. Das US-Finanzministerium hatte (…) auf eine stärkere Beteiligung der US-Währungshüter [*Anm. d. Autors:* des Fed] gedrängt.«

Der Chef des Finanzministeriums heißt zu diesem Zeitpunkt Henry »Hank« Paulson, seit Juli 2006 Finanzminister und davor – Vorstandsvorsitzender der Investmentbank Goldman Sachs. So schließt sich der Kreis.

Die Ratingagenturen – neutrale Instanzen?

Was sind eigentlich »Ratingagenturen«? Das sind zunächst einmal private Firmen, die ausschließlich das Ziel haben, Gewinn zu erwirtschaften. Ihr Geschäftsmodell besteht darin, dass sie die Kreditwürdigkeit anderer Firmen und auch Staaten untersuchen und bewerten. Diese Bewertung findet in ähnlicher Weise wie im

Schulnotensystem statt, nur werden anstelle der Noten 1 bis 6 Buchstaben- und Zahlenkombinationen verwendet. So bedeutet zum Beispiel die Bewertung »AAA«, dass dieses Unternehmen zu den sichersten der Welt gehört.

Die Gefahr, dass diese Firma ihre Schulden nicht zurückzahlen kann, liege nahe null. Anleihen des deutschen Staates beispielsweise haben dieses AAA-Rating, da man davon ausgeht, dass die Bundesrepublik ihren finanziellen Verpflichtungen immer wird nachkommen können. Die schlechteste Bewertung ist beispielsweise bei der Ratingagentur Standard & Poor's (S&P) das D-Rating, das Firmen oder Staaten erhalten, die bereits in Zahlungsverzug sind. Dazwischen gibt es noch achtzehn weitere Abstufungen.

Solche Einschätzungen sind von allerhöchster Wichtigkeit sowohl für die Firmen und Staaten als auch für die Investoren, die aufgrund dieser Risikoeinschätzung ihr Geld an den einen verleihen und an den anderen nicht. An einen Schuldner mit der Risikoeinstufung AAA verleiht jeder gerne, da er sein Geld mit höchster Wahrscheinlichkeit am Ende der Laufzeit wieder zurückerhält. Da also viele Marktteilnehmer bereit sind, diesem Schuldner Geld zu leihen, muss er auch nur geringe Zinsen zahlen, denn die Anleger »drängen« ihm das Geld ja geradezu auf.

Ganz anders sieht es bei einem Schuldner aus, der nur eine mittelmäßige Risikoeinstufung hat. Der muss schon deutlich höhere Zinsen zahlen, damit ihm jemand Geld leiht. Er zahlt eine sogenannte Risikoprämie. Je schlechter also die Bonität eines Schuldners ist, desto mehr Zinsen muss er zahlen und desto schwieriger ist es für ihn, überhaupt Geld zu erhalten.

Im schlimmsten Fall wird seine Einschätzung durch die Ratingagenturen so negativ, dass er gar keine Investoren mehr findet und seine bisherigen Geldgeber sogar die sofortige Rückzahlung ihrer Gelder verlangen. Das führt meist unmittelbar in den Bankrott. Und da spielt es keine Rolle, ob es sich bei dem Schuldner um ein kleines Unternehmen in den USA, einen großen Konzern in Frankreich oder gar um einen ganzen Staat in Asien handelt.

Sie würden Ihrem Nachbarn ja auch nur ungern Geld leihen, wenn Sie wüssten, dass er schon seit Monaten seine Miete nicht mehr bezahlen kann und bereits seit fünf Jahren arbeitslos ist. Dem wohlhabenden Rechtsanwalt aus der Nachbarschaft, der seinen Geldbeutel zu Hause vergessen hat, würden Sie aber bedenkenlos die 100 Euro für die Tankfüllung leihen und vermutlich sogar ganz auf die Zinszahlung verzichten. Jede Bank dieser Erde, jeder Fonds, jeder private Investor entscheidet anhand dieser Einschätzung durch die Ratingagenturen, wem er zu welchem Zinssatz Geld leiht und wem nicht.

Sie können sich nun in etwa vorstellen, welch unvergleichliche Macht diese Ratingagenturen in Händen halten. Diese Firmen entscheiden mit ihren Lageeinschätzungen über das Wohl und Wehe jedes größeren Unternehmens dieser Erde und nicht zuletzt über Aufstieg und Untergang ganzer Regierungen und Staaten.

Stellen wir uns doch mal folgende Szene vor: Ein mittelgroßer lateinamerikanischer Staat trifft politische Entscheidungen, die den Hintermännern der Ratingagenturen nicht gefallen. Was tun? Ein Team einer solchen Agentur wird sich kurzfristig anmelden, um die Bonität dieses Staates zu überprüfen. Dann werden bei den Überprüfungen Sachverhalte festgestellt, die das bisher gute Rating als nicht mehr gerechtfertigt erscheinen lassen. Die Agentur ist bedauerlicherweise gezwungen, das Rating herabzusetzen. Tja, leider wird das dazu führen, dass die Finanzierungskosten dieses Staates sofort um etliche Milliarden Dollar ansteigen oder im schlimmsten Fall der Staatsbankrott droht. Sollte dieser Staat jedoch die eine oder andere falsche Entscheidung aus der Vergangenheit korrigieren, wäre das bislang gültige Rating durchaus noch zu rechtfertigen. Also würde sich dieser Staat natürlich genau überlegen, wie viele Milliarden ihm seine bei den Ratingagenturen unpopulären Entscheidungen wert sind. Natürlich ist das eine rein hypothetische Überlegung, denn die Ratingagenturen sind ja absolut neutral … Oder?

Ich habe bei meinen vielen Gesprächen zu diesem Thema im vergangenen Jahr nicht ein einziges Mitglied der Finanzwelt getroffen, das wusste, wer hinter den Ratingagenturen steckt oder wem sie gehören. Unglaublich: Sie bestimmen über die Finanzwelt dieser Erde, und keiner scheint sich je gefragt zu haben, wieso deren Urteil als göttlich neutral gilt! Also habe ich ein wenig recherchiert.

Nun, die Ratingagenturen sind keineswegs staatliche Organisationen, die etwa den Vereinten Nationen, dem Internationalen Währungsfond (IWF) oder der Bahnhofsmission unterstehen. Es sind ganz normale Firmen, die einzig und allein dem Profit und ihren Aktionären verpflichtet sind.

Um am amerikanischen Finanzmarkt – dem noch immer bedeutendsten Kapitalmarkt der Welt – zugelassen zu werden, muss sich jedes Unternehmen und jeder Staat von mindestens zwei Ratingagenturen bewerten lassen. Was schätzen Sie, wie viele (ernstzunehmende) zugelassene Ratingagenturen es in den USA gibt? Ganze drei: Moody's (USA), Standard & Poor's (USA) und Fitch (GB). Diese drei Agenturen haben einen Marktanteil von 93 Prozent. Wenn das kein Quasi-Monopol ist, ist der russische Energieriese Gazprom ein Wohltätigkeitsverein.

Natürlich hat jede Firma auch einen Besitzer, und der entscheidet für gewöhnlich, was passiert. Schauen wir uns doch einmal die Besitzverhältnisse dieser drei mächtigen Unternehmen an. Zunächst einmal Moody's: Zugegeben, mir ist bei den Recherchen hierzu selbst der Kiefer aufgeklappt. Größter Aktionär von Moody's ist mit über 18 Prozent (Stand: März 2008) Berkshire Hathaway, ein amerikanisches Holdingunternehmen, das von niemand Geringerem geleitet wird als von Warren Buffett, einem der erfolgreichsten Investoren der Welt und laut Forbes seit 2008 der reichste Mann der Welt. Zweitgrößter Aktionär mit über 7 Prozent ist Davis Advisors – einer der erfolgreichsten familiengeführten Fonds der USA. Seit fünf Jahrzehnten schlagen die Investments der Familie Davis (die im Übrigen eng mit der Bank of New York verwoben ist) alle Wall-Street-Helden um Längen. Die Treffsicherheit der Entscheidungen von Davis ist legendär. Schlussfolgerung: Es scheint kein Schaden zu sein, bestimmender Eigner einer Firma zu sein, die tiefer in die Bücher aller großen Unternehmen dieser Erde blickt als jeder andere. Als weitere große Aktionäre begegnen uns die Bank Barclays London und Goldman Sachs. Goldman Sachs ist zunächst – bis zum Sommer 2008 – nahezu ungeschoren durch die Kreditkrise gekommen, da das Unternehmen frühzeitig auf genau diese kommende Finanzkrise gewettet hatte.

Noch spannender wird es beim Blick in die Besitzverhältnisse von Standard & Poor's. S&P gehört zum McGraw-Hill-Konzern. Die drei Hauptgeschäftsfelder dieses Konzerns bestehen aus so harmlos klingenden Fachbereichen wie »Bildung«, »Finanzdienste« und »Information und Medien«. Welche Machtfülle sich daraus ergibt, lässt sich kaum erahnen. McGraw-Hill ist einer der größten Herausgeber von Lehrbüchern in den USA und bestimmt somit nicht unwesentlich darüber, was als gut und richtig an amerikanischen Schulen und Universitäten gelehrt wird. Gleichzeitig ist der Konzern der Herausgeber eines der verbreitetsten Wirtschaftsmagazine weltweit, *BusinessWeek,* und trägt mit den Artikeln in diesem Blatt in großem Maße zur Meinungsbildung in der internationalen Finanzwelt bei. Darüber hinaus gehören noch einige Fernsehsender aus der ABC-Familie zum McGraw-Hill-Imperium. Und als wenn das nicht genügen würde, ist eines der Hauptstandbeine des Konzerns – Sie ahnen es bereits – die mächtige Ratingagentur Standard & Poor's, eine hundertprozentige Tochter von McGraw-Hill. Ein Zitat aus der Mediendatenbank des Instituts für Medien- und Kommunikationspolitik rundet das Bild der totalen Machtfülle ab:

»Es ist kein Geheimnis, dass die Bush- und McGraw-Dynastien enge Verbindungen pflegen. Harold McGraw III [*Anm. d. Autors:* der momentane Vorstandsvorsitzende von McGraw-Hill] geht im Weißen Haus ein und aus und ist ein enger Vertrauter von George W. Bush, den er als Teil des ›transition teams‹ in Wirtschaftsfragen berät. Die Nichtregierungsorganisation CREW (›Citizens for Ethics and Responsibility in Washington‹) beklagte in einem Pressestatement, dass ›die Bush-Administration die Bildung von Kindern opfert, um eine erlesene Gruppe von Loyalisten und Parteispendern finanziell profitieren zu lassen‹.«

Diese »unabhängigen« Ratingagenturen entscheiden also darüber, wer auf dieser Welt Kredit bekommt und wer nicht. Sie entscheiden, wer wirtschaftlich erfolgreich ist und wer zugrunde geht. Der Kolumnist Thomas Friedman schrieb bereits vor zehn Jahren in der New York Times, es gebe seiner Meinung nach heute nur zwei Supermächte. Zum einen die Vereinigten Staaten von Amerika, zum anderen die Ratingagenturen: »Und glauben Sie mir, es ist keinesfalls sicher, wer der Mächtigere von beiden ist.«

Hierzu passt eine kleine Zufälligkeit am Rande: Am 21. September 2005 drohte S&P der Bundesrepublik offiziell, ihr möglicherweise das AAA-Rating zu entziehen. Im *Managermagazin* vom 21. September 2005 hieß es dazu:

»Es muss rasch durchgreifende Reformen in Deutschland geben, oder die Bonität des Landes gerät ins Wanken. Die Ratingagentur Standard & Poor's (S&P) weist in ihrer aktuellen Länderanalyse darauf hin, dass das Programm der kommenden Regierung entscheidend dafür sein wird, ob Deutschland seine Triple-A-Note behält. Die Ratingagentur Standard & Poor's (S&P) hat die große Bedeutung des künftigen wirtschaftspolitischen Programms einer neuen Bundesregierung betont. Zwar habe das Wahlergebnis keine unmittelbaren Folgen für die Bonitätsnoten Deutschlands, erklärte S&P in London. ›Das Programm der neuen Regierung wird jedoch wesentlich sein‹, teilte das Unternehmen mit. S&P verwies darauf, dass die politische Konstellation ein Hemmnis für eine auf Konsolidierung ausgerichtete Finanzpolitik sein könnte. Auch die weiter notwendigen Wirtschaftsreformen könnten erschwert werden, hieß es. Gegenwärtig genießt Deutschland für langfristige Schulden das bestmögliche ›AAA‹-Rating und gilt damit als vertrauenswürdiger Schuldner. Für kurzfristige Verbindlichkeiten lautet die Bonitätsnote ›A-1+‹. Die Ratingaussichten gibt S&P mit ›stabil‹ an. Die Ratingagentur verwies darauf, dass Deutschland zuletzt, gemessen an wachstums- und finanzpolitischen Kennziffern, hinter andere ›AAA‹-Schuldner zurückgefallen sei. Das Verhältnis der gesamten öffentlichen Verschuldung zum Bruttoinlandsprodukt sei in diesem Jahr mit 67,6 Prozent das höchste in der Gruppe der ›AAA‹-Schuldner.«

In demselben Artikel schrillen für Henkel die Alarmglocken:

»Der Präsident der Leibniz-Gemeinschaft und frühere BDI-Chef Hans-Olaf Henkel hat vor dramatischen Konsequenzen gewarnt, sollte S&P Deutschlands Kreditwürdigkeit herabstufen. ›Die Warnung von S&P sollte die Alarmglocken in allen Parteizentralen schrillen lassen‹, sagte Henkel der *Rheinischen Post*. ›Wird diese Drohung wahr, würde das zu einer dramatischen Anhebung der Zinszahlungen der öffentlichen Hand führen.‹ Noch profitiere Deutschland von einem niedrigen Zinsniveau, sagte Henkel weiter. ›Aber wenn eine Rating-Agentur Deutschland jetzt herabstuft, bekämen wir ein Haushaltsproblem in den Ländern und Kommunen, das kaum noch beherrschbar wäre.‹«

Exakt eine Woche später – am 28. September 2005 – stand im Bundestag die umstrittene Entscheidung über eine Verlängerung und Ausweitung des Afghanistanmandats der Bundeswehr zur Entscheidung an. Wegen des in diese Zeit fallenden Machtwechsels zwischen der alten Regierung Schröder und der neuen Regierung Merkel war diese Entscheidung von vielen Unsicherheiten begleitet. Besondere Bedeutung erhielt diese Abstimmung durch die Tatsache, dass hier die Grundlage für den Tornado-Einsatz der Bundeswehr in ganz Afghanistan – eines der Hauptanliegen der Amerikaner – geschaffen wurde.

Nachdem der Beschluss im Bundestag mit breiter Mehrheit zugunsten des Bundeswehrmandats gefasst wurde, war von S&P zum Thema Ratingüberprüfung der Bundesrepublik nicht mehr viel zu hören ... Zufälle gibt's! Ich behaupte keinesfalls, dass hier ein Zusammenhang besteht, es ist lediglich ein interessantes Zusammentreffen von Ereignissen.

Die Kriterien, nach denen die Ratingagenturen ihre Urteile fällen, gelten als Firmengeheimnis und somit als streng geheim. Man könnte denken, der eine wird abgestraft, der andere belohnt oder geschützt, ganz so, wie es den Mächtigen hinter den Ratingagenturen gefällt, ohne dass sie dafür zur Rechenschaft gezogen würden. Zu diesem Thema lassen sich viele Beispiele aus den vergangenen Jahren finden. So gehörte Enron bis 2001 zu den zehn größten Unternehmen der USA. Durch fortgesetzte Bilanzfälschungen hat das Unternehmen für den größten Betrugsskandal der USA gesorgt. Enron legte eine 70-Milliarden-Dollar-Pleite aufs Parkett. Einer der beiden Vorstandsvorsitzenden wurde zu vierundzwanzig Jahren Haft verurteilt, der andere starb kurz vor der Urteilsverkündung an Herzversagen. Noch fünf Tage vor der Insolvenz bescheinigten Standard & Poor's und Moody's dem Konzern jedoch ungerührt eine gute Bonität.

Spezialeinheit:
das Plunge Protection Team

Die amerikanischen Aktienmärkte sind alles andere als freie Märkte. Wer sich wundert, warum – wenn doch die Krise angeblich so schlimm ist – die Aktienmärkte nicht schon viel tiefer stehen, findet eine Antwort unter dem Stichwort »Plunge Protection Team«. Seit vielen Jahren kursieren an den Finanzmärkten immer wieder Gerüchte über die Existenz eines solchen Teams. Diese wirtschaftliche »Spezialeinheit« soll im Falle größerer Verwerfungen an den Finanzmärkten in den Handel eingreifen und die Kurse der diversen Finanzinstrumente in ihrem Sinne beeinflussen.

Ich bin immer wieder fasziniert, mit welcher Inbrunst mir vermeintliche Finanzmarktexperten entgegenhalten, das PPT sei nur eine Verschwörungstheorie und hätte nie existiert. Für alle Zweifler hier die Fakten: Am 18. März 1988 unterzeichnet US-Präsident Ronald Reagan die Executive Order Nummer 12631 zur Gründung der »Working Group on Financial Markets«, also der Arbeitsgruppe für Finanzmärkte. Klingt harmlos, aber im weiteren Text dieses Erlasses liegt tonnenweise Sprengstoff. Die *Washington Post* hat dieser Arbeitsgruppe 1997 den Spitznamen »Plunge Protection Team« gegeben – ein Team, das vor Kurseinbrüchen schützen soll.

Der Arbeitsgruppe sollen angehören: der Finanzminister, der Vorsitzende des Fed sowie die Vorsitzenden der Börsen. Diese sollen im Krisenfall mit den »großen Marktteilnehmern« – also den großen amerikanischen Banken – zusammenarbeiten und alles unternehmen, um die Integrität und Wettbewerbsfähigkeit des amerikanischen (!) Finanzsystems aufrechtzuerhalten.

An der Börse beobachteten wir im Jahr 2007 mit schöner Regelmäßigkeit, wie an Tagen mit besonders großen Kursverlusten in den USA exakt eine Stunde vor Handelsschluss scheinbar aus heiterem Himmel großangelegte Käufe an den amerikanischen

Terminmärkten die Situation retteten. Eben noch einstürzende Aktienmärkte wurden in nur einer Stunde um mehrere hundert Punkte nach oben gezogen. Dazu muss man wissen, dass der Weg über die Terminmärkte der einfachste und »kostengünstigste« ist. Die Aktienmärkte, Rentenmärkte und auch die Rohstoffmärkte orientieren sich in ihrer großen Mehrheit an den jeweiligen Terminkontrakten. Am besten lässt sich das anhand des Dax erklären: Der Dax errechnet sich aus den Kursen der dreißig wichtigsten deutschen Aktien. Hierzu werden diejenigen Aktiengesellschaften ausgewählt, die die höchste Marktkapitalisierung haben (das heißt, wie viel all ihre Aktien zusammen wert sind) und deren Aktien am häufigsten gehandelt werden.

Darüber hinaus gibt es noch den Terminmarkt. Hier wird unter anderem der sogenannte Dax-Future gehandelt. Das ist wie eine Wette zu verstehen. Man wettet beispielsweise darauf, dass der Dax in drei Monaten – am sogenannten Verfallstermin – höher oder tiefer steht als heute. Ich kann also entweder alle dreißig Aktien des Dax einzeln kaufen oder einfach den Dax-Future. Das hat den gleichen Effekt, ist aber wesentlich billiger. Der Future-Käufer muss nämlich nur einen kleinen Teil des Gesamtbetrags als Sicherheit hinterlegen, während der Aktienkäufer den Preis seiner Aktien voll bezahlen muss.

Die Kurse des Dax, der sich aus den Kursen der einzelnen Aktien errechnet, und die Kurse des Dax-Futures bewegen sich immer im Gleichlauf, da viele Marktteilnehmer darauf spezialisiert sind, kleinste Abweichungen zu handeln und daran Geld zu verdienen. Man nennt das Arbitrage.

Mittlerweile hat der Future-Handel eine solche Bedeutung erlangt, dass die einzelnen Aktien in starkem Maße den Bewegungen des Futures folgen und nicht umgekehrt. Man kann also sagen: »Der Schwanz wedelt mit dem Hund.« Wenn nun jemand gezielt die Kurse nach oben ziehen will, macht es wenig Sinn, für viel Geld alle Dax-Aktien einzeln zu kaufen. Stattdessen kauft er größere Mengen Terminkontrakte (»Futures«) und kann so mit wenig hinterlegtem Sicherheitsgeld unglaubliche Summen an den Aktienmärkten bewegen.

Genau das erleben wir immer wieder, besonders im amerikanischen Aktienmarkt. Wann immer bei einem Einbruch der Kurse wichtige Punkte im Kursverlauf erreicht werden – man spricht von »Chartmarken« –, erscheinen plötzlich die »helfenden Hände«, kaufen massiv US-Futures und retten damit die Märkte vor weiteren Verkaufswellen.

Das Fed unterstützt diese Aktionen mit eigenen Maßnahmen, die einerseits öffentlichkeitswirksam sind, andererseits den stützenden Banken das Geld für ihre Aktionen zur Verfügung stellen. Jedes Mal wenn die Märkte in Schwierigkeiten kommen, pumpt das Fed Geld ins System. Besonders dramatisch zeigte sich dieses Zusammenspiel der »Finanzkontrolleure« am 16. und 17. August 2007. In den sechs Tagen zuvor war der Dow Jones um 1100 Punkte gefallen. Noch am Abend des 16. August sah es nach einem dramatischen Ausverkauf und einem bevorstehenden Crash aus. Alle, aber auch wirklich alle Ampeln standen auf Dunkelrot. Die Nachrichten von der sich entwickelnden Immobilienkrise wurden zunehmend dramatischer, und die Investoren verhielten sich, wie es in einem freien Markt in einer solchen Situation normal ist: Sie verkauften ihre Aktien und verringerten ihr Risiko. Der Dow Jones durchbrach eine äußerst wichtige charttechnische Unterstützung bei 12 750 Punkten und fiel im Tief auf 12 519 Zähler.

Doch plötzlich, aus heiterem Himmel, kamen eine Stunde vor Handelsschluss Käufer in den Markt. Nicht ein paar Schnäppchenjäger – es wäre ja auch Wahnsinn, in solch ein fallendes Messer zu greifen –, sondern massivste Käufe, wie ich sie in meinen fünfzehn Jahren an der Börse selten erlebt habe. Der Dow Jones schoss wie vom Satan getrieben innerhalb einer Stunde um 365 Punkte oder 2,9 Prozent nach oben und schloss bei 12 859 Punkten wieder über der magischen Marke. Noch deutlicher wurde es im Future-Handel: Der wichtige S&P-Future, der fast rund um die Uhr berechnet wird, stieg in diesen dramatischen letzten Handelsstunden des 16. August in der Spitze sogar um 4,2 Prozent. Ich telefonierte noch spät in der Nacht mit meinen Kollegen, und wir wunderten uns, wo diese völlig ungewöhnliche Marktbewegung herkam.

Die Märkte in Asien und Europa reagierten auch am Tag danach noch wie gewohnt und verkauften weiter. Man wunderte sich zwar über die merkwürdige letzte Handelsstunde in den USA, tat dies allerdings als überzogene »technische Reaktion« ab. Der japanische Aktienindex verlor am Morgen des 17. August 5,4 Prozent und verbuchte den größten Tagesverlust seit sieben Jahren. Niemand in Asien oder Europa ahnte, was die »Finanzelite« in den USA offenbar bereits am Vorabend verabredet hatte. Der große Knall kam gegen 14 Uhr mitteleuropäischer Zeit kurz vor Eröffnung des US-Aktienmarktes. Wir kamen am Frankfurter Parkett kaum mit der Abarbeitung der Verkaufsaufträge nach, als plötzlich aus dem Nichts eine Kaufwelle durch die Märkte raste. Der Erste, der die Meldung auf dem Nachrichten-Ticker sah, schrie quer durch den Handelssaal: »ZINSSENKUNG! DIE AMIS SENKEN UM 50 BASISPUNKTE!« Der nächste Schrei war: »KAUFEN! WO GIBT ES NOCH WARE???«

Das Plunge Protection Team hatte ganze Arbeit geleistet! Über die Abläufe hinter den Kulissen kann nur spekuliert werden. Bereits am Vortag gab es Gerüchte, Fed-Chef Ben Bernanke hätte wichtige Vertreter des Finanzsystems zu einem geheimen Treffen beordert. Vermutlich wurden auf diesem Treffen, an dem neben Bernanke und den Mitgliedern des Fed auch die Vertreter der wichtigsten US-Banken sowie Abgesandte der großen amerikanischen Börsen teilgenommen haben sollen, folgenschwere Entscheidungen für die weitere Entwicklung der Krise getroffen. Zunächst kam man wohl überein, dass ein weiterer Einbruch der Aktienmärkte die Situation binnen Tagen explodieren lassen würde. Die »Big Ones« verpflichteten sich, die Märkte durch massive Käufe zum Ende der Handelssitzung wieder auf ein unkritisches Niveau zu ziehen. Das dafür benötigte Geld würde das Fed zur Verfügung stellen, das selbst nicht in die Aktienmärkte eingreifen darf. Diese Teilnehmer wussten bereits, dass Bernanke am darauffolgenden Tag seinen Teil des Deals durch eine – für alle anderen – überraschende Zinssenkung erfüllen würde.

Der Plan ging auf. Der Dow Jones stieg an diesem Tag um weitere 316 Zähler oder 2,5 Prozent in der Spitze. Der Dax explodierte in den folgenden Stunden sogar um 300 Punkte, was einem Sprung von 4,3 Prozent aus dem Stand heraus entspricht. Natürlich hat das viele Marktteilnehmer, die sich in den letzten Tagen von Beständen getrennt hatten, eiskalt erwischt, nicht jedoch diejenigen, die bereits am Vortag über den bevorstehenden Zinsschritt informiert waren. Über deren Gewinn bei dieser Aktion darf trefflich spekuliert werden.

Natürlich beruht ein Teil des geschilderten Ablaufs auf Gerüchten und Spekulationen, aber unter Würdigung aller bekannten Umstände erscheint mir dieses Szenario als durchaus wahrscheinlich.

Danach folgten im Abstand von drei Monaten weitere kleine Zinsschritte von jeweils 0,25 Prozent, die von den Märkten relativ unaufgeregt zur Kenntnis genommen wurden, da sie zum jeweiligen Zeitpunkt erwartet worden waren.

Jetzt kann man natürlich sagen: »Gott sei Dank gibt es dieses PPT! Die haben erst mal das Schlimmste verhindert.« Aber auch hier zitiere ich wieder Folker Hellmeyer: »Erst stirbt der freie Markt, dann stirbt die Demokratie!«

Die Regierung Bush

Wir haben zurzeit ein Phänomen, das meines Wissens in dieser Dimension einmalig in der US-Geschichte sein dürfte. Es war schon immer so, dass die Einflüsse der Wirtschaft auf die Politik groß waren. Es gab schon immer Lobbyarbeit und Einflussnahme. Aber was sich in den letzten Jahren in den USA zugetragen hat, ist – jedenfalls solange man von demokratischen Staaten sprechen möchte – kaum mehr zu übertreffen.

Was schätzen Sie, wie viel »Condoleezza Rice« wiegt? Die Antwort lautet: 129 000 Bruttoregistertonnen! Condoleezza Rice war nämlich nicht nur Außenministerin der USA unter George W. Bush, sondern auch der Name eines Öltankers unter der Chevron-Flagge. Bevor Miss Rice nämlich als Sicherheitsberaterin in die Regierung Bush eintrat, war sie zehn Jahre lang Direktorin von Chevron, einer der größten Ölfirmen der Welt. Nach ihrem Regierungseintritt wurde der Tanker in »Altair Voyager« umbenannt.

Und Dick Cheney, Vizepräsident unter George W. Bush, war vor seiner Amtszeit Präsident eines anderen großen Unternehmens: Halliburton – eines der größten Ölexplorationsunternehmen der Erde, das mit Cheney an der Spitze im Irak in den neunziger Jahren millionenschwere Geschäfte abgeschlossen hat. Auch nach dem Irakkrieg hat das Unternehmen dort glänzend verdient. Nach dem Löschen der Brände im Irak sollte die Ex-Firma von Dick Cheney auch den Wiederaufbau und die Organisation des Ölhandels verantworten, meldete das *Managermagazin* bereits am 3. Mai 2003. So viel Erfolg honorierte auch die Börse: Die Aktie von Halliburton legte allein in den ersten vier Monaten des Jahres 2003 um 22 Prozent zu. Später war die Geschäftstüchtigkeit des Unternehmens selbst George W. Bush zu viel. Wie *Spiegel Online* am 13. Dezember 2003 meldete, kritisierte der US-Präsident den Konzern, er habe für Benzinlieferungen an die US-Truppen 60 Millionen US-Dollar zu viel berechnet.

Auch die Familie Bush war zumindest bis 2001 geschäftlich im Nahen Osten engagiert – und ausgerechnet mit dem Clan der Bin Ladens verbunden. Salem Bin Laden, der von 1976 bis 1988 die Geschäfte der Saudi Binladin Group leitete, verbanden gemeinsame Ölinteressen mit der Familie Bush. Er starb freilich 1988 bei einem Flugzeugabsturz. Im Mittelpunkt der Wirtschaftsbeziehungen zwischen den Bushs und den Bin Ladens stand die Carlyle Group, eine Holding, deren Tätigkeit darin besteht, Anteile an anderen Firmen zu besitzen, pikanterweise auch im Rüstungsgeschäft. Die Familie Bin Laden trat als Geldgeber auf, George Bush senior als Berater. 1998 und 2000 hat er denn auch zweimal die Familie in Saudi-Arabien besucht, der Zweck dieser Visiten ist nie bekannt geworden.

Böse Zungen könnten behaupten, dass mit der Bush-Administration die US-Ölindustrie ein Regierungsmandat erhalten hat.

Vor diesem Hintergrund erscheint beispielsweise der Irakkrieg in einem ganz anderen Licht. 2008 war ein Jahr des extremen Anstiegs der Ölpreise. In der Spitze explodierte der Preis auf 147 US-Dollar pro Fass. An der Zapfsäule sah man allerorten Menschen mit verweinten Augen den Tankdeckel schließen, und alle Welt fragte sich: »Warum, um Himmels willen, ist der Ölpreis so hoch?« Die »Experten« haben uns die tollsten Erklärungen angeboten, so dass ich mich in einem Zustand zwischen Schenkelklopfen und Kopf-auf-die-Tischplatte-Schlagen befand. Die erste Erklärung war: Wir haben eine Ölknappheit! Merkwürdigerweise wurde aber nirgends ein Tanker leer zurückgeschickt. Nirgends wurde eine Raffinerie nicht beliefert. Die nordafrikanischen Ölförderländer haben sich sogar geweigert, die Ölproduktion zu erhöhen. Das sei völlig überflüssig, da absolut genug Öl auf dem Markt sei, um alle Nachfrage zu versorgen. Die zweite Erklärung war: Die bösen Asiaten brauchen so viel Öl! Doch das Wirtschaftswachstum in Asien hatte sich zu diesem Zeitpunkt bereits abgekühlt. Ohnehin vollzieht sich der Mehrverbrauch einer ganzen Volkswirtschaft langsam und kontinuierlich; der Verbrauch verdoppelt sich nicht binnen weniger Monate, wie es der Ölpreis getan hat. Im Gegenteil: Während der Höchststände im Ölpreis gingen wir an den Finanzmärkten längst von einer deutlichen Abkühlung der Weltkonjunktur, wenn nicht sogar von einer weltweiten Rezession aus. Das ist nicht gerade der Stoff für eine künftig hohe Ölnachfrage.

Zu dieser Zeit waren die großen amerikanischen Autobauer bereits in größten Schwierigkeiten, weil niemand mehr ihre spritfressenden Pick-ups und Geländewagen kaufen wollte. Sogar die als ökologisch unbelehrbar geltenden amerikanischen Verbraucher hatten plötzlich das Benzinsparen entdeckt und stiegen auf Kleinwagen um oder ließen das Auto gleich ganz in der Garage. Das Verkehrsministerium meldete elf Milliarden gefahrene Meilen weniger pro Monat – wobei sich mir noch immer nicht ganz erschließt, wer die gezählt haben will.

Kurzum: Es gab keinen Grund für einen so hohen Ölpreis. Ach ja, zuletzt waren es die Spekulanten, die ungehemmt auf Öl gesetzt haben sollen. Das habe ich als persönliche Beleidigung aufgefasst. Ich bin schließlich selbst (Berufs-)Spekulant. Und ich kenne eine Menge Spekulanten. Viele von ihnen sind auch – na, sagen wir: »speziell«. Aber keiner von denen wäre so wahnsinnig, bei Kursen über 120 US-Dollar pro Fass auf einen weiter steigenden Ölpreis zu wetten, wenn nicht einmal der Verdacht einer »Story« im Raum steht. Einer Story, die lautet: »Der Ölpreis wird weiter steigen, weil …« Doch genau dieses »weil« blieb unbeantwortet. Also würde auch kein halbwegs klar denkender Spekulant darauf wetten. Im Gegenteil, er setzt auf fallende Kurse. Doch der Preis kam lange nicht zurück, sondern stieg weiter bis auf wahnwitzige 147 US-Dollar pro Fass. Öl! Nicht Whisky oder Chanel No. 5!

Was steckte wirklich dahinter? Hier eine viel interessantere Theorie: Besonders bei »politischen« Preisen wie dem Ölpreis, dem Goldpreis oder Lebensmittelpreisen muss die Frage lauten: Wer hat ein Interesse an diesem oder jenem Kurs? Wer hatte also Interesse an einem extrem hohen Ölpreis? Die Saudis? Nein! In den vergangenen Jahrzehnten haben die Ölförderstaaten immer wieder bewiesen, dass ihnen an einem »vernünftigen« Preis gelegen ist. Denn wenn der Preis zu hoch steigt, wird die Welt sich sehr schnell nach Alternativen umschauen. Dann ist zum Beispiel ein Elektro- oder Wasserstoffauto plötzlich sehr schnell rentabler als ein Benzinauto. Damit würden die Einnahmen der Scheichs wegbrechen, und daran ist ihnen weiß Gott nicht gelegen. Also die bösen Chinesen? Nein! Die sind selbst auf einen niedrigen Ölpreis angewiesen, um ihr Wachstum aufrechtzuerhalten.

Also, wer war dann an einem superhohen Ölpreis interessiert?

Die Antwort liegt in den USA selbst: Seit 1982 bestand ein Verbot, an den Ost- und Westküsten nach Öl zu bohren. Hintergrund war der Umweltschutz und der Schutz von Naturreservaten. Es wird vermutet, dass unter diesen Küstengebieten zirka 14 bis 16 Milliarden Barrel Rohöl lagern. Bei geschätzten Förderkosten von 40 US-Dollar und einem angenommenen Verkaufspreis von 100 US-Dollar wäre das ein Gewinn von etwa 1 Billion US-Dollar (1 000 000 000 000 US-Dollar). Was für ein Reibach für die US-Ölindustrie! Wenn man nur an dieses Öl rankäme! Der republikanische Präsident George W. Bush war schon seit Jahren bemüht, dieses Verbot zugunsten der Ölindustrie aufzuheben. Aber da war dieser kleine, aufsässige, demokratisch dominierte Kongress, der dem Präsidenten Jahr für Jahr Widerstand leistete und den Umweltschutz vor die Interessen der Ölindustrie stellte.

Nun ging das Jahr 2008 ziemlich schnell dem Ende entgegen und mit ihm die Amtszeit des Präsidenten Bush. Sein Nachfolger, der Demokrat Barack Obama, hatte sich zu diesem Zeitpunkt darauf festgelegt, die Bohrrechte *nicht* freizugeben. Also blieben der Öllobby nur wenige Monate Zeit, den Kongress zum Einlenken zu zwingen.

Der einzige Weg – außer Waffengewalt und hundertfacher Be-stechung – war, den Ölpreis über die Futuremärkte so in die Höhe zu treiben, dass die Bevölkerung an der Zapfsäule rebellierte und in einem »Volksaufschrei« den Kongress dazu zwingen würde, das Bohrverbot aufzuheben. Denn schließlich standen bald Kon-gresswahlen an. Parallel zu den hohen Ölpreisen hetzte Bush die Bevölkerung auf: »Der Kongress nimmt die Bürger als Geiseln des Umweltschutzes!« – »Wenn wir an unsere eigenen Ölvor-kommen herankämen, würden die Benzinpreise umgehend sin-ken.« Das war natürlich absoluter Hafenkäse, weil es Jahre dau-ern würde, die Felder zu erschließen. Und: Die Vorkommen wä-ren zwar profitabel, würden den Ölverbrauch der USA jedoch nur für wenige Jahre decken.

Aber die Taktik zeigte Erfolg. Die Stimmung in der Bevölkerung schlug um. Schnell war eine Mehrheit für ein Abschaffen des Bohrverbots: »Sch… auf den Umweltschutz! Wir wollen billigen Sprit!« Der Erste, der einknickte, war der Demokrat Barack Obama, der plötzlich um seine Wahl fürchtete und ganz schnell verlautbaren ließ, dass er unter Umständen, und wenn es denn sein müsste, und man könnte ja darüber nachdenken, dann vielleicht doch … die Ölfelder freigeben. Wow! Und justament in diesem Moment brach der Ölpreis wieder auf 110 US-Dollar ein.

Am 28. September 2008 konnte man es schwarz auf weiß lesen: In einer Nebenmeldung zum US-Rettungspaket wurde bekannt, dass der US-Kongress das Bohrverbot an den Küsten aufgehoben hat. In den folgenden Stunden brach der Ölpreis um 10 Prozent ein, um sich in den folgenden Wochen bis auf 70 US-Dollar zu halbieren. In den deutschen Zeitungen lesen Sie von diesen Hintergründen freilich nichts. Im Gegenteil. Hier heißt es: »Das Platzen des 700-Milliarden-Dollar-Rettungspakets führt zum Einbruch beim Ölpreis.«

Der Ölpreis war jedoch längst um diese 10 Prozent gefallen, als das Abgeordnetenhaus das Rettungspaket ablehnte.

Ein weiteres wichtiges Mitglied der US-Regierung ist zweifelsohne der Finanzminister. Der hieß unter George W. Bush Henry »Hank« Paulson, und wie wir bereits wissen, hatte Hank, bevor er sein Amt antrat, nicht etwa eine politische Laufbahn hinter sich, sondern war Vorstand einer der größten und einflussreichsten Wall-Street-Banken: Goldman Sachs. Wenn man sich näher mit dieser Bank befasst, stößt man auf interessante Details. So scheint es eine liebgewonnene Gewohnheit geworden zu sein, dass Goldman Sachs regelmäßig den Finanzminister der USA stellt. Und es ist bestimmt nur ein Zufall, dass ausgerechnet Goldman Sachs deutlich besser durch die aktuelle Finanzkrise gerutscht ist als seine Konkurrenten und schon ganz zu Beginn auf einen Zusammenbruch des Kreditmarkts gewettet hatte, als alle anderen noch auf Wolke 7 schwebten und kräftig weiter die Blase aufpusteten. Nicht ohne Grund wurde Goldman Sachs, bis zu ihrer Umwandlung zur Geschäftsbank im September 2008, eine der größten Investmentbanken, in Finanzkreisen auch als die »Investmentbank der Regierung« bezeichnet.

Was glauben Sie übrigens, wer die Verteilung des 700-Milliarden-Rettungspakets der USA koordiniert? Ein fünfunddreißiger Manager namens Neel Kashkari. Und wo arbeitete Neel zuvor? Richtig! Bei Goldman Sachs.

Eine interessante Zufälligkeit am Rande: Das deutsche 500-Milliarden-Rettungspaket soll der Wirtschaftswissenschaftler Otmar Issing organisieren. Issing war Chefvolkswirt der Deutschen Bundesbank und später Direktoriumsmitglied der Europäischen Zentralbank, bis er 2006 turnusgemäß ausschied. Seit Januar 2007 ist Otmar Issing Berater einer großen amerikanischen Bank: Goldman Sachs.

Um Missverständnissen vorzubeugen: Otmar Issing gehört zu den integersten und bestinformierten Persönlichkeiten der deutschen Wirtschaft. Er ist Träger des Großen Verdienstkreuzes der Bundesrepublik Deutschland und erhielt mehrere Ehrendoktortitel. Jeder Zweifel an seiner Person verbietet sich angesichts seines Lebenswerks. Ich möchte lediglich aufzeigen, wie sehr der Name »Goldman Sachs« mit diesem Rettungspaket verknüpft ist.

Die Finanz- und Machthydra

So! Jetzt haben Sie die wichtigsten Spieler bei unserem Gesellschaftsspiel »Wem gehört die (Finanz-)Welt?« kennengelernt. Da ergibt sich ein illustres Netzwerk aus Banken, Fed, PPT, Ratingagenturen, Regierung und Ölindustrie. Ich bezeichne es als die (US-)Finanz- und Machthydra! Und eins ist klar: Diese Hydra wird alles tun, um ihre Macht und ihre Finanzen zu retten.

Noch etwas kommt hinzu: Die Bilanzrichtlinien der Banken werden immer weiter verwässert. Ein Problem ist nur dann ein Problem, wenn die anderen es sehen. Daher wird mit den veröffentlichten Zahlen getrickst, dass sich die Nackenhaare sträuben. Das gilt sowohl für die Bilanzzahlen der Banken als auch für die Wirtschaftsdaten der US-Regierung. Wir haben eingangs schon erörtert, mit welchen legalen Tricks unsere Inflationsrate und unsere Arbeitslosenzahlen »optimiert« werden. Wenn Sie sich darüber schon aufgeregt haben, dann holen Sie sich lieber einen Baldriandrops, bevor Sie im Weiteren über die amerikanische Kreativität in Sachen Wirtschaftsdaten lesen.

In den USA werden die Arbeitslosenzahlen nämlich auf besonders »wissenschaftliche« Weise erhoben. Es gibt keine offizielle Erfassung von Arbeitslosen beim Arbeitsamt wie bei uns, wo man zumindest eine realistische Zahl hätte, wenn man nur wollte. In den USA werden zu diesem Zweck unter anderem Haushalte per Zufall ausgewählt und angerufen. Dabei wird dann gefragt: »Sind Sie arbeitslos?« Wenn der am anderen Ende sagt: »Yes!« … dann ist das aber noch lange kein Grund, ein Kreuzchen mehr auf der Liste der Arbeitslosen zu machen. Denn es folgt die Frage: »Glauben Sie, in nächster Zeit einen Job zu finden?« Wenn der dann antwortet »Nein! Ich habe schon x Bewerbungen geschrieben und nur Absagen bekommen. Ich glaube nicht mehr daran, bald einen Job zu kriegen!«, dann wird ein Kreuzchen hinter »nicht arbeitslos« gemacht. Warum? Weil die Gruppe der »resignierten Arbeitslosen« nicht als arbeitslos zählt! Die fallen einfach aus der Statistik. Je schlechter die Lage in der Wirtschaft und je verzweifelter die Situation der Menschen, umso weniger Arbeitslose gibt es in Amerika. Ist doch eine feine Sache, nicht wahr?

Daneben gibt es noch die sogenannte Geburten- und Sterbestatistik. Das hat nichts mit den Selbstmordraten verzweifelter Arbeitsloser zu tun, sondern es handelt sich um eine statistische Erhebung, die von folgender Annahme ausgeht: Je mehr Firmen schließen, desto mehr neue Unternehmen werden gegründet. Und neue Unternehmen stellen mehr Mitarbeiter ein, als Mitarbeiter bei Firmenschließungen entlassen werden. Dieser Unfug resultiert darin, dass bei einem Wirtschaftseinbruch mit vielen Konkursen die US-Arbeitsmarktstatistik von besonders vielen neuen Stellen ausgeht. Was für ein Irrsinn! So wurden laut offizieller US-Statistik im Krisenjahr 2007 138 000 neue Stellen in der Bauindustrie und 114 000 Stellen in der Finanzindustrie geschaffen – in dem Jahr, in dem die Immobilienkrise voll zuschlug und die Banken Massenentlassungen vornahmen.

Diese Zahlen sind schlichtweg das Papier nicht wert, auf dem sie veröffentlicht werden. Und dennoch warten die Finanzmärkte und besonders die Börsen mit einer Sehnsucht auf die Veröffentlichung dieser Zahlen wie ein Fünfjähriger auf den Weihnachtsmann. Und wenn dann noch die Zahl der angeblich neugeschaffenen Stellen um 2000 höher ist als erwartet, dann leuchten die Augen der Analysten und Experten. Und man glaubt nur zu gerne, dass es den Weihnachtsmann wirklich gibt.

Ebenfalls immer gerne genommen wird die Inflationsrate. Bei der Bestimmung der Inflation ist Deutschland ja schon gut dabei, aber die Amerikaner können es noch besser. Wenn der Ölpreis in ungeahnte Höhen steigt, wird er einfach aus der Inflationsberechnung herausgenommen. Man behauptet: »Das ist nur ein vorübergehendes Phänomen, das berücksichtigen wir gar nicht.« Und wenn der Rindfleischpreis explodiert, wird er einfach durch den Preis für Putenfleisch ersetzt, der gefallen ist – mit der Behauptung: »Die Menschen können ja Putenfleisch kaufen, wenn ihnen Rind zu teuer ist!«

Trotz all dieser Tricks steigt die Inflation in unschöne Bereiche. Was glauben Sie, wie die echten Zahlen erst aussehen? Wenn Sie es genau wissen wollen, sehen Sie nach unter www.shadowstats.com. Da haben sich einige findige Menschen die Mühe gemacht, die realen Zahlen nach den alten anerkannten Methoden zu berechnen und den offiziellen gegenüberzustellen. Sie werden erstaunt sein. Hier einige Beispiele: Die offizielle Arbeitslosenzahl der USA wird im Juli 2008 mit 5,8 Prozent angegeben. Shadowstats berechnet 14,2 Prozent. Die offizielle Inflationsrate der USA wird im Juli 2008 mit 5,6 Prozent angegeben. Shadowstats berechnet 13,5 Prozent. Das offizielle Wirtschaftswachstum der USA wird im zweiten Quartal 2008 mit 3,3 Prozent angegeben. Shadowstats berechnet einen *Rückgang* von 2,7 Prozent. Laut den Berechnungen von Shadowstats befinden sich die USA mindestens seit 2005 bereits in einer tiefen Rezession. Das erklärt auch den Zusammenbruch des Immobilienmarkts.

Für die Finanzmärkte und die dummen Investoren kann man die Zahlen ja schönrechnen, aber der realen Wirtschaft ist es ziemlich egal, welches Etikett an ihrem Hals hängt. Eine rotglühende Herdplatte ist nun mal heiß, auch wenn drei Schilder vor ihr aufgestellt sind, die das Gegenteil behaupten. Wir sehen also, dass die bisher veröffentlichten Zahlen, na, sagen wir mal »optimiert« wurden. Daher können wir davon ausgehen, dass unsere

Hydra nicht davor zurückschrecken wird, die Zahlen noch aggressiver zu optimieren, je dramatischer die reale Lage wird.

Wie der Abwärtstrend umgekehrt wird

Betrachtet man alles zusammen, liegt folgender Schluss nahe: Wir werden immer weitere Eingriffe in die ehemals freien Märkte sehen. Ich habe in meinen Vorträgen Anfang des Jahres 2008 prognostiziert, dass die US-Regierung in Bälde umfangreiche Garantien für Immobilienkredite abgeben wird. Das Jahr war noch nicht zu Ende, da hatte die Regierung de facto die Immobilienrisiken der größten Kreditfirmen Fannie Mae und Freddie Mac übernommen. Wir haben bereits gesehen, wie das Plunge Protection Team die Aktienmärkte immer wieder an kritischen Marken abfängt. Des Weiteren erwarte ich Verwässerungen in den Bilanzierungsmöglichkeiten der Banken, so dass diese ihre Verluste nicht ausweisen müssen. Die Regierung der USA und vielleicht auch andere werden weitere Konjunkturpakete auflegen und die Bevölkerung unter Anwendung neuer Tricks – ich bin schon gespannt darauf, was sie sich alles einfallen lassen – mit neuem Geld versorgen. Vielleicht sollte man besser sagen: mit neuem Kredit versorgen. Denn was auch immer sie tun werden, es wird nur mit neuen Krediten gehen. Dabei spielt es absolut keine Rolle, ob die Bürger die Kredite direkt aufnehmen (vom Staat) oder ob der Staat die Kredite aufnimmt, um den Bürgern Geld zu schenken. Jedenfalls sollen die Bürger mit diesem Geld dann wieder konsumieren.

Das ist in etwa so, als wenn Sie in ein Modegeschäft gehen und der Besitzer schenkt Ihnen 500 Euro, damit Sie mal so richtig bei ihm einkaufen. Das bringt ihm zwar nichts, er kann aber sagen: »Seht nur, was ich für tolle Umsätze mache!« Und solange seine

Bank nur auf die Umsätze schaut und nicht auf den Gewinn, wird sie ihm bereitwillig weiter Kredite geben.

Sie glauben, so naiv kann keine Bank sein? Das würde nicht funktionieren? Das funktioniert genau so seit über zwanzig Jahren! Mindestens so lange nämlich schenkt der Modeladen USA seinen Kunden (den Bürgern) schon Geld – mal in Form von Steuerschecks, mal in Form von billigen Krediten, damit die Menschen einkaufen gehen und eine tolle Konjunktur vorgaukeln. Die internationalen Geldgeber sind all diejenigen, die dem Modeladen USA daraufhin immer wieder neue Kredite geben, indem sie ihm seine Staatsanleihen abkaufen. Immer mit dem Argument: »Die haben ja so eine tolle Wirtschaftsleistung!«

Unser Hoffnungsszenario gründet also kurzum auf der Annahme, dass die USA ihre Geldgeber weiter davon überzeugen können, dass die aktuellen Probleme nur ein kurzfristiger Engpass sind und dass derjenige, der jetzt neues Geld investiert, bald unglaublich reich werden wird.

Dazu darf die momentane explosive Lage auf gar keinen Fall viel weiter eskalieren.

Der Einbruch an den Aktienmärkten könnte das Fass zum Überlaufen bringen. Das Plunge Protection Team müsste also die Märkte um jeden Preis vor dem Kollaps bewahren. Immer wieder kleinere Schübe nach unten sind akzeptabel, aber dann muss wieder ein paar Monate Ruhe sein, damit die Investoren nicht zu sehr erschrecken. Man kann das erwartete und heraufbeschworene Verhalten der Investoren etwa so beschreiben: »Huch, das fällt! Oje, das wird doch nicht noch schlimmer!? Ah, es hält! Klasse, es geht ja schon wieder etwas aufwärts! Alles wird gut! Hmm, wieso steigt es nicht weiter? Huch, es fällt …«, und so weiter.

In diesem Rhythmus kann man sich viel problemloser mehrere tausend Punkte nach unten schaukeln, ohne dass die Welt panikartig alles Geld abzieht. Würde das in einem Rutsch passieren, sähe es ganz anders aus.

Als Nächstes muss verhindert werden, dass es zu einem gro-ßen Bankenkollaps kommt. Zu diesem Zweck werden die Probleme immer weiter verheimlicht und verschleppt. Wo es gar nicht mehr geht, opfert man eine Bank und behauptet dann: »Das war nur ein Einzelfall! Seht her, wie gut wir den im Griff haben und wie gut wir alles regeln können!« Bis zur nächsten Bank haben sich die Menschen schon daran gewöhnt. Wären die bisherigen Bankenpleiten der letzten zwei Jahre in kürzerem Abstand erfolgt, wären die Anleger in Panik geraten. So hatten sie immer wieder Zeit, sich an die Horrormeldungen zu gewöhnen.

Natürlich müssen auch die Immobilienmärkte stabilisiert werden – eines der größten Probleme. Aktienmärkte können mit relativ wenig Geld über die Terminmärkte manipuliert werden. Bankprobleme können mit Bilanztricks kaschiert werden. Aber für Immobilienpreise gibt es keinen Terminmarkt, wo ich mal eben den Referenzpreis hochziehen kann. Das ist reale Wirtschaft! Da müssen ganz andere Summen in die Hand genommen werden, um hier zu stabilisieren.

Ich bin gespannt, was sich die US-Regierung einfallen lässt. Vielleicht gibt sie Garantien für Hauspreise ab und verspricht jedem Hausbesitzer, das Haus zum Wert von 2008 selbst zu kaufen. Die Begründung wäre einfach: »Unser amerikanischer Grund und Boden ist wertvoll! Es kann nicht sein, dass ›God's own country‹ verschleudert wird, nur wegen einiger vorübergehender, völlig überzogener Reaktionen einiger Marktteilnehmer. Und seht, die Russen und Chinesen nutzen die Gelegenheit, uns das Land unserer Väter zu Schleuderpreisen abzugaunern. Wenn das so weitergeht, gehört der amerikanische Flächenstaat in wenigen Jahren den Russen und Chinesen. Das muss ein Ende haben. Daher zahlt der Staat einen Mindestpreis für unseren Grund und Boden. Amerika kauft sein Vaterland zurück! Jeder Bürger kann seine Immobilie zum Wert von 2008 an den Staat verkaufen, wenn er keinen Käufer findet, der mehr bezahlt.«

Das ist natürlich ein humoristisch überzeichnetes Phantasie-szenario, aber ich bin überzeugt, man wird sich *sehr* kreative Dinge einfallen lassen, um die Immobilienpreise zu stabilisieren. Also lassen Sie es uns doch exemplarisch weiterspinnen:

Wenn das gelingt, werden die Immobilienkredite plötzlich wieder attraktiv. Die Banken kommen wieder ins Geschäft. Die Abschreibungsorgien enden abrupt. Die eine oder andere Bank wird sogar sagen können: »Hey, wir haben viel zu viel abgeschrieben! Wir können unsere Kreditbestände aufgrund der staatlichen Garantien ja viel höher bewerten! Das führt in diesem Jahr zu außerordentlichen Erträgen in Höhe von xx Milliarden Dollar!«

Stellen Sie sich vor, was ein solcher Dreh für die Aktienmärkte bedeuten würde. Die Krise wäre zu Ende, die Leute würden die Aktienmärkte stürmen wie Attila der Hunnenkönig ein warmes Büfett. Dazu kämen dramatische »Shorteindeckungen«, das heißt, diejenigen Investoren, die in der Hoffnung auf weiter fallende Kurse Aktien »leer« verkauft haben, ohne sie zu besitzen, müssten zwangsweise diese Aktien um jeden Preis zurückkaufen.

Die Aktienmärkte würden explodieren. Die Nachrichtensender würden sich im Verkünden neuer Höchststände überschlagen, und alle würden wieder von der schönen neuen Finanzwelt sprechen. »Diesmal ist alles anders!«

Aufgrund der staatlichen Garantien hat man kein Risiko mehr beim Immobilienkauf. Steigt die Immobilie im Wert, macht man Gewinn, fällt sie, ist spätestens beim Preis von 2008 Schluss. Was für Chancen! Die Menschen bekommen wieder neue Kredite auf ihre steigenden Hauspreise. Damit können sie wieder konsumieren, die Wirtschaft wächst wieder, die Importe steigen wieder an. Die Weltkonjunktur profitiert davon, und weltweit entsteht der nächste Aufschwung mit ungeahntem Ziel.

Und das Beste daran: Vermutlich wird die Regierung ihre Garantie gar nicht erfüllen müssen! Denn allein aufgrund der Garantie werden die Investoren die Grundstücke zu höheren Preisen als

2008 kaufen. Es kostet die Regierung absolut nichts! Im Gegenteil: Die Steuereinnahmen steigen wieder, es müssen keine kost-
spieligen Konjunkturprogramme aufgelegt werden, es bricht eine
neue Ära an.

Und am Frankfurter Parkett wird mal wieder der legendäre
Schrei zu hören sein: »Kaufen!! Wo gibt es noch Ware??«

Der US-Dollar würde explodieren, da jeder in amerikanische
Immobilien investieren möchte. Ein Euro-Dollar-Verhältnis von
1:1 wäre realistisch. Die Zinsen würden steigen, um den Boom
ein wenig einzubremsen und die Konjunktur nicht allzu stark explodieren zu lassen. Die Inflation würde sich neue Bahnen brechen, aber man würde sie einfach durch Schönrechnen ignorieren. Darin ist man ja geübt.

Zugegeben: Dieses Szenario ist äußerst »kreativ«. Aber ist es
unmöglich? Wozu sind Mächtige bereit, wenn es um ihre Macht
und ihr Kapital geht? Nach dem Lesen dieser Zeilen sind Sie bestimmt so optimistisch, dass Sie am liebsten noch in dieser Minute zum Hörer greifen wollen, um Aktienpakete zu ordern. Hab ich
recht?

Jetzt haben Sie erlebt, wie einfach sich Stimmungen und Einstellungen manipulieren lassen. Noch ein Kapitel zuvor haben
Sie mit mir gemeinsam das Ende der Welt erwartet, doch wenige
Seiten später sehen Sie die Zukunft der Welt in den buntesten
Farben. In der Zwischenzeit hat sich an der Weltkonjunktur oder
dem Zustand der Finanzmärkte absolut nichts verändert. Alles ist
noch genauso, wie es war. Dennoch ist Ihre Stimmung von Depression auf Euphorie gedreht, nur durch eine andere Betrach-
tung ein und derselben Szene. Faszinierend? So funktioniert die
Börse!

Genau das passiert, wenn die Medien sich wieder einmal wundern, warum sich die Märkte plötzlich ohne besondere neue Kon-
junkturentwicklungen um 180 Grad drehen. Die Marktteilnehmer
schauen einfach auf andere Aspekte als vorher. Die Grundstim-

mung ändert sich, weil plötzlich Entwicklungen für möglich gehalten werden, an die Stunden zuvor noch niemand gedacht hatte. Irgendeiner bringt eine neue These, die einleuchtend klingt. Wenn derjenige über eine entsprechende Medienpräsenz verfügt, wird seine Meinung schnell von anderen kopiert: »Marktteilnehmer sind der Meinung, dass ...« Und schon wird diese neue These zur marktbeherrschenden Meinung. Immer mehr Händler und Investoren schließen sich dieser Meinung an, wenn sie überzeugend klingt. In der Folge handeln sie auch danach und kaufen beispielsweise vermehrt Aktien, und schon kann solch eine »neue« Sichtweise eines Einzelnen zu einer sich selbst erfüllenden Prophezeiung werden. Natürlich geht das bei einem ganzen Aktienmarkt nicht ganz so schnell, aber für einzelne Aktien kann ein solch »neuer« Kommentar eines einzelnen Analysten durchaus den beschriebenen Effekt haben. Die Grenze zwischen Panik und Euphorie ist sehr dünn.

6 Wie soll ich mich als Anleger in der Krise verhalten?

Wie Sie sich als Anleger verhalten, hängt voll und ganz davon ab, welches der beiden Szenarien Sie für das wahrscheinlichere halten. Ich selbst gehe im Herbst 2008 vom Negativszenario aus, denn die Entwicklungen laufen gerade wie oben beschrieben ab. Die bereits getroffenen Rettungsmaßnahmen gehen an der Lösung des Problems vorbei, und die im Hoffnungsszenario skizzierten Rettungsmöglichkeiten sind bislang noch Fiktion. Also stelle ich mich auf die momentane Situation ein, beobachte aber täglich die weitere Entwicklung.

Ich werde zu den Ersten gehören, die das (Anlage-)Ruder herumreißen, wenn sich neue Erkenntnisse ergeben. Wenn Sie über neue Entwicklungen von mir informiert werden wollen, lade ich Sie ein, auf meiner Internetseite www.misterdax.de vorbeizuschauen. Dort werde ich für Sie ganz genau beobachten und analysieren. Und ich werde sofort informieren, wenn sich die Lage zuspitzt oder das Gegenteil eintritt und wir auf eine starke Aufwärtsbewegung hinsteuern.

Im Folgenden beschreibe ich Ihnen zunächst die sinnvollste Vorgehensweise. Die steuerlichen Aspekte bleiben dabei bewusst unberücksichtigt. Erstens sind diese für jeden Anleger höchst unterschiedlich, zweitens bin ich der Ansicht, dass sich eine Investition immer auch ohne Steueraspekt rentieren sollte. Man weiß ja auch nie, wie sich die steuerlichen Grundlagen in Zukunft ändern. Oft geschieht das dann auch noch rückwirkend. Ohnehin geht es seit Januar 2008 mehr um Kapitalerhalt als um eine möglichst hohe Rendite. Sie können in Ihrer Tageszeitung verfolgen, wie leicht es zur Zeit ist, Gelder zu verbrennen. Selbst die »Experten« von Lehman, Bear Stearns oder UBS können Ihnen ein Lied davon singen.

Aktien und Aktienfonds

Aktien und Aktienfonds gehören in diesen unsicheren Zeiten schlichtweg nicht ins Depot. Und vergessen Sie ganz schnell den Standardspruch Ihres Bankberaters: »Das müssen Sie langfristig sehen!« Meist ergänzt er diesen Satz mit einem verschwöreri- schen Senken der Stimme und den Worten: »Schon Kostolany hat gesagt: Aktien kaufen, Schlaftablette nehmen, und wenn Sie auf- wachen, sind Sie ein reicher Mann.« Ich sage dazu: »Absoluter Blödsinn!« Wer im Jahr 2000 Internetaktien gekauft hat, hat am besten die ganze Packung Schlaftabletten genommen, denn in diesem Leben wird er die Einstandskurse mit Sicherheit nicht mehr sehen. Wer vor zehn Jahren Allianz-Aktien gekauft hat, hat heute nur noch ein Drittel seines damaligen Geldes. Wie langfris- tig darf's denn sein? Ich kaufe meine Aktien doch nicht als nette Erinnerung für meine Urenkel. Natürlich müssen Sie sehr wohl darauf achten, wann Sie welche Aktie oder welchen Fonds kaufen und wann Sie wieder verkaufen, und Gewinne mitnehmen oder Verluste begrenzen.

Aktie ist immer auch Risiko. Solange Chance und Risiko in einem vernünftigen Verhältnis stehen, ist die Aktie ein tolles In- vestment, an dem man per saldo nicht vorbeikommt. Aber alles zu seiner Zeit. Es gibt Zeiten, in denen müssen Sie Aktien haben, und es gibt Zeiten, in denen dürfen Sie keine Aktien haben. In einer Zeit, in der ein großer Teil der Finanzwelt einen Zusam- menbruch zumindest für möglich hält, darf ich als konservativer Anleger Aktien einfach nicht haben. Für »harte Hunde«, Daytra- der und Profizocker ist das etwas anderes, die können sich auch in solchen Märkten mit schnellem Kauf und Verkauf austoben. Das sind aber Dinge für absolute Profis. Und selbst unter denen kenne ich viele, die mehr als ein Vermögen verloren haben. Wenn Sie das riskieren wollen und können, bitte sehr. Aber das geht auch mit Toto und Lotto oder einem Spielbankbesuch. Der ist unter

Umständen auch noch unterhaltsamer. Für den konservativen privaten Anleger heißt es in diesen brandgefährlichen Zeiten ganz klar: Finger weg von Aktien und Aktienfonds. Dazu gehören natürlich auch alle Derivate und sonstige Wetten.

Eine Ausnahme gibt es allerdings. Wenn Sie einen Fondssparvertrag haben, in den Sie monatlich 100 Euro einzahlen, sind Sie fast schon gezwungen, diesen weiterlaufen zu lassen. Denn dieses Ansparmodell ist ja genau dafür ausgelegt. In Zeiten, in denen die Aktien sehr teuer sind, bekommen Sie für Ihre 100 Euro nur wenige Aktien. Bei fallenden Kursen bekommen Sie jeden Monat mehr Aktien für Ihre 100 Euro. So ergibt sich im Schnitt ein günstiger Gesamtkurs für all Ihre Aktien. Wenn Sie also nicht zu 100 Prozent davon überzeugt sind, dass die Welt untergeht, und das bin ich selbst ja auch nicht, dann müssen Sie dieses Fondssparmodell durchziehen.

Viele »Experten« erzählen uns seit Monaten, dass die Aktien im langjährigen Vergleich so unglaublich günstig sind. Meist wird dann noch das sagenhaft niedrige KGV ins Feld geführt. KGV steht dabei nicht für Kölsch-Geld-Verhältnis, was sicherlich manchmal aussagekräftiger wäre, sondern für Kurs-Gewinn-Verhältnis. Errechnet wird der Gewinn eines Unternehmens, danach wird dieser auf die Anzahl der existierenden Aktien aufgeteilt. Anschließend weiß der Anleger: »Aha! Die Pfefferminzia AG hat 5 Euro pro Aktie verdient.« Der Kurs der Pfefferminzia-Aktie steht bei 50 Euro. Kurs dividiert durch Gewinn ergibt ein Kurs-Gewinn-Verhältnis von 10. Das bedeutet nichts anderes, als dass die Pfefferminzia AG zehn Jahre lang den gleichen Gewinn erwirtschaften muss, damit der Aktienkurs bezahlt ist.

Jetzt reicht es wieder mit der Mathematik, wechseln wir zurück zur Logik. Dieser Gewinn, mit dem gerechnet wird, ist ja der Gewinn vom letzten Jahr. Wenn also die Konjunktur in den Keller geht und das Unternehmen im nächsten Jahr keine 5 Euro pro Aktie verdient, ist das gemeldete KGV nicht einmal das Papier wert, auf dem es verbreitet wurde. Oft schätzen die Analysten auch die Gewinnerwartung für das kommende Jahr, um dann eine neue Zahl zu berechnen. So prognostizierten diese Analysten im Sommer 2008, als die Probleme schon zur Decke schwappten, noch immer eine Gewinnsteigerung der S&P-Unternehmen für 2009 in Höhe von 30 Prozent! Ein Gewinnrückgang ist aber viel realistischer. Also ist dieses KGV wieder einmal nichts anderes als ein wunderbares Instrument, um dem arglosen Investor eine heile Welt und tolle Kaufgelegenheiten vorzugaukeln. Man muss nur am »G« so lange schrauben, bis eine tolle niedrige Bewertung rauskommt. Achten Sie in den nächsten Monaten mal darauf, wie oft Ihnen die Experten erklären, dass das KGV so historisch niedrig ist. Zuvor sollten Sie allerdings ein Gitter vor Ihrem Fernsehgerät anbringen, damit es nicht so teuer wird, wenn Sie aus Zorn mit Flaschen oder Fernbedienungen werfen.

Hinzu kommt, dass die Bilanzierungsrichtlinien, nach denen ein Unternehmen seinen Gewinn für das KGV berechnet, immer mal wieder angepasst werden. Merkwürdigerweise immer so, dass der Gewinn höher ausfällt als nach der alten Methode.

Ich will Sie nicht mit buchhalterischen Details langweilen, daher nur ein Beispiel: Im Jahr 2005 wurden die Bilanzierungsrichtlinien für sogenannte Goodwill-Abschreibungen geändert. Die KGV-Zahlen sahen durch diese Änderung für einige Dax-Unternehmen nach 2005 um 20 Prozent besser aus als noch im Jahr zuvor. Man kann sie also absolut nicht mehr miteinander vergleichen. Dennoch schwärmen die »Experten« ständig von den historisch niedrigen KGVs.

Es gibt die verschiedensten Möglichkeiten, Aktienmärkte zu analysieren. Welche Methode auch immer in diesen Tagen zu Rate gezogen wird, das Ergebnis ist ernüchternd. Eine weitverbreitete Methode ist die Wellentheorie. Die besagt, vereinfacht ausgedrückt, dass sich, ähnlich wie in der Natur, auch wirtschaftliche Entwicklungen, ja sogar Aktienmärkte in Wellen bewegen.

Diese Theorie ist unter dem Namen »Elliott-Wellen« bekannt. Sie wurde von dem Amerikaner Ralph Nelson Elliott in den zwanziger Jahren entwickelt und in den siebziger und achtziger Jahren von Robert Prechter weiterentwickelt. Prechter gelang es auf diese Weise, sowohl den Aktienboom der achtziger Jahre als auch den Crash von 1987 zuverlässig vorherzusagen. In weiteren Studien der Wellenbetrachtung warnte Prechter bereits 2002 vor exakt dem Szenario, das wir 2008 durchlebt haben: Er kündigte die faulen Immobilienkredite mit anschließender Kreditklemme der Banken als Ursache für einen weltweiten Finanzkollaps an. Prechters umfangreiche Analyse der Wellen von 1780 (!) bis heute lässt ihn zu der Schlussfolgerung gelangen, dass der Dow Jones in der jetzt anstehenden Welle bis in den dreistelligen Bereich – also unter 1000 Punkte – fallen wird. Das klingt vollkommen durchgeknallt, und allein der Gedanke an ein solches Schlachtfest übersteigt die Vorstellungskraft des Anlegers. Prechters Erläuterungen sind jedoch absolut plausibel, und es ist faszinierend, wie exakt er im Jahr 2002 bereits die Ereignisse von 2007 und 2008 angekündigt hat. Sollte er auch diesmal recht haben, dann bleibt nur noch die Besinnung auf die US-Dollarnote: »In God we trust!«

Wenn Sie diese Gedanken laut in der Öffentlichkeit äußern, werden die Leute vermutlich die Kinder von der Straße holen, wenn Sie vorbeikommen. Das will und kann sich im Augenblick niemand vorstellen. Mir selbst fällt es schwer, einem solchen Extremszenario zu folgen. Dazu bin ich zu sehr Optimist. Dennoch muss zumindest die Möglichkeit einer solchen Entwicklung im Hinterkopf gespeichert sein.

Wenn die klassische Chartanalyse herangezogen und der langfristige Chartverlauf des Dax seit 1960 betrachtet wird, so sticht eine reinrassige Doppeltop- oder auch M-Formation ins Auge. Die heißt so, weil sie wie ein M aussieht. Sie können es in der Grafik auf S. 142 wunderbar erkennen.

Das M beginnt in einem Bereich um 1000 Punkte. Die beiden oberen Spitzen des M liegen bei etwa 8000 Punkten in den Jahren 2000 und 2007. Dazwischen liegt das Tal mit 2300 Punkten aus dem Jahr 2003. Die Charttechnik erkennt darin eine ausgesprochen hohe Wahrscheinlichkeit für eine Vollendung des M. Die wäre erreicht, wenn der Index wieder am Ausgangspunkt angekommen ist, also im Bereich von etwa 1000 Punkten im Dax.

Total Return Index

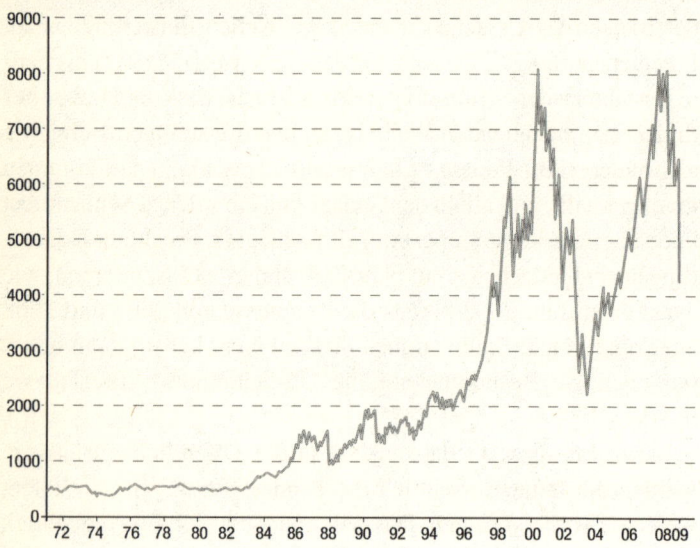

Auch die Chartanalyse bietet keine Garantie, dass es so kommt, aber die Summe der Indizien ist mehr als nur beängstigend. Auch in den Jahren 2000 und 2001 konnte sich absolut niemand vorstellen, dass wir binnen zwei Jahren von 8000 Punkten auf 2300 Punkte einbrechen könnten. Das lag schlicht und ergreifend außerhalb jeder Vorstellungskraft. Umgekehrt konnte sich im Jahr 2003 niemand vorstellen, dass sich der Dax innerhalb von nur vier Jahren mehr als verdreifachen würde. Seien Sie sich also darüber im Klaren, dass das Undenkbare durchaus immer mal wieder Realität wird. Besonders an den Börsen. Nur weil etwas nicht sein soll, heißt es nicht, dass es nicht doch so sein wird.

Ursache des Absturzes damals war nur eine Überbewertung eines kleinen Teilsegments, nämlich der Internetaktien, die zu diesem Kursverfall rund um den Globus geführt hat. Anfang 2006 standen wir ebenso bei 6000 Punkten wie im Sommer 2008. Aber im WM-Jahr war weit und breit keine Krise in Sicht. Im Gegenteil, am Horizont nur blühende Landschaften und boomende Weltwirtschaft. Asienaufschwung ohne Ende. Im Sommer 2008 wird dagegen über das mögliche Ende der Welt diskutiert. Wenn es schon nicht ganz so schlimm wird, darin ist man sich einig, wird es zumindest ganz schön eng werden, und eine Rezession scheint unausweichlich.

Zusammengefasst: Die Risiken stehen im Herbst 2008 in keinem vernünftigen Verhältnis zur Chance und zur Realität. Also Finger weg von Aktien, bevor sich die Situation nicht grundlegend geklärt hat.

Aktien und Aktienfonds in Schwellenländern

Den Aktien in Schwellenländern widme ich hier einen eigenen Abschnitt, da ich immer wieder auf das Argument stoße: »Aber chinesische Aktien kann man doch behalten? Deren Konjunktur ist doch nicht so stark betroffen. Die haben genug Nachfrage im eigenen Land.«

Auf die Frage, ob China sich von der westlichen Konjunkturentwicklung abkoppeln kann, gehe ich auf S. 202 ff. ein. Hier nur so viel: Ich bezweifle, dass China dazu bereits in der Lage ist. 2014 möglicherweise ja, aber in der Gegenwart des Jahres 2008 hängt noch zu viel am Export in den Westen, als dass China die Krise einfach ignorieren könnte.

Aber China allein spielt hier nur eine untergeordnete Rolle. Die Aktienmärkte der sogenannten BRIC-Staaten (Brasilien, Russland, Indien und China) waren vollkommen überhitzt. Sehr viel ausländisches Kapital aus Amerika und Europa ist dorthin gewandert. »Die China-Story läuft noch Jahrzehnte, da kann man nur verdienen! Die Russen mit ihrem Gas! Die Inder sind auch eine Milliarde Menschen! Brasilien mit seinen Rohstoffen!« Erinnern Sie sich: Die Anlegerzeitschriften waren seit Jahren voll mit Empfehlungen für Investitionen in diesen Ländern. Millionen Menschen haben darauf gehört. Hinzu kommt, dass beispielsweise die Chinesen lange Zeit nur in chinesische Aktien investieren durften. Was haben die also gemacht? Chinesische Aktien gekauft. Bereits 2006 habe ich im Fernsehen einen Bericht verfolgt, in dem chinesische Hausfrauen in Viererreihen vor der Börse standen und sich über Aktien unterhalten haben. Da musste ich mal wieder an Altmeister Kostolany denken. Sie kennen meine Meinung, einige seiner Sprüche gehören ins Museum, andere in goldenen Lettern über jeden Schreibtisch. Dieser gehört mit Sicherheit zu letzterer Kategorie: »Wenn die Schuhputzer anfangen, dir Börsentipps zu geben, ist es höchste Zeit auszusteigen.« Und so war es auch diesmal. Der Markt war 2008 ins Surreale übersteigert, es herrschte fast schon eine weltweite Kaufhysterie nach chinesischen Aktien.

Hinzu kommt, dass sowohl die asiatischen als auch die russischen und brasilianischen Kapitalmärkte bei weitem nicht so liquide und organisiert sind wie die westlichen Märkte in Frankfurt, London oder New York. Als die großen Banken, Versicherer und Hedgefonds 2007 und 2008 dringend immer mehr Geld brauchten, haben sie das Geld zuerst aus jenen Märkten abgezogen, wo sie erstens die meisten Gewinne realisieren konnten und die zweitens die Gefahr in sich trugen, dass es zu einem späteren

Zeitpunkt schwierig sein könnte, seine Aktien dort zu verkaufen. Daher brachen auch die russischen und asiatischen Märkte zuerst so stark ein. Die Amerikaner haben ihr Geld dort abgezogen. Das war auch der Grund, warum der US-Dollar im Spätsommer 2008 trotz aller Horrormeldungen so ungewöhnlich fest war. Ursache war die »Repatriierung« der Gelder. Man hat seine Aktien in Russland verkauft und dafür Rubel erhalten, die dann wieder in US-Dollar getauscht und nach Amerika überwiesen wurden. Dort wurden sie dringend benötigt, um die übergroßen Löcher zu stopfen.

Aktien in Schwellenländern sind in Boomzeiten eine prima Alternative und bringen oft außergewöhnlich hohe Chancen. Aber in Krisenzeiten erwischt es diese Märkte meist am brutalsten und vor allem: als Erste. Da spielt es nicht einmal eine Rolle, ob deren Wirtschaft gut oder sehr gut läuft. Wenn die US-Investoren Geld brauchen, ziehen sie es zuerst in Übersee ab. Dann kommen zuerst die dortigen Aktienmärkte unter Druck und durch das abfließende Kapital auch deren Wirtschaft, denn da diese Schwellenländer nun dringend Kapital brauchen, müssen sie ihre Zinsen deutlich anheben, um überhaupt wieder Kapital anzulocken. Diese Zinsanhebungen bringen wiederum die einheimische Wirtschaft in Probleme. Schon wieder ein Teufelskreis – und schon wieder haben wir eine neue Asienkrise wie zuletzt 1998.

Da die Ausländer immer mehr Geld abziehen, besteht sogar die Gefahr, dass die Banken vor Ort in Zahlungsschwierigkeiten kommen und auch die Einheimischen ihre Bank stürmen, um ihr Geld in Sicherheit zu bringen. All das spielte sich bereits 1997/1998 in Ostasien ab. Damals lag der Auslöser für den Kapitalabzug aber in hausgemachten Problemen der asiatischen Volkswirtschaften: Sie hatten zu leichtfertig Immobilienkredite vergeben. Kommt Ihnen das bekannt vor? Es kam zu einem Zusammenbruch des ostasiatischen Wirtschaftsraums. Dieser konnte aber abgedämpft und durch die stabile Wirtschaft in Europa und

Nordamerika aufgefangen werden. Doch just die sind ja die Verursacher der Probleme und fallen heute als Retter aus. Wer soll Asien also diesmal retten?

Wohlgemerkt: Das gilt für asiatische Staaten wie etwa Indonesien oder Vietnam. Für China sehe ich diese Entwicklung im Augenblick explizit nicht. China verfügt über 1,6 Billionen US-Dollar Währungsreserven und über eine mittlerweile starke Binnennachfrage. Das Reich der Mitte ist nicht unverwundbar und wird auch wirtschaftlich unter der Entwicklung leiden, jedoch erwarte ich ein deutlich weniger großes Krisenszenario für die nächsten Monate.

Staatsanleihen

Wenn in der Finanzkrise überhaupt etwas als relativ sicher gelten kann, dann sind es Staatsanleihen. Vorausgesetzt, sie sind vom richtigen Staat ausgegeben worden. Anleihen der Bundesrepublik sind wohl kaum in Gefahr, da müsste schon wirklich die Welt untergehen, und selbst dann könnte man noch bei den ersten Anzeichen reagieren. Das klammern wir also aus. Allerdings kann das bei Staatsanleihen einiger asiatischer oder südamerikanischer Länder durchaus anders ausgehen, wie die Vergangenheit gezeigt hat. Ein Staat kann sehr wohl Bankrott machen oder seinen Zahlungsverpflichtungen einfach nicht mehr nachkommen.

Wer in Anleihen investieren möchte, muss sich auch über die zu erwartende Zinsentwicklung Gedanken machen. Wichtig ist dabei, den Zusammenhang zwischen dem Kurs einer Anleihe und der Zinsentwicklung zu verstehen. Das bringen viele durcheinander. Bei einer Staatsanleihe »leihen« Sie dem Staat Geld, und der Staat zahlt Ihnen dafür Zinsen. Warum sollten Sie es auch sonst tun. Dieser Zinssatz ist fest mit der jeweiligen Anleihe verbunden und steht für die ganze Laufzeit der Anleihe fest (Sonderformen lassen wir hier außen vor). Sie können diese Anleihe jederzeit an der Börse kaufen und verkaufen. Aber wieso ändert sich der Preis für diese Anleihe immer wieder? Nehmen wir an, Sie bekommen auf eine Anleihe 5 Prozent Zinsen. Da die Zentralbank aber die Wirtschaft ankurbeln will, senkt sie die Zinssätze auf 4 Prozent, damit wieder mehr Menschen Kredit aufnehmen, investieren und konsumieren.

Jetzt freuen Sie sich wie ein Schnitzel, denn Sie haben ja eine Anleihe gekauft, für die Sie fest vereinbarte 5 Prozent Zinsen bekommen. Da kommt ein anderer und sagt: »Hey, wenn ich jetzt eine Staatsanleihe kaufe, bekomme ich ja nur 4 Prozent Zinsen. Ich mache dir einen Vorschlag: Ich kaufe dir deine 5-Prozent-Anleihe ab. Dafür zahle ich dir auch mehr, als du damals bezahlt hast.« Also steigt der Kurs Ihrer Anleihe, wenn die Zinsen sinken. So einfach ist das. Umgekehrt funktioniert das natürlich genauso. Wenn die Zinsen auf 7 Prozent steigen, haben Sie mächtig schlechte Laune und lassen den Goldfisch hungern, weil Sie für Ihr Geld nur mickrige 5 Prozent bekommen. Wenn Sie diese Anleihe jetzt verkaufen wollen, wird man sie Ihnen nur zu deutlich niedrigeren Kursen abnehmen.

Jetzt wissen Sie also:

Der Kurs einer Anleihe steigt, wenn die Zinsen fallen, und umgekehrt.

Voraussichtlich wird sich selbst in Berlin und in Frankfurt bei der EZB in den nächsten Monaten herumsprechen, dass die Wirtschaft jetzt nicht mehr ganz so doll läuft wie noch 2006. Das dauert da oft etwas länger, aber irgendwann sickert das zu denen durch. Die entsprechenden Fernsehinterviews sind aber manchmal auch wirklich zu ulkig. Aber egal, man wird erkennen: Wenn alles billiger wird, Aktien, Immobilien, Rohstoffe, Autos, Öl, und wenn auch noch die Arbeitslosigkeit anzieht, werden die Preise fallen. Eine Inflation ist also nicht unser größtes Problem.

Daher wird man nicht umhinkommen, die Zinsen zu senken, in der Hoffnung, die Wirtschaft damit anzukurbeln. Deshalb müssten die Kurse der Staatsanleihen in dieser Zeit steigen.

Wie sieht es aber mit den Zinsen für die Verbraucher und die Industrie aus? Das ist eine ganz andere Nummer. Bereits 2008 haben wir in den USA ein ganz besonderes Phänomen beobachtet: Die Leitzinsen fallen, die Kurse für Staatsanleihen steigen. Aber die Zinssätze, die Privatkunden und Industrieunternehmen zahlen müssen, steigen deutlich. Wie kann das sein? Nun, die Banken wollen einfach kein Geld rausrücken. Sie haben Angst, dass die Kreditnehmer das Geld nicht zurückzahlen können. Die Sicherheiten verlieren immer mehr an Wert. Also nehmen die Banken immer größere Risikoaufschläge von den Verbrauchern. Auch die Unternehmen brauchen dringend Geld für diese oder jene Aktivität. Sie müssen also unbedingt Kapital aufnehmen. Dazu sind sie dann auch bereit, deutlich höhere Zinsen zu bezahlen als bisher. Das ist die immer wieder gerne zitierte »Kreditklemme«. Auch die Banken brauchen immer dringender frische Kapitaleinlagen. Daher sind sie bereit, Ihnen ungewöhnlich hohe Zinsen für Ihre Geldanlage in Tagesgeld oder Festgeld zu zahlen. Doch dazu weiter unten mehr.

Auch Unternehmen geben Anleihen heraus, sogenannte Unternehmensanleihen. Es kann also dazu kommen, dass diese Unternehmensanleihen fallen, obwohl die Leitzinsen gesenkt werden. Das ist der Fall, wenn das Risiko besteht, dass die Unternehmen aufgrund wirtschaftlicher Probleme das geliehene Geld womöglich gar nicht werden zurückzahlen können.

Also gilt: Wenn Sie davon ausgehen, dass die Europäische Zentralbank in nächster Zeit die Zinsen senken wird, sind Staatsanleihen bester Bonität die richtige Wahl. Wenn die

Zinssenkungen kommen, steigen die Kurse Ihrer Staatsanleihen.

Sollte sich das »Horrorszenario« eines kompletten Zusammenbruchs abzeichnen, müssten Sie allerdings recht zügig sogar aus diesen Staatsanleihen aussteigen, denn auch die anderen Marktteilnehmer werden das vermeintlich sinkende Schiff verlassen wollen: »Wenn Panik ausbricht, sieh zu, dass du der Erste bist, der rennt.« Auch eine alte Börsenwahrheit.

Tagesgeld und Geldmarktfonds

Hier ist aus der Sicht vom Herbst 2008 die beste Möglichkeit gegeben, »zu überwintern« und schnell flexibel zu sein. Es gibt auf Tagesgeld im Herbst 2008 zwischen 4 und 5 Prozent Zinsen. Warum soll ich dann Risiken eingehen, um irgendwo vielleicht 6 oder 7 Prozent zu erwirtschaften, mit dem Risiko, dass mein Geld weg ist? Das konnte mir bislang niemand plausibel erklären. Daher meine Meinung: 4 oder 5 Prozent Zinsen auf Tagesgeld, da mach ich mich gar nicht verrückt.

Wir haben bereits festgestellt, dass die Banken selbst im Moment händeringend nach Geld suchen. Sie brauchen dringend frische Einlagen. Das hat jetzt nichts mit Bettnässen zu tun – obwohl der Vergleich noch einige Kalauer bereithalten würde. Gemeint ist frisches Kapital. Deshalb betteln die Banken Sie im Moment an, ihnen Ihr Geld zu leihen, dafür sind sie bereit, ungewöhnlich hohe Zinsen zu zahlen. Warum das also nicht nutzen. Aber natürlich gilt auch hier: Verstand nicht ausschalten. Wenn eine Bank deutlich höhere Zinsen bietet als die nebenan, dann sollten Sie stutzig werden. Beispiel: Vor allem isländische Banken haben in den vergangenen Jahren besonders laut gebettelt.

Das lag daran, dass diverse Zocker und Hedgefonds die isländische Währung und das isländische Finanzsystem angegriffen haben. Das Resultat ist bekannt: Sind Sie auf diese Geier hereingefallen, ist Ihr isländisches Tagesgeld im Kamin. Auch in Deutschland können Banken pleitegehen. Ihr Geld ist dann aber durch die verschiedenen Sicherungssysteme wie den Einlagensicherungsfonds geschützt (vgl. S. 70 ff.). Doch im Falle eines Super-GAUs ist auch dieses Sicherheitssystem so hilfreich wie ein Garnfaden bei einem Bergsteigerabsturz.

Der Vorteil von Tagesgeld: Sie können, wann immer Sie wollen, über Ihr Geld verfügen. Wenn die Lage also eskalieren sollte und Sie sagen: »Unter dem Kopfkissen oder bei der alten Eiche ist mir mein Geld sicherer als auf dem Bankkonto«, haben Sie es schnell zu Hause. Vielleicht empfiehlt es sich auch, das Geld auf mehrere Banken zu verteilen. Sicher ist sicher. Dann kassieren Sie ganz entspannt Ihre Zinsen und warten auf bessere Zeiten. Wenn der Markt dann ausgebombt ist oder einfach nur einen Boden gebildet hat, können Sie von heute auf morgen wieder in Aktien, Immobilien oder von mir aus in gefrorene Zigarettenhülsen einsteigen.

Den tiefsten Punkt eines Aktienmarkts werden Sie ohnehin nie zum Kauf erwischen. Und was macht es schon, wenn Sie ein paar hundert Punkte nach oben verpassen? Besser etwas teurer in den Markt eingestiegen, wenn wieder ein wenig Blau am Himmel zu sehen ist, als während des Gewitterregens. Wer weiß, ob das nicht der Vorbote eines Hurrikans ist? »Kaufen, wenn die Kanonen donnern« ist auch so ein furchtbar teurer Satz. Vom ersten Donnern der Kanone bis zur totalen Vernichtung und dem anschließenden Friedensschluss vergehen meist viele Jahre, manchmal ganze Generationen. Bei welchem Donnern wollen Sie kaufen? Beim ersten Schuss? Ich warte lieber auf die Freudenschüsse über den Friedensvertrag.

Was wäre so schlimm gewesen, wenn Sie im Jahr 2003 den

tiefsten Punkt bei 2300 Punkten verpasst hätten? Sie hätten ganz locker noch Monate später bei 2700 oder 3500 Punkten kaufen können. Ihr Riesengewinn in den nächsten Jahren wäre Ihnen dennoch sicher gewesen. Wie ist es aber denen ergangen, die 2001 auf die »Experten« gehört haben? »Kaufen, wenn die Kanonen donnern!« Die hatten ihr Geld bis 2003 längst als Kanonenfutter verpulvert.

Natürlich passen sich die Zinsen auf dem Tagesgeldkonto sehr kurzfristig an die momentanen Entwicklungen an. Wenn die Krise sich weiter zuspitzt, werden die Banken noch dringender Geld brauchen und die Zinsen weiter anheben. Trotz eventueller Zinssenkungen der Zentralbank – wovon Sie profitieren.

Wenn Sie mich fragen, ist das die sicherste Variante für den Anleger, sein Geld über die Runden zu retten. Sie müssen natürlich weiterhin die aktuelle Entwicklung verfolgen. Aber da müssen die Nachrichten schon noch deutlich schlechter werden, bevor Sie auch dieses Geld abziehen müssen. Wenn die Lage sich aufhellt, haben Sie genug Reserven, um an den tollen Chancen teilzuhaben, die sich dann ergeben.

Wer seiner Bank nicht vertraut, für den gibt es seit Sommer 2008 auch ein kostenloses Tagesgeldkonto bei der Finanzagentur der Bundesrepublik Deutschland. Da bekommen Sie Ihr Geld garantiert, solange der Staat nicht pleitegeht. Es ist gebührenfrei, bringt allerdings etwas geringere Zinsen als ein Tagesgeldkonto bei einer Bank. Dafür haben Sie größtmögliche Sicherheit.

Dagegen sind aus meiner Sicht die sogenannten Geldmarktfonds grober Unfug. Sie zahlen einem Fondsmanager Gebühren und womöglich noch einen Ausgabeaufschlag, damit er einige wenige Zehntelprozent mehr an Rendite herausholt als ein reines Tagesgeldkonto. Dafür investiert er in verschiedenste kurzlaufende Anleihen und sonstige Produkte auf dem Finanzmarkt. Da ist dann vielleicht auch mal eine kurzfristige Anleihe von Lehman Brothers dabei, wie einige Geldmarktfondsanleger 2008 schmerzhaft erfahren mussten. Sie kaufen sich also für wenige Zehntel höhere Rendite unbekannte Risiken ein. Diese Mehr-Rendite wird dann häufig auch noch von Gebühren und Kosten aufgefressen. Also: »Keep it simple and stupid.« Halten Sie Ihre Geldanlage so einfach wie möglich, damit Sie immer wissen, wo Ihre Risiken und Ihre Chancen sind.

Bargeld

Es gibt auch Zeitgenossen, die die Lage bereits für so schlimm halten, dass sie nur noch Gold im Garten vergraben und Bargeld unters Kopfkissen stopfen. Doch auch hier gilt: Immer die Verhältnismäßigkeit beachten und die Anzeichen beobachten. Im Herbst 2008 sind wir noch längst nicht so weit. Und vielleicht (hoffentlich) kommt es auch in den nächsten Jahren nicht dahin. Bargeld oder Wertgegenstände zu Hause sind immer ein großes Risiko. Und solange die Gefahr eines Einbruchs oder Überfalls höher ist als die Gefahr des Zusammenbruchs Ihrer Bank oder des Wirtschaftssystems, sollten Sie diese Dinge lieber bei der Bank lassen. Die Zinsen als angenehmen Nebeneffekt nehmen wir gerne mit. Aber Achtung: Immer die Situation beobachten. Es empfiehlt sich nicht, in Panik zu verfallen, sondern immer selbst die Situation zu kontrollieren und rational zu beurteilen. Da ist zu viel Blauäugigkeit genauso falsch wie kopflose Panik. Das Geld auf mehrere Banken zu verteilen ist freilich sicherlich nicht verkehrt.

Immobilien

Was tun mit Immobilienfonds? Soll ich mir jetzt ein Haus kaufen? In ruhigen Zeiten sind Immobilienfonds sicherlich eine interessante Sache, da sie ihren Ertrag hauptsächlich durch die Mieteinnahmen der angekauften Immobilien und daher kontinuierlich erwirtschaften. So argumentieren zur Zeit auch die Vermögensberater und Bankberater. Aber ich frage Sie und Ihren gesunden Menschenverstand: Ist eine Phase des international zusammenbrechenden Immobilienmarkts der richtige Zeitpunkt für Immobilienfonds? Ist es sinnvoll, Schweine zu kaufen, wenn gerade die Schweinepest durchs Land rast?

Natürlich müssen auch diese Immobilienfonds Abschreibungen vornehmen, wenn die Immobilienpreise fallen. Mieteinnahmen hin oder her, bei fallenden Preisen gibt es trotzdem Verluste. Mit Aktien kann ich schließlich auch Geld verlieren, obwohl es darauf Dividende gibt.

Häufig kommen die Berater mit dem Argument: Das gilt ja nur für Amerika. Hier in Europa, besonders in Deutschland, sind die Immobilienpreise vollkommen in Ordnung. Da besteht gar kein Risiko. Wirklich?

In Spanien begann im Jahr 2008 die gleiche Immobilienblase wie in den USA, doch in den Medien ist das kaum ein Thema. Da ist immer nur von Amerika die Rede. Spanien hat über lange Zeit von den niedrigen Zinsen in Europa profitiert. Es gab einen unglaublichen Bauboom. Selbst ein paar weiß angemalte Hohlblocksteine wurden als Rohbau für 200 000 Euro verkauft. Alles sicher, alles für die Ewigkeit. Es kam, was kommen musste, das gleiche Spiel wie in Amerika auch in Spanien. Ich erspare mir hier die Wiederholung. Die Konsequenz: In Spanien schießen die »Se vende«-Schilder wie Tomatenstöcke aus dem Boden. Die Hausverkäufe sind im Januar 2008 gegenüber dem Vorjahr um 27 Prozent eingebrochen. Die Preise entsprechend mit. Die

Entwicklung dürfte ähnlich dramatisch verlaufen wie in den USA.

Im April 2008 meldete die *Welt:* »Jetzt stürzen die Häuserpreise in England ab.« Auch hier totaler Käuferstreik. Der Internationale Währungsfonds warnt, dass die Immobilienpreise in England genauso unter die Räder kommen könnten wie in den USA. Die Menschen hätten das Vertrauen in Immobilien verloren und würden daher kaum noch Häuser kaufen. Hinzu kommt, dass auch in England die Banken die Hähne zudrehen und kaum Kredite vergeben, da sie selbst das Geld benötigen. Zu allem Überfluss spielt auch die Tatsache eine Rolle, dass die Immobilien schlichtweg zu teuer geworden sind. Die Briten können sich kaum noch ein Haus leisten. Während der durchschnittliche Engländer im Jahr 2000 3,3 Jahresgehälter für eine Immobilie ausgeben musste, waren es im Jahr 2006 fast 5,5 Jahresgehälter. In der Vergangenheit kam es immer wieder zu Immobilienkrisen, wenn die Häuser so unerschwinglich geworden waren.

5,5 Jahresgehälter: Das durchschnittliche Jahresnettoeinkommen deutscher Haushalte liegt bei etwa 35 000 Euro. Wie weit kommt man, wenn man 192 000 Euro für eine Immobilie anlegen möchte? Ein kleines Reihenhaus auf dem Land ist doch kaum noch unter 300 000 Euro zu bekommen. Wer kann sich das denn überhaupt noch leisten? Um uns herum brechen die Immobilienpreise zusammen, und bei uns in Deutschland haben wir ein Immobilienparadies, in dem die Hauspreise auf wundersame Weise konstant bleiben oder sogar steigen? Überlegen Sie selbst: Sie hören seit Monaten von Immobilienkrise. Plötzlich scheint die Welt nicht mehr die gleiche zu sein wie all die Jahrzehnte zuvor. Seit Generationen gelten Immobilien als sichere Geldanlage. Plötzlich wird das in Frage gestellt. Immer mehr Menschen sagen sich: »Na, lass mal, wenn ich die Finanzierung durchrechne, muss ich bis ins Grab abbezahlen« – aber nur, wenn alles gut läuft. Sonst geht es noch ein bisschen länger. Auf diese Weise verliert die Immobilie ihren Nimbus als absolut sichere Kapitalanlage. Auch Immobilien können zu einem Problem werden. Und immer mehr Menschen sagen sich: »Lass mal, das muss jetzt nicht sein.« Dazu kommen ganz praktische Argumente: Die Bevölkerung in Deutschland schrumpft. Immer mehr Paare erben mehrere Häuser. Das Haus beider Elternpaare, vielleicht noch das von Oma. Selbst haben sie auch schon eins gebaut. Schon kommen drei Häuser zum Verkauf, was soll man auch damit. Auch das ist eine Folge der geringen Geburtenraten.

Häuser sind bestimmt irgendwann wieder eine gute und sichere Kapitalanlage und Altersvorsorge. Aber erst, wenn ihre Preise wieder auf dem Boden der Realität angekommen sind. Erst, wenn die durchschnittliche Familie sich ein Haus leisten kann, ohne zeitlebens Sklave der Bank zu sein und Urlaubsreisen nur noch aus den Erzählungen ihrer zur Miete wohnenden Freunde zu kennen.

Die Rechnungen, die seitens der Banken und Immobilienverkäufer immer aufgemacht werden, sind einfach nicht vollständig. Da wird die gesparte Miete mit den gezahlten Zinsen und Tilgungen verglichen. Aber wird auch eingerechnet, wie viel Zinsen man in dieser Zeit auf das eingesetzte Eigenkapital bekommen hätte? Wird auch eingerechnet, wie viel Kosten in den folgenden Jahrzehnten auf den Hausbesitzer zukommen, wenn das Dach tropft, die Heizung erneuert werden muss, der Wasserhahn leckt oder die Fenster undicht werden? Der Mieter ruft kurz beim Vermieter an, und das Thema ist erledigt. Der Hausbesitzer ruft bei seiner Bank an und überlegt sich dann, wie er seiner Frau beibringt, dass auch der nächste Urlaub leider ausfällt.

Und wenn dann tatsächlich alles vor dem Ableben bezahlt sein sollte, ist das ganze Kapital im Haus gebunden. Ich kann ja schlecht den Schornstein verkaufen, um eine Reise in die Toskana zu bezahlen. Und die Miete, die ich dann spare, geht mit Sicherheit für neue Wärmeschutzverordnungen oder die nächste

Heizungsanlage drauf. Das verschweigen die Immobilienfans gerne. Wenn man diese Rechnung nüchtern aufmacht, gibt es zumindest bei den aktuellen Immobilienpreisen keinen rationalen Grund für ein Eigenheim. Es ist schlichtweg ein Luxus, für den man bereit sein muss, tief in die Tasche zu greifen. Sinnvolle Kapitalanlagen sehen anders aus.

Und sollte es tatsächlich zu einer Deflation kommen, sieht es für die Häuslebauer ganz dunkel aus. Der Wert ihrer Häuser fällt, die Einkommen gehen zurück, aber der offene Darlehensbetrag bleibt genauso hoch wie zuvor. Wenn die Immobilienpreise also auch hierzulande deutlich nachgeben, wird es manchem deutschen Häuslebauer ähnlich ergehen wie dem armen Farmer Arbuckle. »Sie wollen 250 000 Euro Anschlussfinanzierung? Ihr Haus ist doch aber nur noch 200 000 Euro wert. Das gehört jetzt leider der Bank, bitte ziehen Sie bis November aus.«

Immobilien? Wenn die Preise wieder in einem vernünftigen Verhältnis zum Volkseinkommen stehen: Ja! Aber bis dahin: Finger weg, es sei denn, Sie gönnen es sich als Luxus und Liebhaberei.

Noch ein Wort zu den sogenannten REITs. Bei diesem Begriff geht es nicht um Pferde, sondern um eine zumindest in Deutschland relativ neue Form von Immobilienanlage (REIT = Real Estate Investment Trust, zu deutsch: Immobilien-Aktiengesellschaft mit börsennotierten Anteilen). Ich will Sie nicht mit technischen Details langweilen, daher nur die grobe Erklärung: Große Unternehmen in Amerika und zuletzt auch in Europa kamen in den letzten Jahren gemeinsam auf den Gedanken, dass es eine ganz tolle Idee sei, die Immobilien, welche seit Jahrzehnten im Firmenbesitz waren, zu verkaufen. Jahrzehntelang hatten die Firmen ihre Immobilien als Tafelsilber angesehen und eine ordentliche Mietrendite erwirtschaftet. Doch jetzt wurden sie in

REITs ausgegliedert, in Unternehmen, die diese Immobilien verwalten und als Aktiengesellschaft Anteile an Anleger verkaufen. Steuerbegünstigt sollten die sein, und tatsächlich hat der Staat – in Europa wie auch in den USA – die REITs mit Steuerbeschlüssen unterstützt. In den USA wurden denn auch viele Anteile verkauft. In Deutschland hat das durch die langsamen Mühlen der Politik – Gott sei Dank – ein paar Jahre gedauert. Und als der »Deutsche REIT« mit viel Tamtam im Jahr 2007 eingeführt werden sollte, kam leider die Immobilienkrise in die Quere, und keiner hatte Interesse daran.

Um genau zu sein: Es war das Aufkommen dieser REITs, was mich recht früh zu der Überzeugung gebracht hat, dass die Immobilienblase kurz vor dem Platzen steht. Auch hier half der gesunde Menschenverstand: Wenn Unternehmen jahrzehntelang in ihrem Besitz befindliche Immobilien wie einen Schatz hüten und davon profitieren, dann aber alle gleichzeitig auf die Idee kommen, diese Immobilien loszuwerden, dann ist doch etwas faul!? Die Argumente »Wir können das Geld besser in unser Kerngeschäft investieren« oder »Der Bürger soll steueroptimiert davon profitieren« sind so grotesk, da rollen sich mir die Fußnägel hoch. Die Jungs haben gerochen, dass die Immobilienblase vor dem Bersten steht, und wollten die Zeitbomben mit staatlicher Unterstützung an den blöden Anleger verticken. 3 Prozent Steuern gespart, aber 50 Prozent Kursverlust. Konnte man ja nicht ahnen. Das ist jetzt aber blöd gelaufen. Fazit: Da hatte der deutsche Michel ausnahmsweise mal Glück, dass unsere Behörden nicht zu den schnellsten gehören und diesen Schrott erst langwierig genehmigen mussten. Sonst hätten Ihnen die Anlageberater dieses tolle neue Produkt binnen kürzester Zeit milliardenfach in die Depots gerieben.

Schulden

Viele Menschen, mit denen ich gesprochen habe, sind der Ansicht, dass die Entwicklung 2008 doch prima war für Leute, die Schulden haben. Da muss ich Sie leider enttäuschen: Genau das Gegenteil ist der Fall. Die letzten Jahre waren für Schuldner eine ausgesprochen angenehme Zeit. Man darf nicht vergessen, dass der US-Staat und die Bundesrepublik ja auch in erster Linie Schuldner sind. Die Schuldzinsen im Hypothekenbereich – also Kredite auf Immobilien – lagen bei etwa 4 Prozent. Die reale Inflation belief sich jedoch auf etwa 9 Prozent, wie wir eingangs untersucht haben. Also ist die Kaufkraft des Geldes, das man zurückzahlen musste, immer stärker gesunken, und dieser Verlust wurde durch die Zinsen nicht aufgewogen. Durch diesen Effekt wollten die USA und auch die Bundesrepublik ihre Schuldenlast erleichtern. Das Problem war aber, dass die Neuverschuldung immer größer wurde und immer neue Kredite aufgenommen wurden.

Schuldner lieben also die Inflation. Das Gegenteil davon, die Deflation, ist die Horrorvorstellung für sie. Da alle Waren und Dienstleistungen billiger werden, Aktien fallen, Immobilien fallen, Löhne und Gehälter gekürzt oder die Beschäftigten gleich entlassen werden, wird das Geld wertvoller. Ein Haarschnitt kostet plötzlich nur noch 10 statt zuvor 20 Euro. Also sind 20 Euro jetzt zwei Haarschnitte wert. Geld wird wertvoller. Entsprechend sind 200 000 Euro, die ich noch an Darlehen zurückzahlen muss, in der Deflation viel schwieriger aufzubringen als in einer normalen Wirtschaftsphase mit leichter Inflation. Die 200 000 Euro sind viel mehr Arbeit und Ware wert als zuvor. Für viele Schuldner wird es unmöglich sein, ihr Darlehen vertragsgemäß zu erfüllen, sei es aufgrund von Arbeitslosigkeit oder zurückgehenden Einnahmen bei den Betrieben. Alle Welt sucht in Deflationszeiten händeringend nach Geld. Also wird alles zu Geld gemacht. Das Einzige, was in Deflationszeiten an Wert gewinnt, ist – das Geld selbst.

Lebensversicherungen

Die Anlage in eine Lebensversicherung wurde über all die Jahre hauptsächlich mit dem steuerlichen Aspekt begründet. Eine Kapitalanlage sollte aber immer bereits ohne steuerliche Sichtweise Sinn machen, sonst ist sie nicht nachhaltig. Und genau dieser Sinn geht mir bei einer Kapital-Lebensversicherung ab. Um offen zu sein: Ich habe selbst eine aus alter Zeit, und auch ich zahle noch immer monatlich meine Beiträge. Aber würde ich wieder eine abschließen? Sicherlich nicht. Denn was machen Lebensversicherungen? Sie investieren mein Geld in Aktien, Immobilien, Fonds und Rentenpapiere. Das alles kann ich auch mit einem Dachfonds machen, wenn ich es nicht selbst steuern will. Aber zuvor zieht die Versicherung erst mal einen schönen Batzen als Provision für den Versicherungsvertreter ab. Dann eine saftige Gebühr für die Verwaltung. Da müssen Sie sich nicht wundern, wenn Sie monatlich Geld einzahlen, aber nach ein oder zwei Jahren noch immer kein Rückkaufwert da ist. Das ganze Geld ging nämlich zunächst für die genannten Posten drauf. Dann kommt noch der Teil weg, der zur Absicherung Ihres Ablebens benötigt wird, falls Sie sich erdreisten, zu früh zu sterben. Die gesetzlich garantierte Mindestrendite liegt bei gerade mal 2,25 Prozent und wird regelmäßig – meist nach unten – angepasst.

Die Entwicklung der Kapitalanlagen, die die Versicherung mit Ihrem Geld tätigt, bleibt Ihnen komplett verborgen. Eine Lebensversicherung ist wie eine Wundertüte, und Sie werden mit großen Augen in diese Tüte mit wenig Inhalt schauen, wenn die Versicherung Ihnen mit 65 Jahren ausgezahlt wird. Aus den ursprünglichen Phantasiegemälden von »bis zu 200 000 Euro« wurden dann bedauerlicherweise nur 130 000 Euro. »Die Entwicklung der Finanzmärkte war leider nicht abzusehen.« Als Sie die Versicherung abgeschlossen haben, wären 130 000 Euro eine Menge

Geld gewesen, aber bei Auszahlung im Jahre 2025 reicht es leider nur noch für einen Golf; Fußmatten gehen schon extra.

Wer wirklich einen Schutz vor plötzlichem Dahinscheiden für seine Lieben benötigt, sollte auf eine Risikolebensversicherung setzen. Die ist wesentlich billiger und gezielter zu haben. Nach der Scheidung kann sie auch einfach gekündigt werden, ohne dass ein riesiger Betrag in den Kamin geschoben wird. Das übrige Geld legen Sie lieber selbst in Produkten an, die Sie verstehen und kontrollieren können. In der Regel fahren Sie damit weit besser.

Was mit den Kapitalanlagen der Versicherungen in Krisenzeiten passiert, lässt sich nur erahnen. Zumindest weiß man, dass die Versicherungsgesellschaften gegen Ende des Crashs 2000/2003 große Aktienbestände weit unter Buchwert verschleudern mussten, um Liquidität zu schaffen – und dann beim Anstieg der Märkte kaum dabei waren. Die Aktie der Allianz gab es damals für etwa 45 Euro zu kaufen. Ich bin gespannt, wo der Allianzkurs nach dem Ende dieser Krise steht.

Gold und Silber

Gold nimmt bei den Anlageformen eine ganz besondere Rolle ein. Es gilt seit über 5000 Jahren als beständigste Anlageform überhaupt. Die Menschheit ist seit jeher rund um den Globus von diesem Metall fasziniert. Nichts hat jemals eine solche Akzeptanz erreicht wie die Werthaltigkeit von Gold. Das hat Gründe, die weit in die Vergangenheit zurückreichen. Das seltene glänzende Metall galt schon lange vor der Erfindung des Geldes als »göttliches Geschenk« und wurde über Jahrtausende mit den unterschiedlichsten Göttern in Verbindung gebracht. Da es unzerstörbar war, nicht oxydierte und nicht anlief, konnte es – so die damalige Ansicht – nur göttlichen Ursprungs sein, denn nur Götter sind unzerstörbar und ewig. So begleitete das Gold die gesamte Kulturentwicklung der Menschheit und sorgte für Glück, aber auch für unendlich viel Elend und Leid. Bereits im alten Ägypten wurden die Götterstatuen aus Gold gefertigt. Die weltberühmte Mumie von Tutanchamun lag in einem Sarg aus massivem Gold, da die Ägypter Gold als die Haut des Sonnengottes Ra ansahen, und auch die Maya huldigten dem Gold. Auch in Europa kennt man uralte Geschichten vom »Goldenen Vlies«, die biblischen Erzählungen vom »goldenen Kalb« oder die Legenden um die sagenumwobene Goldstadt »Eldorado«.

Als die Menschen erkannten, dass die reine Tauschwirtschaft ihre Nachteile mit sich bringt – denken Sie an die Geschichte von dem armen Esel (siehe S. 47 f.) –, wechselten sie zum Geldsystem. Als reine Verrechnungseinheit wären neben Gold auch andere Stoffe denkbar gewesen. Beispielsweise Weizen: beliebig teilbar und von allen als wertvoll angesehen, besonders von den Hungrigen. Aber die Probleme kommen spätestens dann zutage, wenn der Weizenschatz für einige Jahre im Wald vergraben wird. Kurzum, Gold hat sich, wie schon in Kapitel 2 beschrieben, sehr bald als der Stoff durchgesetzt, der in der Lage war, die Funktion des Geldes zu erfüllen. Wo der Handelsmann auch hinkam, mit Gold konnte er immer und überall bezahlen und tauschen, da alle Menschen das Edelmetall als wertvoll erachteten. Dann war da noch die Unzerstörbarkeit: Was man auch anstellte, Gold war nicht kaputtzukriegen. Man konnte es zwar beliebig zerteilen und sogar kleinfeilen, dennoch blieb seine Menge immer gleich. Es löste sich durch nichts auf (bis irgendwann das Königswasser erfunden wurde, mit dem man dem schönen Gold mutwillig den Garaus machen kann), es rostete nicht, ja es hat sich noch nicht einmal verfärbt. Wer auf der Flucht vor Feinden sein Gold im Wald vergraben hatte, konnte es Jahrzehnte später bei der Rückkehr wieder genauso ausgraben, wie es in die Erde gelegt wurde – vorausgesetzt, der Feind war nicht schneller.

Dazu kommt, ganz wichtig, der weitestgehende Kaufkrafterhalt über einen sehr langen Zeitraum. Da Gold im Gegensatz zu Papiergeld nicht beliebig vermehrt werden kann, steht der weltweiten Menge an produzierten Waren und Dienstleistungen eine relativ überschaubare und nur recht langsam wachsende Menge an Gold gegenüber. Wie wir gesehen haben, wurde früher deshalb der Gegenwert für Geld in Gold hinterlegt.

Natürlich kam es im Lauf der Menschheitsgeschichte immer mal wieder zu Schwankungen im Wert des Goldes. Als beispielsweise die Spanier im 16. und 17. Jahrhundert schiffeweise das Raubgold aus Südamerika nach Europa holten, sank die Kaufkraft des Goldes etwas stärker, da den bestehenden Waren plötzlich eine deutlich größere Menge des Metalls gegenüberstand. Im Wesentlichen galt und gilt aber: Der Preis des Goldes in der Kunstwährung des Geldes schwankt, aber die Kaufkraft, also das, was ich für eine Unze Gold bekomme, bleibt über sehr lange Zeiträume stabil. So mussten Sie beispielsweise in London vor hundertfünfzig Jahren etwa eine Unze Gold für einen guten Herrenanzug ausgeben. Und heute? Müssen Sie immer noch eine Unze Gold für einen guten Herrenanzug bezahlen, also etwa 500 Euro. Um 1970 benötigten Sie 5 Kilogramm Gold, um eine Limousine der Oberklasse zu erwerben. 5 Kilogramm Gold entsprachen 2008 etwa 85 000 Euro. Mit diesem Betrag können Sie beim Autohändler an der Ecke immer noch eine Menge Spaß haben.

Noch deutlicher zeigen sich die Vorteile des begehrten Edelmetalls, wenn man etwas weiter zurückgeht. Nehmen wir an, Sie haben von Ihrem Großvater ein goldenes 20-Mark-Stück von 1914 geerbt. Damit könnten Sie heute noch problemlos auf der ganzen Welt lecker essen gehen und einen guten Rotwein dazu bestellen. Probieren Sie das mal mit einem 20-Mark-Geldschein aus derselben Zeit.

Sie sehen: Die Kaufkraft des Goldes überdauerte alle künstlichen Währungen der letzten Jahrtausende. Unzählige kamen und gingen. Mit schöner Regelmäßigkeit verloren die Menschen all ihren Wohlstand durch immer neue Währungsreformen. Kaum jemand kennt noch die Währung der Byzantiner um 300 nach Christus, aber mit den Goldmünzen dieser Zeit können Sie noch heute bezahlen. Der Dollar hat seit der Gründung des Fed 1913 über 90 Prozent seiner Kaufkraft verloren. Daran erkennen Sie, wie recht schon der große französische Aufklärer Voltaire hatte, als er zu Anfang des 18. Jahrhunderts sagte: »Jedes Papiergeld fällt irgendwann auf seinen inneren Wert zurück – null.«

Fast alles Gold, das jemals in den letzten 5000 Jahren gefördert wurde, ist heute noch erhalten. Es wurde kaum industriell verbraucht wie beispielsweise Silber, das in großen Mengen dazu diente, Filme zu beschichten, und das auch heute noch in vielfältiger Weise in der Industrie verarbeitet wird. Dieses Silber landet früher oder später auf irgendwelchen Müllhalden oder als Spurenelement wieder in der Natur. Fast die gesamte Goldförderung der Menschheit ist jedoch bis heute erhalten geblieben und liegt in Form von Barren, Münzen oder Schmuck in den Tresoren. Würde man all dieses Gold zusammentragen, käme man auf einen Würfel von nur etwa 20 Metern Kantenlänge. Weltweit existierten 2005 etwa 153 000 Tonnen Gold. Das entspricht in etwa 22 Gramm pro Erdenbürger.

Gold ist also auch heute noch selten. Zwar wird jedes Jahr neues Gold gefördert, aber die jetzt schon unglaublich hohen Kosten für den Goldabbau werden von Jahr zu Jahr größer. Die einfach zu erschließenden Lagerstätten sind längst ausgebeutet. Es muss immer tiefer gegraben werden, immer größere Steinmassen müssen bewegt werden, um neues Gold abzubauen. Längst übersteigt die Nachfrage nach Gold das Angebot. Der zusätzliche Bedarf der Menschen wird seit etlichen Jahren durch Goldverkäufe der Notenbanken, die ihre teils jahrhundertealten Goldschätze scheibchenweise auf den Markt bringen, ausgeglichen. Jedoch scheint sich dies seit 2005 geändert zu haben. Einige Zentralbanken haben nicht nur ihre Goldverkäufe eingestellt – wie zum Beispiel die Bundesbank –, sondern bauen sogar wieder Goldbestände auf. Ahnt man dort etwas? Besonders die chinesische Zentralbank, aber auch andere asiatische Notenbanken schichten seit 2005 US-Dollar-Bestände kontinuierlich in Goldbestände um. Aus welchem Grund wohl? Bereiten sich die großen Player auf ein bevorstehendes Ende des Dollars und die nächste weltweite Währungsreform vor? Ich behaupte: *Ja!*

Aus all diesen Gründen gilt für mich als wichtigste Empfehlung zum Thema Geldanlage: In jeden Haushalt gehören je nach persönlicher Befindlichkeit 10 bis 20 Prozent des Vermögens in physischem Gold. Ich sehe diese »Notreserve« als das grundlegende und stabile Fundament Ihres Vermögensaufbaus. Denn was immer auch in Zukunft passiert, die Kaufkraft dieses Goldschatzes haben Sie sicher. Wenn eine Währungsreform Ihre Bankkonten und Schuldverschreibungen binnen weniger Stunden pulverisiert, steht Ihnen die Kaufkraft Ihres Goldes noch immer zur Verfügung. Wenn die reale Inflation Ihr Geld schneller entwertet, als die Zinserträge es mehren können, bleibt Ihnen die Kaufkraft Ihres Goldes erhalten. Wenn Sie Ihre Immobilie verlassen müssen und wegen Krieg oder Unruhen in ein anderes Land fliehen müssen, haben Sie die Kaufkraft ihres Goldes noch immer bei sich. Eine solche Situation gilt als unvorstellbar, und ich hoffe inständig, dass das auch in Zukunft so bleiben möge. Allerdings ist ebendiese Situation für viele, viele Generationen vor uns traurige Realität geworden. Die konnten sich eine solche Entwicklung wenige Monate zuvor vermutlich auch nicht vorstellen.

Aber wir brauchen gar nicht das Schlimmste anzunehmen. Selbst für die kleinen, ganz privaten Krisen ist ein solcher Goldschatz, in guten Zeiten Stück für Stück aufgebaut, ein Rettungsanker. Zum Beispiel wenn der Job plötzlich weg ist und die Rechnungen weiterlaufen. Das Geld auf dem Girokonto ist mit einem Knopfdruck überwiesen, die Aktienpakete sind mit einem Anruf verkauft. Auch Goldmünzen kann man zu Geld machen, doch fällt es ungleich schwerer, sich von diesen wertvollen Stücken zu trennen. Vielleicht verkauft man doch besser das Haus und zieht in eine kleine Mietwohnung. Das Geld ist weg, das Haus auch, aber diese kleinen funkelnden Münzen erlauben auch jetzt noch den einen oder anderen Urlaub, das Abendessen mit Freunden oder den Aufenthalt im Landschulheim für die Kinder.

Und wenn am Ende eines hoffentlich erfüllten Lebens alles gutgegangen ist, all die möglichen Katastrophen ausgeblieben sind und die übrigen 80 bis 90 Prozent des Vermögens die erwarteten Erträge abgeworfen haben, ist es doch eine wunderschöne Sache, den Kindern und Enkeln einen Goldschatz zu hinterlassen, der die Familie hoffentlich noch viele Jahrzehnte oder gar Jahrhunderte durch die Zeiten begleitet. Denn auch die Nachfahren werden die geerbten Aktien per Knopfdruck verkaufen, wenn sie nicht vorher wertlos geworden sind. Das geerbte Geld wird schnell in einen Sportwagen investiert. Aber diese glänzenden Münzen mit der Magie von Jahrtausenden legt man vielleicht doch lieber wieder in den Tresor, anstatt sie zum Münzhändler zu tragen.

Kein Papiergold, sondern physisches Gold!

Unter physischem Gold verstehe ich Gold, das Sie anfassen können. Gold, das Sie in Krisenzeiten schnell mitnehmen können, Gold, das Sie verstecken können. Goldzertifikate, Aktien von Goldminenfirmen, Goldbeteiligungen und was es da alles gibt, sind als Spekulationsobjekt geeignet, aber sicherlich nicht als Grundstock für alle Zeiten. Goldzertifikate sind morgen wertlos, wenn das ausgebende Institut über die Wupper geht. Auch Goldminenfirmen können durch Misswirtschaft pleitegehen.

Ich empfehle Ihnen, Goldmünzen zu erwerben. Achten Sie darauf, dass Sie ausschließlich sogenannte Bullion-Münzen erwerben. Das sind Goldmünzen, die fast keinen Sammlerwert haben und deren Preis sich ausschließlich am Goldpreis orientiert. Zum Beispiel gibt es bestimmte 20-Mark-Stücke aus dem deutschen Kaiserreich, die sind so selten, dass mancher Sammler Tausende von Euro für eine solche Münze zahlen würde. In Krisenzeiten haben aber auch diese Sammler andere Probleme, als ihr Geld für Liebhabereien auszugeben. Also wird der Wert dieser Münze, wenn es drauf ankommt, auch »nur« beim reinen Goldpreis liegen, das waren 2008 etwa 120 Euro. Achten Sie also beim Kauf von Goldmünzen darauf, dass Sie nur den Feingoldgehalt bezahlen. Es empfiehlt sich, auf weltweit bekannte Münzen zu setzen, da diese überall am schnellsten akzeptiert werden. Wenn Sie mit einer jordanischen Goldmünze aus dem Jahr 1977 irgendwo in Südamerika einkaufen gehen wollen, wird sich der dortige Goldankäufer erst umständlich über den Goldgehalt informieren müssen. Haben Sie jedoch einen südafrikanischen Krügerrand oder eine kanadische Maple Leaf (die heißt so, weil ein Ahornblatt auf der Rückseite zu sehen ist) in der Tasche, weiß jeder, dass es sich um eine Unze Feingold handelt. Einer Unze Feingold entsprechen 31,1035 Gramm.

Zu empfehlen ist auch, den Goldschatz aus unterschiedlich großen Münzen aufzubauen. So gibt es auch kleinere Maple-Leaf-Münzen mit einem Goldgehalt von einer Zehntel Unze oder besagte 20-Mark-Stücke, die etwa 7,2 Gramm Feingold enthalten. Im Notfall ist es ärgerlich, wenn Sie beim Bäcker in Kenia zwei Brote eintauschen wollen und nur einen Krügerrand, aber keine Feile in der Tasche haben. Der kenianische Bäcker hat in der Regel keine Wechselnuggets unterm Tresen, aber er wird sich freuen und den Rest der Woche freimachen. Sie hingegen werden auf Ihrer Brotrinde herumkauen und sich ärgern, dass Sie nicht doch auch ein paar kleinere Goldmünzen im Säckel gehabt haben. Barren gingen auch, sind allerdings im Fall der Fälle noch schwieriger zu handhaben als Münzen. Ganz nebenbei sind die Münzen wesentlich attraktiver anzuschauen.

Im Augenblick scheint es so zu sein, dass die Nachfrage nach physischem Gold weltweit explodiert. Im August 2008 stellte die US-Prägeanstalt die Auslieferung der amerikanischen Ein-Unzen-Goldmünzen ein, da sie keine Ware mehr habe. Aus der ganzen Welt kommen Meldungen über Lieferschwierigkeiten für Gold- und Silbermünzen. Es scheinen doch einige Menschen unsere Sorgen zu teilen.

Natürlich wäre das alles zu schön, wenn es kein »Ja, aber« gäbe. Auch beim Gold müssen Sie darauf achten, dass Ihnen niemand nach Ihrem Eigentum trachtet. Das klingt zunächst banaler, als es ist. Was glauben Sie, wie die Amerikaner 1933 geguckt haben, als der Staat von heute auf morgen den Privatbesitz von Gold verboten hat und es gegen eine mickrige Entschädigung einzog. Die Banktresore wurden gesperrt und nur nach Durchsuchung durch Beamte freigegeben. Wurde dabei ungemeldetes Gold gefunden, wurde es kurzerhand ohne Entschädigung konfisziert. Das ist natürlich eine extreme Maßnahme. Wer garantiert uns aber, dass das nicht wieder geschehen kann? Also gilt auch hier: Beobachten Sie die Entwicklung in Politik und Wirtschaft unaufgeregt, aber kritisch. Es kann zu Situationen kommen, in denen ein Loch im Wald für Ihr Gold sicherer ist als ein Tresor im Bankkeller. Vielleicht ist auch ein Banktresor im neutralen europäischen Ausland für einen Teil Ihrer goldenen Reserve ein guter Aufenthaltsort. Von einer solchen Entwicklung sind wir im Herbst 2008 natürlich meilenweit entfernt, aber man sollte es erwähnt haben.

Wenn Ihr Gold in einer solchen Phase irgendwo in einem Sammeldepot für Sie hinterlegt ist, ist es ungleich schwieriger und langwieriger, an die glänzenden Stücke heranzukommen. Gerade für diesen Teil Ihres Vermögens ist eine schnelle Zugriffszeit von elementarer Bedeutung.

Noch eine Anmerkung zu diesen Sammeldepots. Was sich diesbezüglich in den letzten Jahren in Amerika abgespielt hat, gleicht einer Räuberpistole. Wenn Sie 100 000 Euro in Gold anlegen wollen, haben Sie etwa 6 Kilogramm Gold zu erwerben. Die passen bequem in ein Bankschließfach oder ins Wäscheregal. Bei Silber ist das schon etwas anderes. Für 100 000 Euro erhalten Sie etwa 400 Kilogramm Silber. Die legen die wenigsten ins Wäscheregal. Daher haben die großen amerikanischen Banken seit vielen Jahren einen wunderbaren Service für ihre Kunden ins Leben gerufen: Der Kunde kann seine Silberbarren im Tresorraum der Bank einlagern. Dafür bezahlt er eine Lagergebühr und eine Versicherungsprämie. So weit, so gut. In der Regel lief es so, dass der Kunde seiner Bank sagte: Bitte kaufen Sie mir Silber im Wert von 100 000 Dollar, und legen Sie es in den Tresorraum. Die Banken haben dann das Geld vom Kundenkonto abgebucht und dem Kunden einen Kontoauszug über seinen Silberbestand geschickt. Das war's.

Bitte? Sie sagen: »Da fehlt doch noch was?« Richtig. Da fehlt in der Tat noch was, nämlich das Silber. Doch das hat die Bank nie gekauft. Sie hat das Geld des Kunden lieber angelegt und die Zinsen kassiert. Das war ja auch kein Problem. Kaum ein Kunde hat je sein Silber abgeholt. Was sollte er auch mit Hunderten Kilo Silber. Wenn er sein Silber verkaufen wollte, hat man ihm einfach den Betrag wieder auf seinem Konto gutgeschrieben. In den Kellern der Bank war kein Silberglanz, sondern nur gähnende Leere. Die Lagergebühren und Versicherungsprämien hat man dennoch kassiert. Das Ganze flog auf, als der Silberanalyst Theodore Butler auf diese von ihm vermutete Praxis aufmerksam machte. Da zumeist 1000-Unzen-Barren eingelagert werden, die mit einer Seriennummer beprägt sind, wandte sich ein Anleger, aufgeschreckt durch diese Gerüchte, an seine Bank Morgan Stanley und bat um Bekanntgabe der Seriennummern seiner Silberbarren, für die er seit Jahren Lagergebühr zahlte. Doch statt Seriennummern erhielt er nur ausweichende Antworten. Er suchte nach weiteren Betroffenen, und so kam es 2007 zu einer Sammelklage von 22 000 Silberinvestoren gegen Morgan Stanley. Der Richter prüfte die Sachlage und kam zu einem erstaunlichen Ergebnis: Da es sich bei dieser Vorgehensweise um eine gängige Praxis vieler großer Banken handle, sei daran nichts Ungewöhnliches festzustellen. Morgan Stanley solle seine Praktiken diesbezüglich jedoch einmal überdenken. Sensationell! Jeder Privatmann wäre vermutlich für ein solches Treiben wegen aller möglichen Rechtsverstöße eingebuchtet worden. Machen es jedoch mehrere Banken, ist es legal.

Sollte diese Praxis von einem zukünftigen Gericht als nicht haltbar eingestuft werden, müssten die Banken all dieses versprochene, aber nie gekaufte Silber plötzlich nachkaufen. Der Silberpreis würde in astronomische Höhen schießen.

Was heißt das für den Anleger? Er war der Überzeugung, echte Silberbarren zu besitzen. Stattdessen hatte er nur leere Versprechungen. Im Fall einer Bankpleite hätte er absolut nichts. Doch es hat noch weiterreichende Auswirkungen. All das Silber, das die Kunden bezahlt hatten, wurde nie gekauft. Der Preis für Silber wäre vermutlich deutlich höher, wenn all das Geld der Investoren wirklich auf dem Silbermarkt gelandet wäre. Ohnehin fragen sich viele Fachleute, wieso Silber so billig ist. Silber galt stets als der kleine Bruder des Goldes. Das Gold des kleinen Mannes sozusagen. Es kommt auf der Erde etwa zwanzigmal häufiger vor als Gold. Über Jahrhunderte lag der Wert des Silbers bei etwa 1:15 gegenüber dem Gold, aber im September 2008 lag dieses Verhältnis bei 1:70.

Dieses Missverhältnis zwischen dem Gold- und dem Silberpreis führt zu zahllosen Spekulationen über die Ursachen dafür. Seit

Jahrzehnten gibt es immer wieder großangelegte Manipulationen des Silberpreises. Im Finanzmarkt sind inzwischen viele ernstzunehmende Teilnehmer davon überzeugt, dass der Silberpreis etwa seit dem Jahr 2000 durch künstliche Leerverkäufe einiger weniger großer Adressen im Keller gehalten wird. Diese sogenannten Shortpositionen – jemand verkauft Silber, das er gar nicht hat, in der Hoffnung, es später billiger zurückkaufen zu können – sollen ein solches Volumen angenommen haben, dass es unmöglich wäre, den Verpflichtungen daraus nachzukommen. Es gibt schlichtweg nicht genug Silber auf dem Markt. So kamen diese Leerverkäufer in die Situation, immer wieder neue und noch größere Leerverkäufe auf Kredit tätigen zu müssen, um den Preis tiefzuhalten. Viele Marktteilnehmer erwarten denn auch ein Platzen dieser extremen »Shortblase« und damit verbunden eine Preisexplosion des Silbers.

Ich habe hingegen eine ganz andere These. Ich glaube, dass solch großangelegte Manipulationen nicht ohne Wissen und zumindest Duldung der Regierung ablaufen können. Hat die Regierung ein Interesse gehabt, den Silberpreis künstlich niedrig zu halten? Wollte man in diesen Jahren größere Mengen Silber günstig auf den Weltmärkten einkaufen? (Vgl. zu dieser These S. 247.)

In jedem Fall rechtfertigt aber allein der historisch große Unterschied im Verhältnis zwischen Silber und Gold von im Moment sagenhaften 1:70, sich neben Gold auch ein »Päckchen« Silber zuzulegen. Aufgrund des relativ dünnen Silbermarkts kommt es hier häufig zu weit größeren Kursschwankungen als beim wesentlich größeren Goldmarkt.

Es gibt auch an der Börse viele Edelmetallanhänger. Das geht manchmal schon über die rationale Geldanlage hinaus. Ein Börsianer, der namentlich nicht genannt werden wollte, pflegte zu sagen: »Die Familie lieb ich sehr, Gold und Silber noch viel mehr!«

Also: In jeden Haushalt gehören zwischen 10 und 20 Prozent echtes Gold.

Das große Finale

Keine Panik. Das Folgende ist Fiktion und wird es hoffentlich auch bleiben. Doch wir müssen uns auch vergegenwärtigen, was passieren kann, wenn die Kernschmelze wirklich eintritt, wenn sich also das skizzierte Horrorszenario weiterentwickelt. Möglicherweise wird es wie folgt ablaufen:

Es kommt zunächst zu einem weiteren Verfall der Märkte. Eine solche Zusammenballung der weltweiten wirtschaftlichen Krisenherde ist historisch einmalig, noch dazu in dieser unglaublichen Größenordnung. Ich gehe daher in meiner Hauptbetrachtung von einem ähnlichen Ablauf wie in der Krise 1929 aus, auch wenn ein Vergleich nur bedingt korrekt ist. In welchem Maße dies geschieht, ist schwer vorhersehbar und hängt auch von den Reaktionen der Regierungen ab. Der Verlauf kann stärker, aber auch schwächer ausfallen. Dennoch dürfte der Ablauf in etwa folgendermaßen aussehen: In der ersten Phase, der Deflationsphase, werden alle Vermögenswerte der Bürger weniger wert – außer Geld. Das kann bis zu einer weitgehenden Vernichtung der Vermögen führen. Die Immobilienpreise fallen ins Bodenlose (was für ein passender Ausdruck!), die Aktien sinken auf Altpapierniveau. Massenarbeitslosigkeit ist die Folge. Eine große Depression zieht durchs Land. Überall wird händeringend nur nach einem nachgefragt: Geld. Bargeld, Zahlungsmittel. Entsprechend hoch werden die realen Zinsen sein, da derjenige, der Geld hat, es nur zu besten Konditionen ausleiht. Gold wird seine Kaufkraft erhalten, auch wenn der Preis deutlich zurückgeht, da Geld plötzlich so unglaublich wertvoll wird. Es hat ja kaum jemand welches. Dieses Szenario wird sich sehr schnell entwickeln. Vermutlich innerhalb weniger Monate.

Doch auch in dieser Phase wird es ein kurzes Zeitfenster geben, in dem Sie Ihr Geld, das Sie hoffentlich gerettet haben, schleunigst investieren sollten. Wenn die Aktienkurse ausgebombt sind und die Immobilien wie Sauerbier verschleudert werden, zu Preisen, die Sie sich heute überhaupt nicht vorstellen können, dann müssen Sie schnellstens Ihr Geld investieren. Die Preise werden ein unvorstellbares Niveau erreichen. Fragen Sie einmal alte Menschen, die können Ihnen noch erzählen, dass in den Zeiten der großen Depression Anfang der dreißiger Jahre die Bauern ihre Ställe mit edlen Teppichen hätten auslegen können, weil die Menschen sie gegen ein paar Lebensmittel getauscht haben.

Dieses Zeitfenster wird nur so lange offen sein, bis die »Big Boys«, die ihr Geld gleichfalls rechtzeitig aus dem Sog herausgezogen haben, es ebenfalls wieder investiert haben und den Menschen ihre Immobilien und Sachwerte zu Spottpreisen abgekauft haben. Das ist der Moment, wo neue Dynastien entstehen. Wer es schafft, zu diesem Zeitpunkt noch über größere Geldbeträge zu verfügen, der kann für kleine Summen ganze Straßenzüge oder Unternehmen erwerben. Das ist das Fundament für die nun folgende Entwicklung: Der US-Staat wird – nachdem die Mitglieder der Finanz- und Machthydra ihr Geld zu aberwitzigen Preisen in Immobilien, Aktienpakete und alles Werthaltige investiert haben – eine Währungsreform durchführen. Die Schulden der USA sind ohnehin niemals zurückzahlbar. Man erklärt kurzerhand die Zahlungsunfähigkeit. Der Dollar ist nicht mehr Zahlungsmittel. Die Menschen haben also erst ihre Vermögenswerte verloren, und nachdem sie diese für wenige Dollars an die Big Boys verkauft haben, wird ihnen auch noch das Bargeld entwertet. Stattdessen wird eine neue Währung eingeführt, die in einem gewissen Verhältnis mit Gold und Silber gesichert ist. Das führt dazu, dass die Welt diesen neuen Golddollar trotz all des Zorns über die nicht zurückgezahlten Schulden als das amerikanische Zahlungsmittel akzeptiert, da es ja zumindest teilweise einen echten Wert in Gold und Silber garantiert.

Der Staat stattet die verarmten Bürger mit einem Grundbetrag aus, ähnlich den 40 DM Startgeld in der Bundesrepublik 1948.

Die alten Dollars werden in einem gewissen Verhältnis, zum Beispiel 1:100, umgetauscht. Das System beginnt also wieder komplett von vorne. Es war mal wieder Zeit für ein »Reset«. Aber mit einem tollen Ergebnis für die weltweite Finanz- und Machthydra: Der gehört nämlich mittlerweile ein Großteil aller Vermögenswerte.

Die einfachen Bürger fangen wieder bei null an, aber aufgrund der schrecklichen Erlebnisse der vergangenen zwei oder drei Jahre während des totalen Zusammenbruchs sind sie zufrieden, dass Stabilität eintritt und es wieder aufwärtsgeht. Dieses Szenario erhebt keinerlei Anspruch auf wissenschaftliche Korrektheit. Aber in etwa so lief es vor ziemlich genau achtzig Jahren schon einmal ab. Ist es wirklich so ausgeschlossen, dass sich Geschichte wiederholt?

Im Übrigen gibt es noch einen sehr spannenden Nebeneffekt, den ich hier allerdings nur am Rande streifen möchte. Den Rest überlasse ich Ihrer Vorstellungskraft: Würden solche Verwerfungen in einer Volkswirtschaft nicht die Gefahr größerer sozialer Unruhen bis hin zur Staatsgefährdung hervorrufen? Besonders in der Phase des Einbruchs? Vermutlich schon.

Stellen Sie sich vor, Sie wären ein Mitglied der Finanz- und Machthydra. Ihnen ist klar, wie die Entwicklung in den nächsten zwei bis fünf Jahren höchstwahrscheinlich sein wird. Würden Sie dann nicht alles daransetzen, um im Vorfeld Bedingungen zu schaffen, die es Ihnen ermöglichen, die Bevölkerung weitestgehend kontrollieren zu können? Unruheherde und Unruhestifter frühzeitig zu erkennen und ruhigzustellen? Haben die Eingriffe in die Freiheiten der US-Bürger in den letzten Jahren vielleicht ganz andere Hintergründe als bislang gedacht?

7 Wenn das Hoffnungsszenario Realität wird ...

Nehmen wir an, die Finanz- und Machthydra schafft es weltweit, die Märkte zu stabilisieren. Im Idealfall sorgt sie dafür, dass der Sturz langsam und kontrolliert verläuft. Das erinnert mich ein wenig an einen Fallschirmspringer, der abstürzt. Aber anstatt ungebremst auf dem Boden aufzuschlagen, fällt er in eine Tanne. Die Äste bremsen seinen Sturz, und er fällt von Ast zu Ast immer nur einen Meter, wird abgebremst, bis der Ast bricht, und fällt den nächsten Meter. Entweder kommt er irgendwann stark malträtiert, aber lebend auf dem Waldboden an, oder er bleibt benommen irgendwo in der Tanne hängen, um sich dann selbst zu befreien.

Als Anleger sollten Sie keinesfalls zugreifen, solange er fällt. Es reicht völlig aus, sich dem Markt zuzuwenden, wenn er aufgehört hat zu fallen und sich wieder berappelt. Natürlich ist das immer leichter geschrieben als getan, denn wann weiß ich denn, ob der Markt aufgehört hat zu fallen oder ob er nur eine kurze Gegenbewegung eingeleitet hat. Man spricht an der Börse dann von einem »Dead Cat Bounce«. Katzenliebhaber überspringen bitte den nächsten Satz: Wenn eine tote Katze vom Dach fällt, »hopst« sie nach dem Aufprall auch noch mal nach oben. Das ist jedoch kein Zeichen ausgesprochener Vitalität. Erst wenn sie wieder auf dem Boden angekommen ist, sich berappelt und weiterläuft, sollte man auf ihre sieben Leben wetten.

Genauso ist es mit dem Aktienmarkt. Gehen Sie erst rein, wenn *sicher* ist, dass das Schlimmste vorbei ist. Nicht, wenn Sie es nur glauben. Bei dem Einbruch, den wir im Herbst 2008 erlebt haben, würde nach dem wirklichen Ende des Horrors eine sehr lange Phase des Aufschwungs folgen. Ich spreche von vielen Jahren. Wenn Sie da die ersten Monate verpassen, ist das überhaupt kein Drama. Die wichtigste und erste Regel für alle Geldanlagen lautet: Verluste vermeiden. Wenn Sie im Jahr 2003, als der Aktienmarkt sein Tief von 2300 Punkten erreicht hatte, nicht sofort eingestiegen sind, war das kein Drama. Selbst wenn Sie Monate später bei 2800, 3000 oder 3500 Punkten eingestiegen sind, haben Sie in den folgenden Jahren traumhafte Renditen erzielt. Aber das konnten nur diejenigen, die zuvor verkauft hatten. Und da war es auch nicht wichtig, ob Sie bei 8000, 7000 oder 6000 Punkten verkauft hatten. Aber diejenigen, die auf die Beschwichtiger gehört haben – »Bloß keine Panikverkäufe! Großer Fehler, jetzt bei 6000 zu verkaufen!« –, hatten dann schlichtweg kein Pulver mehr, um bei 3000 oder 3500 Punkten *nach* dem Ende der Krise zu feuern, und mussten der einmaligen Chance mal wieder mit rotgeweinten Augen hinterhersehen.

Sie müssen sich darüber im Klaren sein: Eine Aktie, die um 50 Prozent gefallen ist, muss sich anschließend um 100 Prozent steigern, damit Sie Ihr Geld wiederhaben. Da haben Sie aber außer Sorgen noch keinen Spaß gehabt.

Oberste Regel: Verluste vermeiden! Erst dann über die Rendite nachdenken!

Zuerst werden sich vermutlich die Aktiensegmente erholen, die am tiefsten gefallen sind, also wohl die Finanztitel. Ich empfehle Ihnen allerdings nicht, bei diesem Treiben mitzumachen. Die Zocker und die Profis werden sehr früh auf diese Titel wetten und auch immer mal versuchen, reinzuspringen, obwohl die Katze noch längst nicht am Boden ist. Das führt oft zu der falschen Annahme: »Oh, die Krise ist vorbei!« Sie glauben nicht, mit welcher Regelmäßigkeit ich an der Börse von Reportern während des Einbruchs gefragt wurde: »Herr Müller, die Bankaktien sind jetzt drei Tage in Folge gestiegen. Ist die Krise vorbei?«

Als Anleger haben Sie, wenn die Krise ihr Ende erreicht hat und Sie noch Geld haben, alle Möglichkeiten, diese Jahrhundertchance gut überlegt für sich zu nutzen. Wir müssen auch davon ausgehen, dass eine Rettung des aktuellen Systems nur mit einer extremen Ausweitung der Geldmenge und der realen Inflation einhergehen kann. Eine Rettung, ohne viel neues Geld beziehungsweise Kredit in die Märkte zu pumpen, ist schlichtweg unmöglich. Natürlich wird man uns wieder vorrechnen, dass die Inflationsrate nur bei 2 oder 3 Prozent liegt. Aber ich denke, ich muss es nicht mehr erwähnen: Glauben Sie diesen Unsinn nicht.

Also muss unsere Anlagestrategie auf diese Inflation abgestimmt sein. Und jetzt gilt in etwa das Gegenteil der Strategie während des Horrorszenarios.

Aktien

Die Aktie ist im Prinzip die beste Anlageform, um auf lange Sicht eine überdurchschnittliche Rendite zu erwirtschaften. Das gilt insbesondere auch im Hinblick auf die Inflationsrisiken. Denn Inflation bedeutet ja zunächst einmal Preissteigerungen. Geld wird weniger wert, dafür werden die Dinge wertvoller (in Geld gerechnet), die man damit kaufen kann. Also auch Aktien. Das liegt unter anderem auch daran, dass die Unternehmen auf der Inflationswelle mitschwimmen. Wenn die Rohstoffe teurer werden, erhöhen die Unternehmen auch die Verkaufspreise für Autos oder Kleiderbügel. Sie geben die Inflation an die Kunden weiter. Aktien sind also ein recht guter Inflationsschutz. Und zwar gegen die reale Inflation, nicht die von den offiziellen Stellen gemeldete. Denn die Unternehmen geben die echten Kosten weiter und nicht irgendwelche theoretischen Berechnungen. Denken Sie in diesem Zusammenhang an die angestrebte Eigenkapitalrendite der Deutschen Bank von 25 Prozent. Da wurde versucht, für den Aktionär die echte Inflation rauszuholen.

Dennoch bin ich der festen Überzeugung, dass es sehr wohl eine Rolle spielt, in welcher Marktphase man in Aktien einsteigt. Auch wenn statistische Berechnungen der Fondsgesellschaften uns immer wieder erzählen, der Einstiegszeitpunkt sei völlig irrelevant, Hauptsache sei, dass der Einstieg überhaupt erfolge. Das mag mathematisch über alle Aktien und über fünfzig Jahre gemittelt gelten. Aber der Anleger, der im Jahr 2000 Internetaktien gekauft hat, gehört leider zu denen, die aus der Statistik fallen. Ebenso derjenige, der seit zehn Jahren Daimler-Aktien im Depot hat. Statistische Ungenauigkeit. Wenn ich aber derjenige bin, dem der Anlageberater dann beim Renteneintritt sagt: »Mathematisch über alle Anleger geht das auf, bei Ihnen ist es jetzt leider anders gelaufen«, dann habe ich noch zwanzig bis dreißig Jahre Zeit, mich am kahlen Küchentisch über meine Gutgläubigkeit zu ärgern.

Wenn diese Jahrhundertkrise zu Ende geht, haben Sie auch die Chance des Jahrhunderts. Wenn die Nummer wirklich durch ist, und das beinhaltet mehrere Monate keine neuen Tiefstkurse, dann kaufen Sie Aktien. Kaufen Sie Qualität, die Sie verstehen. Kaufen Sie nur Unternehmen, deren Produkte Sie verstehen und von denen Sie langfristig überzeugt sind. Kaufen Sie viele verschiedene Aktien. Man nennt das »nicht alle Eier in einen Korb legen«. Beim Gedanken an die Hühnerbatterien von heute erkennen Sie bereits, wie alt diese Börsenweisheit schon ist. Aber es ist wirklich eine goldene Weisheit. Denn wenn der *eine* Korb herunterfällt, sind alle Eier kaputt. Wenn also all Ihr Geld in einem Unternehmen steckt und ausgerechnet dieses durch was auch immer Pleite macht, ist alles Geld futsch. Streuen Sie Ihr Geld daher in verschiedene Aktien, verschiedene Märkte. Das muss nicht nur Deutschland sein. Das kann durchaus auch Asien oder Ghana sein. Gut, ich würde nicht 80 Prozent meines Geldes in ghanaische Internetaktien stecken, aber warum nicht 5 Prozent in die Schlüsselindustrien einiger Staaten mit großem Zukunftspotential?

Als langfristiger Anleger empfehle ich Ihnen, sich dann auf Unternehmen zu konzentrieren, die eine langfristig gute Perspektive haben und zu einem sehr günstigen Kurs-Buchwert-Verhältnis zu haben sind. Buchwert bedeutet: Wenn alle Vermögenswerte des Unternehmens verkauft würden, bekäme man eine Summe von zum Beispiel 10 Millionen Euro. Wenn man alle Aktien des Unternehmens zum aktuellen Kurs bewertet, ergibt das eventuell 20 Millionen Euro. Die Aktien sind also doppelt so viel wert wie der »Buchwert« des Unternehmens. Das Kurs-Buchwert-Verhältnis (KBV) wäre also 2. Das ist normal, da man ja auf den künftigen Ertrag des Unternehmens hofft. Am Ende der Krise 2003 konnte man viele Dax-Aktien aber deutlich *unter* Buchwert kaufen. Sie waren viel weniger wert als das Unternehmen. Grund: Die Aktien mussten blind verkauft werden, weil zum Beispiel die Versicherer dringend Geld brauchten.

Wenn Sie also in dieser Phase Aktien von *soliden* Firmen unter Buchwert kaufen, können Sie praktisch nichts falsch machen. Viel häufiger wird von Beratern das Kurs-Gewinn-Verhältnis (KGV) herangezogen, um zu erklären, ob eine Aktie billig oder teuer ist. Dass diese Methode wenig aussagefähig ist, haben wir schon gesehen (siehe S. 139 f.).

Aktien der Schwellenländer

Sie können in dieser Phase auch überlegen, einen kleinen Teil Ihres Geldes in die Märkte der Zukunft zu investieren. Der chinesische Aktienmarkt dürfte am Ende der Krise noch viel ausgebombter am Boden liegen als der deutsche. Es spricht nichts dagegen, diese Chancen zu nutzen. Allerdings sollte auf das Investment in Einzelaktien im Ausland verzichtet werden, wenn nicht wirklich Expertenwissen vorhanden ist. Hier ist ein Spezialfonds

»China« oder »Asien« interessant. Aber wie auch immer: Informieren Sie sich genau über das Produkt, und kaufen Sie es nur, wenn Sie es wirklich verstanden haben.

Fonds

Sollte Ihnen das alles zu kompliziert sein, kaufen Sie Aktienfonds oder Dachfonds und lassen Sie die Fondsmanager diese Auswahl für Sie treffen. Das kostet Sie allerdings eine entsprechende jährliche Gebühr von etwa 1 bis 2 Prozent der Rendite, die die Fondsgesellschaft als Managementgebühr direkt vom Fondsvermögen einbehält.

Ein Dachfonds ist das Gleiche wie ein »normaler« Fonds. Aber während der einfache Fonds direkt verschiedene Aktien kauft, die sein Manager für erfolgreich hält, investiert der Dachfonds in verschiedene Fonds. Sie müssen sich also nicht die Mühe machen, sich einen eigenen Strauß an passenden Fonds herauszusuchen und immer wieder die »welken« rauszuschmeißen, um »frische« Fonds einzubauen, sondern Sie können das dem Dachfondsmanager überlassen, der das für Sie übernimmt. Sie müssen sich lediglich für eine gewisse Anlagestrategie entscheiden. Für jede Einschätzung und Mentalität gibt es mittlerweile interessante Dachfonds. Wenn Sie nicht selbst die Möglichkeit haben, sich regelmäßig selbst damit zu beschäftigen – und wer kann das schon neben Beruf, Familie und Hobby –, ist das sicher ein guter Weg. Das gilt insbesondere für Fonds zu speziellen Themen wie zum Beispiel »Südostasien«, »Solarenergie«, »Wasserstoff« oder »erfolgreiche Dividendentitel in Westafrika«. Da sind der Phantasie und der Fondsindustrie keine Grenzen gesetzt.

Aber ein sogenannter gemanagter Fonds ist nicht immer die beste Lösung. Wenn Sie sich beispielsweise keine Gedanken über spezielle Märkte machen wollen und sagen: »Mensch, lasst mich doch mit dem Kram in Ruhe, mir reicht es vollkommen, wenn sich mein Depot so entwickelt, wie zum Beispiel der Dax«, dann ist ein sogenannter Exchange Traded Fund (ETF) die bessere Lösung. Halt! Nicht die Augen verdrehen. In dieser neuen, schönen Börsenwelt scheint es kaum noch ohne abenteuerliche Namen zu gehen. Ein ETF ist nichts anderes als ein börsengehandelter Fonds. Man hat nämlich festgestellt, dass 90 Prozent der Fondsmanager den zugrundeliegenden Vergleichsindex *nicht* schlagen! Das bedeutet, Sie bezahlen da einem Typen Geld, der ständig Aktien kauft, andere verkauft, und am Ende haben Sie weniger, als wenn Sie nur den »Dax« gekauft hätten. Eine besonders peinliche Studie hat sogar ergeben, dass ein Affe, der mit Dartpfeilen auf eine Aktienliste geworfen hat, besser abschnitt als die meisten Fondsmanager.

Wenn Sie also mit einem Teil Ihres Geldes in den Dax investieren wollen, genügt es, einen solchen ETF auf den Dax zu kaufen. Das Institut, das diesen ETF herausgibt. macht im Prinzip nichts anderes, als genau die Aktien zu kaufen, die im Dax sind. Dazu braucht es kein teures Management und keine Ausgabeaufschläge. Das Teil können Sie direkt über Ihre Bank an der Börse erwerben. Diese ETFs gibt es auch auf viele andere »einfache« Märkte wie MDax oder Dow Jones. Rechtlich ist ein solcher ETF genauso gestellt wie ein herkömmlicher Fonds. Er ist sogenanntes Sondervermögen. Wenn der in Ihrem Depot liegt, und Ihre Bank geht pleite, ist der Fonds davon nicht betroffen. Die Bank bewahrt ihn nur für Sie auf. Dazu kommt: Wenn Sie einen Fonds der Pfefferminzia-Invest kaufen, kauft die Pfefferminzia davon Aktien. Sollte die Pfefferminzia-Invest Pleite machen, sind die Aktien (oder sonstige Anlagen), die in Ihrem Fonds liegen, davon nicht betroffen. Die gehören Ihnen, und die Gläubiger der Pfefferminzia haben darauf keinen Anspruch. Das nennt man »Sondervermögen«.

Bei exotischen Märkten in Fernost, Afrika oder bestimmten Themenbereichen wie Solarenergie und ähnlichen würde ich einen gemanagten Fonds vorziehen, da hier eine ständige Beobachtung der jeweiligen Aktien und häufig auch ein Austausch nötig sind.

Jetzt muss ich doch auch mal ein bisschen Werbung für meinen Arbeitsplatz machen, wenn wir an der Börse schon echte Vorteile bieten. Es kommt nämlich hinzu, dass Sie für einen herkömmlichen Fonds einen sogenannten Ausgabeaufschlag bei Ihrer Bank bezahlen. Der kann zwischen 1 und 5 Prozent liegen. Das bedeutet: Sobald Sie einen solchen Fonds für 100 000 Euro erwerben, sind Sie noch in derselben Minute um 5000 Euro ärmer. Der Fonds muss also erst mal um über 5 Prozent steigen, damit Sie gerade mal wieder am Anfang sind. Wenn Sie einen Fonds über die Börse kaufen, ist das nicht der Fall. Das gilt sowohl für diese ETFs als auch für die meisten normalen Fonds. Diese können Sie mittlerweile nicht nur über Ihre Bank oder Fondsgesellschaft beziehen, sondern auch direkt an der Börse erwerben. Sie zahlen dort keine 5 Prozent Ausgabeaufschlag. An der Börse gibt es zwar einen Ankaufskurs und einen Verkaufskurs wie bei jeder Aktie auch. Diese »Handelsspanne« könnte man mit dem Ausgabeaufschlag vergleichen, sie beträgt aber bei den gängigsten ETFs nur etwa 0,1 Prozent. Das ist doch ein Unterschied – oder?

Es gibt einen weiteren Grund, Fonds über die Börse zu handeln anstatt über eine Bank oder Fondsgesellschaft. Die Fondsgesellschaft stellt einmal täglich zu einer bestimmten Uhrzeit den Fondspreis für diesen Tag fest. Nehmen wir einmal an, die Pfefferminzia-Invest stellt jeden Tag um 11 Uhr den aktuellen Fondspreis fest. Zu diesem Kurs werden alle Käufe und Verkäufe abgerechnet. Damit Ihr Auftrag berücksichtigt wird, muss er also schon bis zu diesem Zeitpunkt bei der Fondsgesellschaft vorliegen. Wenn im Verlauf des Tages der Markt abschmiert, weil wieder irgendeine Katastrophenmeldung kam, sagen Sie sich vielleicht um 14 Uhr: »Mist, das geht aber böse in den Keller, ich verkaufe meinen Pfefferminzia-Fonds«, und geben diesen Auftrag zu Ihrer Bank. Die leitet Ihren Wunsch an die Pfefferminzia-Invest weiter. Dort bleibt Ihr Verkaufsauftrag liegen. Den ganzen Nachmittag, die ganze Nacht, bis um 11 Uhr am nächsten Morgen. Dann erst wird zu dem Kurs, der um diese Zeit festgestellt wird, Ihr Verkauf ausgeführt. Können Sie sich ungefähr vorstellen, welche Auswirkungen dies am 11. September 2001 für Fondsanleger hatte? Die sehen die Märkte einbrechen, wollen aus ihren Fonds heraus und müssen hilflos bis zum nächsten Morgen um 11 Uhr warten, bis ihr Fonds dann zum tiefsten Kurs abgerechnet wird, nachdem alle Profis und Aktieninvestoren bereits am Vortag verkauft hatten.

An der Börse werden die Kurse für genau dieselben Fonds während der gesamten Börsenhandelszeit gehandelt. Wenn nötig alle paar Sekunden. Sie kommen also ständig in Ihre Fonds rein und auch wieder raus. Die geringe Handelsspanne hat einen weiteren entscheidenden Vorteil: Der herkömmliche Fondsanleger kauft seinen Fonds und lässt ihn dann jahrelang unberührt liegen. Warum? Warum verkauft der Fondsanleger seinen Fonds nicht auch mal zwischendurch, wenn die Aktien sehr stark gestiegen sind, und realisiert seinen Gewinn? Wenn die Märkte eine Weile gefallen sind, kann man doch auch wieder einsteigen. Jeder vernünftige Aktionär tut das. Warum nicht der Fondsanleger? Ich will es Ihnen sagen: Weil er jedesmal seine 5 Prozent Ausgabeaufschlag verliert. Da muss er erst mal wieder große Kursgewinne machen, damit er auch nur die Gebühren heraus hat. Würde er seine Fonds über die Börse handeln, könnte er immer wieder Gewinne mitnehmen und tiefer wieder einsteigen oder auch den Fonds wechseln, wenn er eine neue Anlageidee hat. Denn die beim Börsenhandel anfallenden Gebühren sind minimal im Vergleich zum Ausgabeaufschlag.

Sie können die Fonds, die Sie an der Börse gekauft haben, übrigens jederzeit bei der Fondsgesellschaft zurückgeben. Fonds, die Sie bei der Bank oder Fondsgesellschaft gekauft haben, können Sie auch über die Börse verkaufen.

Aber auch für die Banken möchte ich hier eine Lanze brechen, die bekommen bei mir ohnehin genug Schläge: Wenn Sie sich bei Ihrem Bankberater eine Stunde lang über Fonds beraten lassen, sich dann nett bedanken und die Fonds zu Hause über Internet an der Börse kaufen, ist das genauso »unethisch« wie das, was wir den Banken vorwerfen. Es ist ja auch keine Art und Weise, sich in der Kleidungsboutique ausführlich beraten zu lassen, die passenden Größen anzuprobieren und die guten Stücke dann zu Hause über eBay zu kaufen. Wenn wir als Anleger in der Geschäftswelt Moral und Ethik einfordern, sollten wir das auch selbst leben. Man kann sich da leicht etwas vormachen: »Die machen's ja auch nicht besser. Jetzt hab ich die mal geschröpft.« Aber eine solche doppelte Moral sollten wir uns nicht zu eigen machen. So, genug des Zeigefingers.

Wenn Sie aber sich selbst informieren und sich einen passenden Fonds herausgesucht haben, gibt es meines Erachtens keinen Grund, warum Ihre Bank oder Fondsgesellschaft für das einfache Weiterleiten Ihres Wunsches 5 Prozent von Ihrem Kapital kassiert. Die verdienen später ja auch noch an den Depotgebühren.

Immobilien und Immobilienfonds

Für Immobilien gilt im Prinzip das, was ich schon im Horrorszenario für diese Anlageklasse geschrieben habe. Wenn die Preise wirklich im Keller sind – und da spreche ich nicht von 20 Prozent Korrektur, bezogen auf die Preise von 2007 –, macht es durchaus Sinn, in Immobilien zu investieren. Zuallererst in eine selbstgenutzte Immobilie. Wenn der Preis stimmt und die durchschnittlichen Immobilienpreise für selbstgenutzte Immobilien wieder so sind, dass der normale Häuslebauer sein Haus in zehn oder maximal zwanzig Jahren abbezahlen kann, ohne diese Zeit in Askese und Demut zu verbringen, sollte man sich diesen Luxus ruhig gönnen.

Wer sich mit Immobilien auskennt, kann dann auch durchaus diese Anlageklasse als Finanzanlage betreiben. Der Unerfahrene darf das auf keinen Fall, wenn er sich zuvor nicht intensiv mit der Materie beschäftigt hat, denn die Fallstricke sind für unbedarfte Anleger nicht zu überschauen. Steuerfragen, Mietnomaden, Folgekosten, Verkaufen und so weiter sind durchaus komplizierte Dinge. Sie müssten sich voll auf die Versprechungen Ihres Maklers oder Anlageberaters verlassen. Und denken Sie an den Grundsatz: »Keine Investments in Anlagen, die Sie nicht zu 100 Prozent selbst verstanden haben!«

Rentenpapiere und Staatsanleihen

In Aufschwungzeiten sind lang laufende Rentenpapiere wie zum Beispiel Staatsanleihen kein guter Inflationsschutz. Zwar gehören Staatsanleihen zu den sichersten Papieren überhaupt (was die Rückzahlung angeht), jedoch bieten sie kaum ausreichenden Inflationsschutz. Was nützen Ihnen 4 Prozent Rendite, wenn die reale Inflation Ihnen 10 Prozent wegfrisst? Da die offizielle Inflationsrate bei 2 oder 3 Prozent liegt, begnügen sich die meisten Menschen mit diesen 4 Prozent. Ich hoffe, Sie werden künftig schlauer sein.

Wenn wir von Staatsanleihen sprechen, dann sind natürlich die Anleihen der Bundesrepublik Deutschland gemeint. Auf argentinische Staatsanleihen zum Beispiel kann man diese Sicherheit nicht unbedingt übertragen, wie die Vergangenheit eindrucksvoll gezeigt hat.

Dazu kommt, dass in Aufschwungzeiten die Zinsen meist steigen, weil die offizielle Inflationsrate leicht ansteigt. Das führt wie beschrieben zu einem Fallen der Anleihekurse. Für Sie als Anleger bedeutet das: Entweder Sie begnügen sich bis zum Ende der Laufzeit Ihrer Anleihe mit dem mickrigen Zinssatz, oder Sie verkaufen die Anleihe mit Verlust. So oder so ist das nicht die attraktivste Variante.

Dennoch sollte ein gewisser Prozentsatz Ihres Vermögens in Anleihen investiert sein. Denn Rendite hin oder her: Es ist schlichtweg relativ sicher angelegtes Geld. Erinnern Sie sich an die goldene Börsenregel: »Nie alle Eier in einen Korb legen!« Ein paar Eier in einem Anleihekorb sind daher sicher kein Fehler. Von denen werden Sie nicht reich, aber sie taugen, um ein wenig Absicherung beizupacken.

Tagesgeld

Wenn die Konjunktur und die Märkte wieder anziehen, ist Tagesgeld wirklich nur für die Summen geeignet, die Sie kurzfristig benötigen. Jetzt geht es nicht mehr nur um Kapitalerhalt, jetzt müssen Sie auch Rendite erwirtschaften, um die reale Inflation zu schlagen. Tagesgeld wird dafür nicht ausreichen. Sie müssen das Geld, das Sie in den nächsten Monaten und Jahren nicht dringend benötigen, investieren. Geldmarktfonds sind wie erläutert auch hier keine sinnvolle Alternative.

Bargeld

Bargeld ist in Aufschwungphasen die schlechteste aller Varianten, denn die Inflation entwertet es von Tag zu Tag mehr. Also: Spardose leeren und ab damit zur Bank!

Schulden

Tja, der Schuldner freut sich über die Inflation, weil er eine geringere Leistung erbringen muss, um den Schuldbetrag zurückzuzahlen … Wenn da nicht die Zinsen wären. Grundsätzlich sind Schulden um jeden Preis zu vermeiden. Die oberste Maxime zum Reichwerden lautet: Ausgaben reduzieren. Die Worte »haben« und »halten« hängen eng zusammen. Die meisten Millionäre leben unter ihren Verhältnissen.

Mit solchen Sprüchen könnten wir ganze Seiten zupflastern. Aber sie sind dennoch – wahr. Wir bewegen uns in einer Wirtschaftswelt, die davon lebt, dass die Menschen immer schneller immer mehr konsumieren. Nur so kann diese Wirtschaftsform, die wir zum Leben erweckt haben, funktionieren. Gut, eines Tages muss das in der Katastrophe enden, aber bis dahin wird alles unternommen, damit das System funktioniert. Und dafür müssen Sie konsumieren. Da Ihr Einkommen, so gut es auch sein mag, nicht ausreicht, um den zusätzlichen Konsum zu erzeugen, den das Zinseszinssystem benötigt, muss dieses System dafür sorgen, dass Sie Kredite aufnehmen, um schneller konsumieren zu können. So wurde das negativ besetzte Wort »Schulden« langsam, aber zielgerichtet aus dem Sprachschatz entfernt. Heute wird von »Darlehen«, »Konsumentenkrediten« und »vorgezogenen Investitionen« gesprochen. Sie haben bei Ihrer Bank keine Schulden, sondern Sie haben »Kredit«. Das Wort »Kredit« ist positiv besetzt. Kredit hat man doch viel lieber als Schulden, die für Schuld stehen, nicht wahr?

Aber diese Schulden führen Sie in die Zinseszins-Falle. Warum wird bei keinem Hauskauf an irgendeiner Stelle mal die Summe genannt, die Sie am Ende des Kreditvertrags inklusive aller Zinsen und Zinseszinsen nebst Gebühren wirklich für Ihr Haus bezahlt haben? Warum sagt Ihnen niemand, was der Fernseher, den Sie über 48 Monate finanzieren, am Ende gekostet haben wird? Weil Sie dann vermutlich erschreckt den Stift fallen lassen und lieber doch noch eine Weile in die Röhre statt auf ein Flachbild schauen. Ja, man nennt Ihnen häufig schon gar nicht mehr den echten Preis für ein Gerät. Denken Sie an die Prospekte, auf denen nur noch groß die Ratenpreise angegeben sind: eine Waschmaschine für nur 38 Euro pro Monat.

Damit Sie sich alle zwei Jahre ein neues Handy kaufen, was Sie unter normalen Umständen nie machen würden, wird der Preis einfach in die täglichen Gebühren mit eingerechnet. Auf diese Weise werden Sie gezwungen, sich alle zwei Jahre ein neues Handy zu kaufen. Und am Ende freuen Sie sich noch: »Hey, ein neues Handy für nur einen Euro, geil!« Dass die Kunden das Gerät vorher selbst monatlich abbezahlt haben, bemerkt fast keiner.

Die Kreditindustrie lief bis zur Finanzkrise nahe am Drehzahlbegrenzer, wenn nicht schon im roten Bereich. Während der Krisenmonate 2007 und 2008 wurde es merklich leiser. Alle Institute brauchten dringend Geld und konnten keine Kredite gewähren, wie sie wollten. Das war es, was die Weltwirtschaft ins Straucheln brachte. Nicht die Schieflage der Banken oder die billigeren Immobilien, sondern das Stottern des Kreditmotors. Die Verbraucher konnten nicht mehr auf Pump konsumieren, wie es das System dringend benötigt. Wenn es eine Rettung gibt, dann also nur über eine schnelle Reparatur des Kreditturbos. 700 Milliarden US-Steuerdollar sind ja mal ein guter Anfang, um den Motor wieder zu schmieren.

Wenn wir im Hoffnungsszenario sind, ist der Motor repariert und röhrt wieder – und zwar wie selten zuvor. Die Kredittrommeln sind so laut wie einst die Kriegstrommeln. Der Kreditmotor setzt zu einem möglicherweise letzten Supersprint an, wird wieder in den roten Drehzahlbereich hineinkatapultiert – bis in einem nicht kalkulierbaren Moment die Kolben mit einem lauten Schlag durch die Motorhaube brechen und das ganze Wirtschaftsvehikel in einer großen Qualmwolke zum Stehen kommt wie einst Felipe Massa im Ferrari.

Für Sie muss deshalb gelten: Vermeiden Sie Schulden um jeden Preis! Leben Sie unter Ihren Verhältnissen, bis Sie die Schulden reduziert haben. Benutzen Sie das Wort »Schulden« und nicht das Wort »Kredit«. Das macht die Situation realer.

Lassen Sie sich nicht zum Werkzeug der Kreditindustrie machen. Alle Generationen vor uns wussten: Schulden sind schlecht! Ich kaufe mir nur, was ich mir heute auch leisten kann. Lediglich beim Hausbau waren unsere Väter bereit, Schulden zu machen, bemühten sich aber, diese so schnell wie möglich wieder loszuwerden.

Ihre Großmutter wusste noch genau: Wer Kredite aufnimmt, um alte Kredite zurückzuzahlen, kann nur in der Katastrophe enden. Dennoch lebt uns die Regierung genau das seit einigen Jahrzehnten vor und ermutigt uns, es ihr gleichzutun. Der Bürger muss konsumieren. Bert Rürup, einer der fünf »Wirtschaftsweisen«, sagte 2007: »Das Jahr 2008 wird das Jahr des Konsumenten!« Man erzählt uns: »Diesmal ist alles anders. Wir haben die Natur- und Wirtschaftsgesetze neu erfunden! Besser als Schulden sind nur noch mehr Schulden!«

Stehen Sie auf, und sagen Sie: »Der Kaiser hat keine Kleider an!« Verweigern Sie den Konsumterror, wenn Sie es sich nicht absolut leisten können und wollen! In Wien wird täglich eine Menge an Backwaren weggeworfen, die ausreichen würde, ganz Graz, die zweitgrößte Stadt Österreichs, zu ernähren. Warum wird nicht gleich weniger produziert? Wieso eigentlich sollen Sie sich alle drei Jahre ein neues Auto kaufen, obwohl das alte noch läuft? Mein BMW ist mittlerweile zehn Jahre alt und hat 420 000 Kilometer auf dem Tacho. Ich werde gelegentlich gefragt, warum ich mir kein neues Auto leiste. Warum? Warum soll ich etwas entsorgen, was tadellos funktioniert, technisch und optisch einwandfrei ist und meine Bedürfnisse absolut erfüllt? Warum soll ich Zigtausende Euros für ein neues Auto ausgeben, wenn ich nur für 300 Euro die Wasserpumpe tauschen muss?

Warum soll der Verbraucher für eine Kugel Eis zwei Euro bezahlen? Warum für einen Kaffee aus dem Pappbecher vier Euro? Wieso eine neue Videospielkonsole, wenn ich doch für die alte schon keine Zeit habe? Weil es alle machen? Es ist halt nun mal so? Nein, es ist nicht so! Der Kaiser hat keine Kleider mehr an!

Stehen Sie dazu, und stimmen Sie mit in den Chor ein, der immer lauter wird. Haben Sie den Mut zu sagen: Nein! Ich mache das nicht mit! Das hat nichts mit »Geiz ist geil« zu tun, sondern etwas mit unserem alten Freund, dem gesunden Menschenverstand. Natürlich können Sie sich einen Becher Kaffee für vier Euro leisten, aber warum sollten Sie das tun?

8 Ausblick: Von alten und neuen Mächten

Schneller, höher, weiter – bis zum Kollaps

Es wird Zeit, wieder ein wenig zurückzukommen zu Themen, die so scheinbar gar nicht in diese Zeit des schnellen Konsums und Kredits zu passen scheinen. Aber so wie Sie im Moment dieses Wirtschaftssystem hinterfragen, sollten Sie auch die mit diesem System verbundenen Werte hinterfragen: Ist »schneller, höher, weiter« wirklich das Nonplusultra? Was ist mit althergebrachten Werten wie Moral, gesellschaftlicher Verantwortung oder auch Nachhaltigkeit?

Es gibt auch unter den Wirtschaftsexperten und Finanzjournalisten viele, die sich mit diesen Themen beschäftigen. Jan Plate vom Hessischen Rundfunk beispielsweise fragt gelegentlich zu Recht: »Wie viel Rendite verträgt der Planet?« Leider finden solche Themen im Zeitalter des »MTV-Journalismus« (30 Sekunden Information, Schnitt, nächstes Thema, schneller, höher, weiter) nur selten einen Platz, und wenn, dann nach 22 Uhr in der Ecke für philosophische Tagträumer.

Wie sieht es mit Ihrer Zeit aus? Haben Sie Zeit? Kennen Sie jemanden, der Zeit hat? Wenn ja, ertappen Sie sich dabei, dass Sie denjenigen deswegen abschätzig betrachten? »Hat wohl nichts zu tun? Ach, so ein Leben wollte ich auch einmal haben!« Warum haben Sie es eigentlich nicht? Wir haben alle gleich viel Zeit, nämlich vierundzwanzig Stunden, jeden Tag. Aber was machen wir damit? Verwenden wir die Zeit zum Glücklichsein und Genießen, oder hetzen wir nur von einem »wichtigen« Termin zum nächsten?

Es gab einmal eine Zeit, da haben sich die Menschen auf besondere Ereignisse gefreut. Man hat sich monatelang auf die

»Kirchweih« gefreut. Und es ist noch gar nicht so lange her, da hat man sich schon Tage vor dem Opernbesuch voller Vorfreude auf das Ereignis vorbereitet, hat Textbücher gelesen und sich mit dem Inhalt des kommenden kulturellen Erlebnisses beschäftigt. Wie sieht das heute aus? »Mist, wir *müssen* heute Abend in die Oper. Ich bin schon viel zu spät dran. Da war noch die wichtige Sitzung. Schnell das Hemd wechseln. Komm, Schatz, wir kommen zu spät. Wann geht es eigentlich los? Weißt du, um was es geht? Ist ja auch egal, versteht man ja sowieso nicht. Wir sind übrigens für morgen Abend mit Messmers bei einem italienischen Abend mit Live-Musik in diesem neuen Lokal verabredet. Bei mir wird's später, geh du doch dann schon mal vor.«

Kommt Ihnen das ein wenig bekannt vor? Haben Sie mehr vom Leben, wenn Sie von Highlight zu Highlight hetzen? Ein Fest jagt das nächste: Geburtstag, Straßenfest, Grillabend … Häufig zwei tolle Veranstaltungen am gleichen Tag. Kein Wochenendtag ohne Feste oder Veranstaltungen, die man besuchen sollte. Aber können Sie irgendetwas davon wirklich genießen? Können Sie sich noch auf irgendetwas im Voraus freuen? Schnell hin, schnell genießen, hopp, hopp, wir müssen weiter.

Genauso geht es auch mit Anschaffungen. Dem neuen Fernseher folgen die DVDs, dann drei neue Bücher (»Wann soll ich die eigentlich lesen?«, aber egal, sie sind bestimmt spannend). Die Älteren erinnern sich vielleicht noch an ihre Jugend. Als sie eine neue CD oder Schallplatte »zelebriert« haben. Der Kauf war ein Ereignis. Zu Hause die Platte auf den Teller, und dann drei Stunden ungestört immer wieder genießen. Dabei jede Zeile des Begleithefts gelesen. Und in den Tagen danach immer wieder Freude an dieser einen Platte.

Wieso hat sich das alles so verschoben? Weniger Freizeit, weniger Genuss, aber immer mehr Konsum. Was für ein Wahnsinn! Ist es nicht Zeit, »halt!« zu rufen? Ich gebe mehr Geld aus, als ich mir leisten kann, um mehr zu konsumieren, als mir guttut. Dabei schade ich mir selbst – und das nur zum Nutzen des Konsum-systems, das Konsum und Kredit so dringend benötigt wie ein Junkie seine Spritze.

Immer mehr, immer schneller. Wie konnte es dazu kommen? Wieso haben sich die Werte so sehr verschoben, dass sich die Menschen und Märkte wie Derwische um sich selbst drehen, immer schneller im Kreis bis zur Besinnungslosigkeit und dem finalen Kollaps?

Der Grund dieses Konsumwahnsinns liegt in unserem Wirt-schaftssystem. Ein Wirtschaftssystem, das auf Zins und Zinses-zins aufgebaut ist. Das Geld verzinst sich, wird mehr und mehr – und das geschieht durch den Zinseszinseffekt immer schneller. Der Zinseszinseffekt bedeutet, dass sich in den kommenden Jah-ren ja nicht nur das ursprüngliche Geld verzinst, sondern auch die Zinsen, die man in den Jahren zuvor kassiert hat. Die Zinsen auf die Zinsen eben oder der Zinseszins. Also ist noch mehr Geld da, das Zinsen haben will. Dazu muss es aber jemanden geben, der es sich leiht und Zinsen bezahlt. Daher brauchen wir immer neue leichtgläubige Konsumenten, die sich Geld leihen, um sich damit unnötige Dinge zu kaufen, die möglichst schnell kaputt und ver-schlissen sind, damit sie sich wieder neues Geld leihen. Die In-dustrie belächelt heute den Irrsinn vergangener Zeiten, als eine Miele-Waschmaschine zwanzig Jahre gehalten hat. So blöd wäre heute kein Hersteller mehr.

Warum führt unser Wirtschaftssystem seit Jahrhunderten im-mer wieder in wirtschaftliche und schließlich auch politische Ka-tastrophen? Alle paar Jahrzehnte muss unser Wirtschaftssystem »resettet« werden wie ein abgestürzter Computer. Und dennoch glauben die Menschen immer wieder, diesmal hätten sie endlosen Wohlstand.

Dass ein System auf der Basis von Zins und Zinseszins nicht dauerhaft funktionieren kann, ist mit einem einfachen, aber plas-tischen Beispiel einfach erklärt:

Sehen wir uns den berühmten »Josefspfennig« an. Hätte Josef vor etwas über 2000 Jahren auch nur einen einzigen Cent für seinen Sohn Jesus mit 5 Prozent Zinsen angelegt, was schätzen Sie, wie hoch das Vermögen seiner Nachkommen heute wäre? Nun, es wären sagenhafte 295 Milliarden Weltkugeln aus purem Gold. Wer es gerne wärmer hat, kann alternativ auch 888 000 Sonnen aus reinem Gold haben. Einige Monde Abweichung je nach Gold- und Wechselkurs seien mir verziehen. Ich würde gerne das Gesicht Ihres Bankberaters sehen, wenn Sie ihm sagen: »Ich habe da noch ein altes Sparbuch der Volksbank von Judäa auf dem Dachboden gefunden. Könnten Sie mir bitte die Zinsen nachtragen?«

Sie sehen: In einem begrenzten System, wie unsere Erde es nun einmal ist, kann ein unendliches exponentielles Wachstum wie ein Zinseszinssystem schon rein logisch nicht funktionieren. Unser Wirtschaftssystem wird irgendwann kollabieren. So wie alle Systeme, die auf Zins und Zinseszins beruhen, in den vergangenen Jahrtausenden kollabieren mussten. Das ist mathematisch gar nicht anders möglich. Ein See, in dem sich die Algen ständig vermehren, kippt auch irgendwann um. Mit dem Zinssystem ist es genauso. Denn so wie auf der einen Seite das Vermögen von immer weniger Menschen immer abstrusere Dimensionen annimmt, so muss auf der anderen Seite ja auch die Verschuldung der anderen immer dramatischere Formen annehmen. Denn wer zahlt schließlich Zinsen, wenn nicht ein Schuldner?

Mit welcher Geschwindigkeit diese Kapitalkonzentration voranschreitet, zeigt folgendes Beispiel: 1998 besaßen 10 Prozent der Deutschen etwa die Hälfte des Vermögens aller Bürger. Nur fünf Jahre später, also 2003, besitzen die reichsten 10 Prozent bereits zwei Drittel des Gesamtvermögens.

Am Anfang eines solchen neugestarteten Systems (zum Beispiel in der Bundesrepublik 1948) gibt es kaum Verschuldung.

Die Wirtschaft boomt einerseits durch den Wiederaufbau, andererseits können sich der Firmengründer, der Staat und auch die Bürger ganz auf die eigene Entwicklung konzentrieren. Sie können das Geld, das sie einnehmen, vollständig in die Zukunft investieren.

Je mehr Schulden der Bürger für Konsum und Häuser aufnimmt, je mehr sich der Staat belastet, um die Wirtschaft anzukurbeln, je mehr die Unternehmen geliehenes Geld benötigen, um neue Geschäftsfelder zu erschließen, umso mehr müssen alle im Lauf der Jahre für die Zinszahlungen aufbringen. Anfangs sehr wenig, aber durch den Zinseszinseffekt immer schneller immer mehr, bis alle ihre Arbeitskraft und Leistungsfähigkeit nur noch für den Schuldendienst einsetzen.

Sie glauben, Sie haben keine Schulden? Sie irren sich. Der Staat hat in Ihrem Namen jede Menge davon gemacht. Mittlerweile ist der zweitgrößte Posten im Bundeshaushalt die Zinszahlung auf die Staatsschulden! Der Staat muss also einen großen Teil seiner Einnahmen für Zinszahlungen verwenden und kann in der Folge seinen eigentlichen Verpflichtungen immer weniger nachkommen: Bildung, Soziales, Armee, Straßenbau und so weiter und so fort. Wir versuchen dies durch immer mehr Eigeninitiative wettzumachen. Eltern renovieren auf eigene Kosten Schulräume, Gemeinden organisieren »Umwelttage«, um den Müll zu beseitigen und, und, und. Das Kultusministerium versucht den Eltern klarzumachen, dass eine Verkürzung der Schulzeit nur im Interesse der Kinder sei. Wer glaubt noch einen solchen Unsinn? Der Staat hat schlichtweg nicht mehr genug Geld für ausreichend Lehrer und Lehrkosten.

Selbst in konjunkturell boomenden Zeiten wie in den Jahren bis 2007 hat es der Staat nicht einmal zu einem ausgeglichenen Haushalt geschafft, weil ihn der Ballast der Zinszahlungen wie ein Granitblock festgehalten hat. Was erwartet uns dann erst in den kommenden Jahren bei einer möglichen Rezession? Welche

Kürzungen werden die Bürger sich noch gefallen lassen? Wann wird der Punkt erreicht, an dem die Stimmung kippt und das System erst (in welcher Form auch immer) zusammenbricht, um danach wieder neu »resettet« zu werden wie der durch Überlastung abgestürzte Computer?

Gesamtstaatliche Verschuldung der Bundesrepublik seit 1951

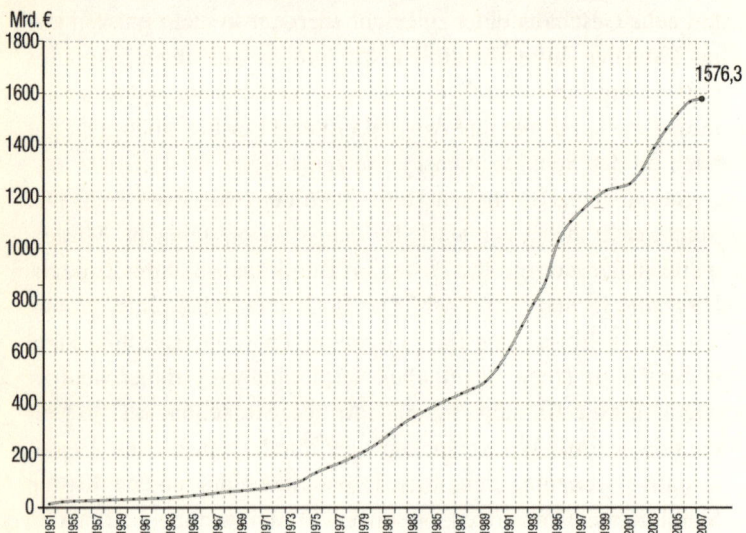

Die Konsequenz ist bestechend einfach: Dieses System braucht, um zu bestehen, immer neue Schuldner. Nur so kann sich das stetig wachsende Geld verzinsen. Irgendwann ist aber der Punkt erreicht, an dem die Schuldenlast die Bürger erdrückt. Sie sind nicht mehr in der Lage, neue Kredite aufzunehmen. Zumindest nicht in der Menge, die das System zum Wachsen und Überleben benötigt. Dann kommt es zu Situationen wie im Jahr 2008.

Das Problem sind nicht die Banken oder die fallenden Immobilien. Das Problem ist, dass die Menschen nicht genug Kredite aufnehmen können. Der Konsum bricht ein, und sofort beginnt das System zusammenzubrechen. Nur eine sofortige Infusion mit neuen Krediten kann kurzfristig Rettung bringen. Wenn der Bürger keine Kredite aufnehmen will oder kann, macht es eben der Staat im Namen der Bürger – 700 Milliarden, wie gerade in den USA geschehen. Nahezu das Doppelte des gesamten Haushalts der Bundesrepublik Deutschland wird mal eben als neue Schulden auf die Rücken der US-Bürger geladen. Im Namen des Volkes, natürlich. In Europa sieht es da nicht besser aus.

Der Konsum muss sich immer schneller drehen. Wir verbrauchen dabei die Ressourcen unseres Planeten für immer unsinnigere Dinge. Herstellen, konsumieren, entsorgen, herstellen ... Da spielt es keine Rolle, ob es sich um Elektronik, Kleidung oder Lebensmittel handelt.

Bei den Lebensmitteln hat das System der Verschuldung und des erzwungenen Konsums zu neuen Dimensionen geführt. Ein Beispiel aus Rumänien verdeutlicht das: Seit Jahrhunderten bauen die Bauern dort Auberginen an. Sie ernten das Gemüse, gewinnen aus einigen Pflanzen neue Samen, die sie im Jahr darauf wieder aussäen. So funktioniert der Ackerbau seit Jahrtausenden. Was ist das Besondere daran?, fragen Sie sich. Ich will es Ihnen erzählen: Neuerdings tauchen bei diesen Bauern Saatguthersteller aus Europa auf. Die haben das Saatgut der Pflanzen durch Züchtung oder durch Gentechnik »optimiert«. Das Gemüse schmeckt zwar längst nicht mehr so gut wie das »altmodisch« gezogene, dafür sehen die Früchte aber viel besser aus und lassen sich so auf dem internationalen Gemüsemarkt viel besser verkaufen. Wer will schon gutschmeckende, aber fleckige Auberginen? Wir sind schließlich die wässrige, aber gutaussehende Ware gewohnt. Bis hierher ist das ärgerlich, aber noch lange kein Aufreger. Wenn da nicht noch eine andere Eigenschaft in das Saatgut eingebaut wäre, denn dieses sogenannte Hybrid-Saatgut ist leider ein Einweg-

Saatgut: Aus den aus ihm hervorgegangenen Pflanzen lassen sich keine Samen gewinnen, die im nächsten Jahr wieder ausgesät werden könnten. Das hat zur Folge, dass der Landwirt von nun an jedes Jahr das teure Saatgut vom Hersteller kaufen muss. Zu dessen Konditionen. Im ersten Jahr bekommt er das Saatgut von korrupten staatlichen Stellen mit Subventionen aufgedrängt. Ab dem zweiten Jahr muss er die Zeche selbst bezahlen. Jahr für Jahr. So wird aus einem wunderbar funktionierenden und natürlichen System durch Habgier und List eine immerwährende Konsumnachfrage geschaffen. Der Konsument – hier der Landwirt – wird erst süchtig gemacht und dann, wenn er gar nicht mehr anders kann, gemolken bis zum Exitus.

Das ist ein sehr plastisches Beispiel, wie Konsum nur zum Selbstzweck des Konsums erzwungen wird. So oder so ähnlich geht es uns in vielen Belangen des täglichen Lebens. Meist passiert das jedoch wesentlich geschickter und verdeckter. Ständig wird uns ein Konsumbedürfnis eingeimpft, das wir von alleine gar nicht hätten. Wenn Sie das System des Zinseszinses und des Josefspfennigs verstanden haben, ist Ihnen aber auch klar, dass diese Kreditinfusion keine langfristige Rettung bringen kann. Das System wird nur kurzfristig über die nächste Runde gerettet. Der Teich ist mit Algen fast zugewachsen. Es muss rein mathematisch bald zum Kollaps kommen. Das bedeutet den Zusammenbruch des Zins- und Wirtschaftssystems – und was dann geschieht, dazu siehe das Horrorszenario (S. 94 ff.).

Die Freiwirtschaft

Aber wie sieht die Alternative aus? Der Kommunismus ist doch auch gescheitert. Stimmt. Aber dennoch gibt es Alternativen zu unserem Zinseszinssystem. Die sogenannte Freiwirtschaft ist ein

Wirtschaftsmodell, das Anfang des 20. Jahrhunderts durch den belgischen Kaufmann und Finanztheoretiker Silvio Gesell großes Ansehen erlangte. Es beruht im Wesentlichen auf der Zinslosigkeit. Dieser Gedanke ist keineswegs neu, alle großen Religionen dieser Erde verbieten die Zinsnahme. Die Religionsgründer wussten nämlich ganz genau, welch verheerende Wirkung Zins und Zinseszins in einem Wirtschaftssystem haben. So verbietet das Alte Testament die Zinsnahme gegenüber Glaubensbrüdern und Mitgliedern des eigenen Volkes. Nur gegenüber Andersgläubigen durfte man Zinsen nehmen.

Das Verbot der Zinsnahme ist auch ein elementarer Bestandteil des Islam. Zwar sind Gewinne aus Handelsgeschäften erlaubt, nicht jedoch etwas, was dem Zinseszins entspricht, Geld also, das sich aus sich selbst heraus vermehrt wie ein Krebsgeschwür. Wer Geld in ein Unternehmen investiert, beispielsweise durch eine Aktie, darf auch am Erfolg des Unternehmens in Form einer Dividende teilhaben.

Da auch das Christentum auf dem Alten Testament fußt, war gläubigen Christen die Zinsnahme ebenfalls untersagt. 1139 wurde die Zinsnahme seitens der katholischen Kirche nochmals ausdrücklich verboten, und in den folgenden Jahren wurde dieses Verbot mit besonderem Nachdruck umgesetzt, was zuvor nicht immer der Fall war. Daraus resultierte eine der erfolgreichsten und längsten Blütephasen, die das Gebiet Deutschlands je erfahren hat: die Blütezeit des Mittelalters von 1140 bis etwa 1500, eine Epoche, die identisch ist mit der Gotik. Es war die Zeit, als ein bis dahin nie gekannter Wohlstand entstand. Handwerker waren gutbezahlte und angesehene Leute, Bauern hatten ihr Auskommen. Überall entstanden die Bürgerstädte. Es war das Zeitalter der Stadtgründungen. Die Kathedralen und Dome entstanden. Aber nicht auf Kredit, sondern durch freiwillige Spenden. Klöster und Burgen wurden gegründet. Natürlich gab es auch damals den einen oder anderen Trick, Zinszahlungen vorzunehmen und zu verschleiern. Im großen Stil war das jedoch aufgrund der strikten Regelung der Kirche nicht möglich. Zinsnahme und Wucher waren eine Sünde und wurden schwer bestraft. Ein großflächiges Zinseszinssystem war unmöglich. Doch der Aufstieg war auch ohne die angeblich lebensnotwendigen Zinseszinszahlungen möglich. Hansestädte wie Lübeck, Bremen und Hamburg blühten auf. Die Kultur entwickelte neue Dimensionen. Es wurde der freie Montag eingeführt. Handwerker arbeiteten nur noch vier Tage pro Woche.

Wie war all das möglich, wenn man den Erläuterungen der heutigen Wirtschaftswissenschaftler Glauben schenkt, die uns erklären, dass eine Wirtschaft ohne Zinseszins nicht funktioniert? 350 Jahre Wohlstand für die größten Teile der Bevölkerung, und das sogar trotz unvorstellbarer Katastrophen wie der Entvölkerung halb Europas durch die Pest. Gab es je eine solche erfolgreiche Zeitspanne *mit* Zinseszins?

Etwa um 1500 wurde das Zinsverbot immer aggressiver umgangen. Antreiber waren die reichen Kaufmannsfamilien, die ihren Wohlstand bis dato aus Handel und Dienstleistung oder auch Handwerkskunst erworben hatten. Sie verliehen immer mehr überschüssiges Geld an Fürsten und Könige oder auch an Handwerker. In der Wiedereinführung des Zinses sahen sie eine große Gelegenheit, ihren Reichtum noch schneller zu mehren. Durch politische Kniffe gelang schließlich eine weitestgehende Abschaffung des Zinsverbots, wenn auch zunächst nicht im Kirchenrecht, so doch unter Duldung der Kirche in der täglichen Praxis. Zu den führenden Kräften gehörte die berühmte Kaufmannsfamilie der Fugger. Geld wurde immer öfter zu sehr hohen Zinsen verliehen. Es kam zu einer dramatischen Umverteilung des Wohlstands. Die Masse der Menschen verlor, und wenige profitierten. So stiegen die Fugger durch ihre Zinsgeschäfte zu einer der wohlhabendsten Familien der damaligen Welt auf. Die Umverteilung des Wohlstands war so stark, dass der Bau der

Kathedralen und Dome aus Geldmangel endete und die drastische Verarmung der Bevölkerung nur wenige Jahrzehnte später zu den blutigen Bauernkriegen führte.

Auch Martin Luther hat sich immer wieder vehement gegen die Zinsnahme ausgesprochen: »Es gebührt Christenmenschen nichts anderes, denn Geben und Leihen umsonst.« Erst 1822 wurde das Verbot der Zinsnahme durch die katholische Kirche offiziell aufgehoben.

Ein Wirtschaftssystem ohne Zinseszins ist ein ausgesprochen komplexes Thema, das heutzutage sehr kontrovers diskutiert wird. Sicherlich müssen viele Details durchdacht und diskutiert werden. Aber ist es nicht eine Überlegung wert, einmal über Alternativen nachzudenken? Unser jetziges System erweist sich ja, wie man in den letzten Monaten nur zu genau studieren konnte, anscheinend doch nicht als der Stein der Weisen, als der er uns seit Jahrzehnten verkauft wird. Also sollte man doch frei von jeder Ideologie darüber nachdenken, ob es nicht Alternativen gibt. Ob es die Freiwirtschaft ist, vermag ich nicht zu sagen. Sie hat sicherlich bestechende Vorteile. Vielleicht gibt es aber auch ganz andere Varianten. Ich bin nur von einem überzeugt: Unser aktuelles Zinseszinssystem ist nicht die beste aller Welten. Wenn am Ende wenige Menschen alles besitzen, und der Rest nur noch für die Zinsen arbeitet – und das ist nun mal die logische mathematische Konsequenz, kann das nicht richtig sein.

Ich bin weit entfernt von jeder verblendeten Ideologie. Aber ich sehe, wenn der Kaiser keine Kleider anhat, und nehme mir das Recht und die Freiheit, das zu sagen. Ich fordere alle auf, gemeinsam nach besseren Wegen zu suchen. Ich kenne auch nicht die absolute Wahrheit, doch es sei erlaubt, über neue Möglichkeiten nachzudenken.

China: boomender Wirtschaftspartner oder gelbe Gefahr?

In wenigen Jahren wird China die Weltwirtschaft dominieren. Das amerikanische Militär- und Wirtschaftsimperium hat den Zenit seiner Macht längst überschritten und befindet sich im Endstadium wie einst das Römische Reich. In der Geschichte der großen Imperien der letzten 3000 Jahre ist immer wieder der gleiche Ablauf zu beobachten: Zunächst erhebt sich ein Volk durch ungeheure Anstrengungen, Disziplin, Schaffenskraft und den unbedingten Willen zu Wohlstand und Macht über seine Nachbarn. Das galt für das ägyptische Reich genauso wie für das Osmanische Reich oder das britische Empire. Das beeindruckendste Beispiel war das Römische Reich, das sich aus kleinen, aber ehrgeizigen Stadtstaaten in Mittelitalien zu einem der größten Weltreiche der Geschichte entwickelte.

Wesentliche Triebfeder dafür war die Bereitschaft seiner Soldaten und seiner gesamten Bevölkerung zu Entbehrungen, harter Arbeit und Disziplin. Je größer das Reich wurde, und je wohlhabender seine Bevölkerung, umso größer wurden auch die Probleme. Die Bevölkerung wurde immer träger, man genoss die Annehmlichkeiten des Wohlstands. Dekadenz hielt immer mehr Einzug. Die reichen Kaufleute genossen lieber die Badehäuser und ihre Mätressen, anstatt sich um neue Geschäftsfelder zu kümmern, die römische Bevölkerung war gut versorgt und befasste sich lieber mit Freizeitbeschäftigung und Alltagstratsch anstatt mit harter, entbehrungsreicher Arbeit. »Brot und Spiele« war das Leitmotto des späten römischen Staates. Das Heer wurde ebenfalls immer träger und rieb sich in Scharmützeln in weit entfernten Regionen der damaligen Welt auf. Schließlich kamen neue Völker, die, angestachelt von dem Wohlstand der Römer, den unbedingten Willen zum Erfolg hatten. Sie waren bereit, Entbehrung und harte Arbeit auf sich zu nehmen, um sich den Reichtum

Roms zu holen. Als dann die Goten im Herzland des Römischen Reichs auftauchten, gab es kaum noch eine Gegenwehr des dekadenten und in sich selbst zerfallenden Römischen Reichs.

Die gleiche Entwicklung beobachten wir in unserer westlichen Welt. Spätestens seit der Industrialisierung im 19. Jahrhundert haben die Völker Amerikas und Europas mit harter Arbeit und Entbehrung eine Weltmacht aufgebaut (wenn man die westliche Welt insgesamt betrachtet). Man denke an die Entbehrungen unserer Vorfahren, die sechzehn Stunden am Tag in den Fabriken und Bergwerken geschuftet haben. An die unsagbaren Entbehrungen und Strapazen der Besiedlung Nordamerikas. An die Zeit des Goldrauschs und den Aufbau der Vereinigten Staaten, wie wir sie heute kennen. Selbst in der jüngeren Vergangenheit waren die Menschen zu unglaublichen Anstrengungen bereit. Denken Sie an die Bilder der Trümmerfrauen nach dem Zweiten Weltkrieg und an die Freude, mit der die Menschen im Aufschwung der fünfziger und sechziger Jahre in die Fabriken fuhren und gerne bereit waren, für ein bisschen mehr Lebensqualität – vielleicht sogar mal einen Urlaub in Italien – zehn oder zwölf Stunden am Tag zu arbeiten.

Doch was ist daraus geworden? Gesellschaftlich befinden wir uns in der Spätphase des Römischen Reichs. Kaum noch jemand ist bereit, Leistung zu erbringen. Die Forderung nach einer Achtunddreißig- oder gar Vierzigstundenwoche wird mit Massenstreiks und größter Empörung quittiert. Die Ansprüche an den Staat werden immer größer. Und dabei waren in allen früheren Phasen unseres westlichen Systems fünfzig bis sechzig Arbeitsstunden die Woche absolute Normalität und sogar eher als wenig angesehen.

Was für die Römer Gladiatorenkämpfe zur Unterhaltung und Ruhigstellung der Bevölkerung waren, sind für uns heute der *Big-Brother*-Container und die Fußballarena. Die Frage, die sich durch viele Büros und Fabriken zieht, ist nicht die nach den beruflichen Notwendigkeiten oder »Wie kann ich die Firma weiterbringen?«, sondern sie lautet: »Was mache ich heute Abend? Wo gehen wir essen, wohin fliegen wir dieses Halbjahr in den Urlaub? Kauf ich mir als Nächstes ein Nokia- oder ein Samsung-Handy?« Kurzum, wir haben einen ähnlich dekadenten Status erreicht wie die Römer zu Beginn ihres Untergangs. Das ist kein Vorwurf, sondern die Feststellung einer völlig normalen Entwicklung. Wenn es dem Menschen gutgeht, wird er träger und bequemer. Das ist nun einmal so.

Aber wir sind ja nicht alleine auf dieser Welt; es gibt viele Völker, die nicht in unserem Wohlstand leben. Und diese Völker erheben sich gerade. Sie sind wie wir vor 200 Jahren bereit, Entbehrungen auf sich zu nehmen. Angestachelt von dem Wohlstand, den wir ihnen vorleben. Diese Völker besitzen die gleichen – wenn nicht bessere – Voraussetzungen wie wir. Denken Sie an die Chinesen. Ein geniales, strebsames Volk mit unbedingter Disziplin und Leistungsbereitschaft. Die Chinesen haben bereits Schießpulver verwendet, als unsere Vorfahren noch mit Speeren aufeinander losgegangen sind. Glücklicherweise sind sie sich damals nicht begegnet.

Seit der Öffnung Chinas Ende der achtziger Jahre ist der chinesische Drache, der Jahrhunderte geschlafen hatte, erwacht. Erst hat er müde ein Augenlid gehoben, sich dann langsam geräkelt, und jetzt beginnt er gerade aufzustehen. Die wenigsten Menschen machen sich zur Zeit eine Vorstellung von der wahren Dimension dieses Erwachens. Ein 200 Jahre altes geflügeltes Wort von Napoleon besagt: »Wenn der chinesische Drache erwacht, dann erbebt die Welt.«

Die chinesischen Arbeiter fragen heute nicht nach einer Achtunddreißigstundenwoche. Hier ist die Sechzigstundenwoche völlig normal. Bis zum Jahr 2020 plant China 97 neue Flughäfen. Wie viele Jahre wurde in Deutschland wegen der Verlängerung der Startbahn West in Frankfurt gestritten? Elf Jahre!

Mit 1,3 Milliarden Menschen hat China eine viermal so große

Bevölkerung wie die USA. China und Indien gemeinsam stellen etwa ein Drittel der Weltbevölkerung.

Der Aufstieg Asiens bedeutet für den Westen die größte Herausforderung seit dem Kalten Krieg. Doch diesmal geht es nicht um militärische Überlegenheit und Abschreckung, diesmal geht es um nichts Geringeres als die Verteilung der weltweiten Ressourcen und des Wohlstands.

Asien war einst eine ferne Welt, mit der man nicht so richtig was anfangen konnte. Was uns besonders aufmerksam machen sollte, ist die unglaubliche Dynamik, mit der dieser Aufstieg vonstattengeht. So sind beispielsweise die Devisenreserven Chinas von 2004 bis 2008 von 400 Milliarden US-Dollar auf 1,5 Billionen US-Dollar explodiert. China ist heute der größte Produzent von Silizium, Aluminium, Schuhen, Klimaanlagen, Edelstahl, Weizen, Reis, Gemüse, Fernsehgeräten, Handys, Computerspielen und so weiter und so weiter.

Es ist auch längst nicht mehr nur Billigspielzeug, das China in Richtung Westen verlässt. Im Jahr 2009 rollt der erste Airbus aus einem chinesischen Produktionshangar. Deutschland, einst das Kernland der Solarenergieforschung, wird aus China mit Solarzellen überschwemmt. Sieben der zehn größten Hersteller von Solarzellen sitzen inzwischen in Asien.

Das Tollste daran: Es gibt im Moment kaum einen asiatischen Markt für Solaranlagen. Diese werden fast ausschließlich für Europa produziert. Warum? Weil es nur hier Fördergelder gibt. Fördergelder, die dafür gedacht waren, deutsche oder europäische Solarforschung und -produktion zu fördern.

Dort drüben erhebt sich eine Region, die vollkommen unterschätzt wird. Die meisten Menschen verbinden mit China noch immer romantische Bilder von Reisbauern auf ihren Feldern oder fahrradfahrenden Handwerkern mit einer uralten Nähmaschine auf dem Gepäckträger. Kaum jemand begreift, dass sich dieses Bild in den letzten Jahren dramatisch verändert hat.

Dieses Foto stammt nicht aus den USA, sondern zeigt die chinesische Stadt Guangzhou. Sie kennen Guangzhou nicht? Aber Cincinnati sagt Ihnen was!? Genauso geht es den meisten Menschen in Europa. Wir kennen zwar jede 300 000-Einwohner-Stadt in den USA, aber von einer zehnmal so großen Metropole in China haben die meisten noch nicht einmal den Namen gehört. Genau diese Selbstverliebtheit lässt uns die aufkommende Macht im Osten dramatisch unterschätzen. Unser Universum scheint sich ausschließlich um uns selbst zu drehen. Wir wollen nicht akzeptieren, dass sich außerhalb unseres Macht- und Wirtschaftsraums plötzlich noch andere mächtige Regionen auftun.

Seit Generationen haben wir keinen ernstzunehmenden wirtschaftlichen Konkurrenten. Europa und später die USA dominieren die Welt seit über 2000 Jahren, jedenfalls die uns damals bekannte Welt des Römischen Reichs. Alles drehte sich zunächst um Europa. Die Welt außerhalb war lediglich Rohstofflieferant, Kolonie oder Quelle für billige Arbeitskräfte, ja sogar Sklaven. Wir haben die Welt da draußen nie ernst genommen. Nach Südamerika segelte man, um sich das Gold zu nehmen, aus Afrika holte man sich Sklaven. Über all diese Zeit war Europa der Nabel unserer Welt. Auch die Gründung der Vereinigten Staaten ging von Europa aus. In Amerika entstand innerhalb kürzester Zeit ein Ableger des alten Europas. Diejenigen, die nach Amerika gingen, waren die verzweifeltsten, aber auch die wagemutigsten Europäer. Sie gingen nach Amerika mit dem unbedingten Willen, sich durch äußerste Leistung eine glückliche Zukunft aufzubauen. Das war eine der wichtigsten Ursachen für den raschen und schnellen Erfolg der USA. Diese Auswanderer waren weit höher motiviert, aus Dreck Gold zu machen und höchste Leistung zu bringen, als diejenigen, die in Europa zurückblieben: Die Resignierten sind in Europa geblieben und haben sich ihrem Elend ergeben. Die meisten Wohlhabenden sind in Europa geblieben, weil es bequemer war, hier den Stand zu halten und gemütlich weiterzuwursteln, als die ganzen Mühen und Strapazen in Amerika auf sich zu nehmen. Warum sich quälen, wenn es nicht sein muss? So hatten also die neuen Amerikaner einen unbezahlbaren Vorteil: Sie waren motivierter. Sie waren zu wesentlich mehr Leistung bereit als die bequem gewordenen »Alteuropäer«.

Die Folge war nicht nur die rasche Gründung einer eigenen Nation, sondern auch deren sagenhafter wirtschaftlicher Aufschwung. »New Frontier« war das Schlagwort einer neuen Nation. Immer wieder die Grenzen verschieben. Immer weiter nach Westen, danach immer weiter ins All, und immer weiter im Streben nach Wohlstand. So gelang es durch Leistungswillen und Motivation, das alte Europa abzuhängen und eine neue, ja sogar *die* Weltmacht zu schaffen. Europa blieb wie einst den Römern nichts anderes übrig, als dieser Entwicklung staunend zuzusehen. Die Bequemlichkeit und die eingefahrenen Strukturen in Europa erlaubten es gar nicht, mit der Entwicklung in Amerika mitzuhalten. Die daraus resultierende militärische Überlegenheit klärte dann binnen zweier Weltkriege die Machtverhältnisse endgültig.

Doch es kam, wie es kommen musste. Auch für die Vereinigten Staaten gelten die Naturgesetze, und auch die menschliche Natur gilt für alle Völker und Staaten. Mit all ihren Stärken und all ihren Schwächen. Und so, wie es eine Stärke ist, unbedingten Leistungswillen und erstaunliche Selbstaufopferung aufbringen zu können, wenn man seine vermeintlich schlechte Situation verbessern will, ist es eine Schwäche, dass der Mensch recht schnell das Genießen anfängt, wenn er die Schwelle zum Wohlstand überschritten hat. Denn wenn man nicht ständig um das Existenzminimum kämpfen muss, möchte man sein Glück ja auch mal genießen. Das beginnt ganz harmlos, indem man mal nicht zwölf Stunden am Tag arbeitet, sondern schon mal nach zehn Stunden den Hammer weglegt. Und je weiter der Wohlstand fortschreitet, umso mehr möchte man ihn genießen. Was im Übrigen vollkommen normal und richtig ist, denn das ist die Natur des Menschen. Dann fängt er an, nicht nur über mehr Leistung nachzudenken, sondern er versucht, wieder etwas Tempo herauszunehmen. Gewerkschaften formieren sich. Arbeitszeitreduktion wird zum beherrschenden Thema. Urlaubstage werden eingeführt. Die Freizeitgestaltung nimmt immer mehr Platz ein. An die Stelle des unbedingten Leistungswillens der Gründergenerationen tritt zunehmend die Genusskultur. Arbeit wird immer mehr zum lästigen Übel. Die Frage: »Wo schürfe ich als Nächstes nach Gold, welche Bäume muss ich fällen, um eine Blockhütte zu bauen?«, weicht der Frage: »Geh ich heute zum HSV oder lieber zum Barbecue bei Anke?« Wie gesagt: Das ist gut so. Der Mensch bekommt so die Möglichkeit, soziale Aspekte weiterzuentwickeln. Sich um Themen wie Umweltschutz, soziale Sicherungssysteme und Selbstverwirklichung zu kümmern. In Aufbauzeiten wie der Industrialisierung oder der Eroberung des amerikanischen Westens haben nur die wenigsten Menschen den Kopf frei für solche Dinge. Kunst oder Kultur beschränkten sich meist auf den Ausdruckstanz der Bardamen. Erst der Wohlstand und das verringerte Tempo geben genügend Freiraum für geistige und kulturelle Weiterentwicklung. Eine Oper kann nur entstehen, wenn die Leute auch die Freizeit und die Muße haben, sich das anzusehen. Das geht schlecht, wenn ich gerade mit einem Pfeil im Hut die Wagenburg gegen vierzig angreifende Sioux-Indianer verteidigen muss.

Also ist der Müßiggang eigentlich etwas sehr Positives und Erstrebenswertes, wenn ich erst mal über die Existenznot hinausgekommen bin. Er hat allerdings einen entscheidenden Nachteil: Nicht alle Menschen dieser Erde verfallen gleichzeitig in Müßiggang. Die Entwicklung der Weltbevölkerung läuft nicht im Gleichschritt ab. Das mag einerseits an geographischen oder ethnischen Besonderheiten liegen, die Hauptsache dürfte aber in der unterschiedlichen politischen Entwicklung der verschiedenen Regionen dieser Erde begründet sein. Das beste Beispiel dafür ist Korea. Schauen Sie sich an, welche drastischen Unterschiede in der Bevölkerung und ihrer Entwicklung zwischen Nord- und Südkorea entstanden sind. Bis 1948 war Korea ein gemeinsamer Staat mit gemeinsamer wirtschaftlicher und kultureller Entwicklung, wenngleich das Land seit 1910 von Japan annektiert war. Innerhalb der wenigen Jahrzehnte seit 1948 mit ihrer unterschiedlichen politischen Herrschaft entwickelte sich in Südkorea eine Kultur- und Wirtschaftsnation, die hinter Europa kaum zurückstehen muss. Das Bruttoinlandsprodukt (BIP) liegt bei etwa 25 000 US-Dollar pro Einwohner und damit noch deutlich vor Portugal. Das BIP von Nordkorea liegt ungefähr bei einem Zwanzigstel davon etwa auf dem Niveau von Nepal. Und das nach nur etwa sechzig Jahren getrennter Entwicklung!

Aber wir brauchen gar nicht nach Asien zu springen, denken Sie nur an die unterschiedliche wirtschaftliche und kulturelle Entwicklung in West- und Ostdeutschland in gerade einmal vierzig Jahren unterschiedlicher politischer Bedingungen. (Und wenn Sie jetzt wieder an Nepal denken, sind Sie ein Wessi ...!)

Diese unterschiedlichen Entwicklungsstufen führen dazu, dass ein Staat bereits weit in der Phase der Sättigung und des Müßiggangs angelangt ist, während ein anderer gerade seine Fesseln abwirft und die Masse seiner bis dahin um ihre Existenz kämpfenden Menschen in die Epoche des absoluten Leistungswillens eintritt. Wenn diese beiden Völker dann aufeinandertreffen, geschieht wenig Überraschendes: Die aufstrebenden Goten haben das müßige Römische Reich überrannt.

Innerhalb Europas ist es immer wieder zu solchen Machtverschiebungen durch Bevölkerungsgruppen gekommen, die durch unbedingten Leistungswillen die Macht übernommen haben. Denken Sie nur an die fast schon sprichwörtliche Leistungsbereitschaft der Preußen. Oder eben daran, wie die leistungsbereiten Amerikaner dem träge gewordenen Europa die Macht entrissen haben.

Gegenwärtig befinden wir uns wieder am Übergang einer solchen Epoche. Auf der anderen Seite des Globus erhebt sich ein Volk, das über Jahrhunderte durch die politischen Entwicklungen zurückgehalten wurde. Hier entsteht eine Großmacht, deren Ausgangsposition besser ist als die aller Großmächte, die die Erde bislang beherrscht haben. China ist flächenmäßig etwa genauso groß wie die USA oder Europa, wenn man es bis an den Ural misst. Dazu verfügt die Volksrepublik mit 1,3 Milliarden Menschen über eine größere Bevölkerung als die USA und Europa zusammen (etwa eine Milliarde Menschen). Auch wenn man es schon fast nicht mehr hören kann, darf diese Zahl bei keiner Erörterung dieses Themas fehlen.

1,3 Milliarden Menschen, die unseren Wohlstand vor Augen haben! 1,3 Milliarden Menschen, die sich ungefähr in der mentalen Phase der Amerikaner während des Goldrauschs befinden! Menschen, die den absoluten Leistungswillen haben und gerne bereit sind, zwölf oder auch fünfzehn Stunden an sieben Tagen die Woche zu arbeiten, um aus den Existenzproblemen herauszukommen.

Bill Gates hat sich dahingehend geäußert, dass die Forschungsabteilung Microsoft Asien die produktivste und innovativste aller weltweiten Microsoft-Standorte sei. Die Begründung ist einfach: Die dortigen Angestellten arbeiten freiwillig bis zu achtzehn Stunden pro Tag ohne Wochenendpause. Häufig lassen sie noch ihren Urlaub verfallen. Sie haben sich den Traum erfüllt, für Microsoft zu arbeiten, und geben nun im wahrsten Sinne des Wortes alles, um diesen Traum weiterzuentwickeln, ihren Eltern zur Ehre und zur Versorgung zu gereichen und sich zur Elite ihres Landes zählen zu dürfen.

1,3 Milliarden Menschen, die einige Jahrzehnte von der Phase des Müßiggangs entfernt sind, in der wir Europäer und die Amerikaner uns befinden … Wir müssen uns darüber im Klaren sein, dass wir dieses Volk nicht werden stoppen können. Die chinesischen Menschen werden uns wirtschaftlich und damit auch im politischen Einfluss genauso überrennen wie einst die Goten das alte Rom oder wie die Amerikaner an den Europäern vorbeigezogen sind. Mit einem gravierenden Unterschied: Wegen der globalisierten Welt und der internationalen Vernetzung durch Telekommunikation, Internet, Satellit und Hochleistungsfrachtverkehr wird diese Entwicklung in Höchstgeschwindigkeit geschehen. Geschah diese Entwicklung früher in hundert oder zweihundert Jahren, geschieht sie heute in wenigen Jahrzehnten.

Begonnen hat dieser Aufbruch einer neuen Weltmacht mit der Öffnung Chinas in den achtziger Jahren. Damals erwachte der Drache aus dem Tiefschlaf. Die Geschwindigkeit der chinesischen Entwicklung ist schlicht atemberaubend: Noch 1981 lebte mehr als die Hälfte der chinesischen Bevölkerung unter dem Existenzminimum. 2001 waren es gerade noch 8 Prozent. Das BIP liegt dennoch nur bei 5300 US-Dollar pro Einwohner. In

Deutschland sind es etwa 34 000 US-Dollar und in den USA 45 000 US-Dollar. Nehmen Sie die Zahlen bitte wie immer bei offiziellen Daten nur als grobe Anhaltspunkte. Aber auch dann zeigt sich daran, dass China noch sehr viel Potential hat, bevor es unseren Sättigungsgrad erreicht und in unsere Phase des Müßiggangs mit einschwenkt.

Dennoch hat es China geschafft, uns in wesentlichen Bereichen bereits zu überholen. Dabei geht es längst nicht nur um billige CD-Kopien. Jährlich verlassen in China eine halbe Million Studenten die Universitäten als ausgebildete Ingenieure und Naturwissenschaftler. In Amerika sind es gerade einmal 70 000. Man kann zu Recht einwerfen, dass der Wissensstand der chinesischen Akademiker nicht mit dem ihrer Kollegen aus Europa und Amerika vergleichbar ist. Aber wie lange noch? Die Wissbegierigkeit der Chinesen scheint keine Grenzen zu kennen. Bei der Intel Fair, einer Art internationalem Jugend-forscht-Wettbewerb im Jahr 2004, haben 65 000 amerikanische Kinder mitgemacht, aber 6 Millionen chinesische Kinder. Auch das ist eine Folge der Ein-Kind-Politik Chinas. Da Eltern nur ein Kind haben dürfen, tun sie alles, damit dieses eine Kind Erfolg hat. Zusammen mit der staatlichen Bildungsinitiative wächst hier eine Generation heran, angesichts deren wir in Zeiten der Pisa-Studie nur mit aufgeklapptem Kiefer neidisch nach Osten schauen können.

Die chinesischen Jugendlichen gehen mit ganz anderem Ehrgeiz an das Lernen heran als junge Menschen in unserer westlichen Welt. Während wir die Mehrheit unserer Schüler zum Lernen tragen müssen (ich weiß, wovon ich rede, ich war selbst einer), stürzen sich die chinesischen Kinder auf die Bücher. Sie sind dankbar für jede Bildung und jede neue Information. Sie sehen die Chancen, die ihnen damit geboten werden. Unsere Teenager sehen nur die vergeudete Zeit, die sie vom Chillen, Abhängen oder Nintendo-Spielen abhält.

Natürlich ist das überzeichnet. Natürlich gibt es auch bei uns sehr eifrige junge Menschen, und auch in China gibt es sicherlich jede Menge Zottelbären. Wenn ich mir aber die Antworten in mancher Talkshow ansehe oder die Ergebnisse der Pisa-Studie betrachte, fällt eine differenzierte Betrachtungsweise zunehmend schwerer. Ein Volk, das das Schießpulver, das Papier und die Schubkarre erfunden hat, besinnt sich seiner alten Fähigkeiten und will all das Verpasste in wenigen Jahren aufholen. Es scheint ihm zu gelingen. Immer mehr westliche Firmenvertreter kommen von ihren Verkaufsreisen nach China entsetzt zurück. Nicht, weil das Essen noch gelebt hat, sondern weil die chinesischen Geschäftspartner ihnen Eigenentwicklungen der Hightech-Maschine gezeigt haben, die sie eben noch als das Nonplusultra europäischer Ingenieurskunst anpreisen wollten. Mit dem Unterschied, dass das chinesische Modell noch ein paar Gimmicks mehr hat, dafür aber wesentlich billiger ist.

Die Zeit der Billigkopie ist zwar nicht vorbei, doch die Chinesen sind längst in der Lage, selbst hochwertige Produkte zu entwerfen und zu bauen. Natürlich gelingt das noch nicht in allen Bereichen, aber wie lange wird es dauern, bis sie uns in den meisten Entwicklungen überholt haben? Erinnern Sie sich, wie wir vor wenigen Jahrzehnten die Japaner belächelt haben? Die Japaner wollen Autos bauen? Haha! Die kopieren doch nur unsere tolle Technik, haha. Die werden nie an unsere Qualität herankommen, haha. Und heute? Toyota ist mittlerweile nach Verkaufszahlen der größte Autoproduzent der Erde. Der japanische Autobauer war 2007 an der Börse mehr wert als Porsche, VW, BMW und Daimler zusammen. Haha!, sagt der Japaner heute.

Wieso lernen wir nicht aus vergangenen Entwicklungen? Warum heißt es heute schon wieder: »Die Chinesen kopieren doch nur unsere tolle Technik, haha! Die werden nie an unsere Qualität herankommen, haha!«?

Wir selbst haben fleißig zu dieser Beschleunigung beigetragen. Tausende chinesische Studenten kamen nach Deutschland, um sich an unseren Universitäten ausbilden zu lassen. Sehr nobel. Sehr edel. Diese ehemaligen Studenten lehren jetzt als Professoren an den chinesischen Universitäten und dienen so als Multiplikatoren. Wir haben unsere eigene Konkurrenz ausgebildet. Das soll keine Kritik an den chinesischen Studenten sein. Die haben alles richtig gemacht. Aber wieso tut man so etwas? Können Sie sich vorstellen, dass der HSV seine Jugendspieler zu einjährigen Trainingslagern zum FC Bayern schickt? Und vor allem, dass der FC Bayern diese Jungs ausbildet und nach einem Jahr sagt: »So, jetzt seid ihr richtig fit, jetzt geht nach Hamburg und haut uns beim nächsten Bundesligaspiel mal ordentlich vom Platz!«? Wenn mir das mal jemand plausibel machen könnte, wäre ich dankbar. Vielleicht verstehe ich einfach den tieferen Sinn nicht.

Auch unsere Industrie hat sich diesbezüglich selbst die Eselsohren aufgesetzt. Über viele Jahre hat man unreflektiert Knowhow nach China exportiert. Wissen und Patente, die unsere klügsten Köpfe über Jahrzehnte in aufwendigen und sündhaft teuren Forschungsreihen erarbeitet haben, werden im Rahmen von Joint Ventures nach Asien verschleudert. China brauchte bloß zur Bedingung machen: »Ihr dürft hier nur produzieren und verkaufen, wenn ihr euch einen chinesischen Partner sucht und mit ihm euer Wissen teilt.« Kaum war das Wissen geteilt, haben die chinesischen Partner sich verselbständigt, oder eine befreundete Firma hat nach den gleichen Bauplänen, aber zum halben Preis gefertigt. Die deutschen Manager schimpften über die Ungerechtigkeit der Welt, und die chinesischen Partner verstehen bis heute nicht, warum die Europäer sich darüber aufregen.

Es ist schlichtweg eine andere Philosophie, die in China herrscht. Für einen Chinesen ist »List« kein schlimmes Wort. List und Übervorteilung sind Teil des gesellschaftlichen Selbstverständnisses. Das Anwenden und Durchschauen von List wird in China durch alle Klassen hindurch hoch geachtet und gepflegt. Schon die Kleinsten lernen in der Schule die 36 Strategeme. Das

214

sind kleine Taktiken, die auf ein uraltes Kriegsstrategiehandbuch aus dem 5. Jahrhundert zurückgehen. Die Strategeme haben so blumige Namen wie: »Den Kaiser täuschen und das Meer überqueren«, »Den Tiger vom Berg in die Ebene locken« oder »Mit dem Messer eines anderen töten«. Hinter jeder dieser einprägsamen Bezeichnungen steht eine Methode, seinen Kontrahenten hinters Licht zu führen. Im ersten Beispiel ist gemeint, dass man den Kaiser in ein Haus am Fluss einladen soll, das in Wirklichkeit auf einem Boot steht. Während der Kaiser im Haus ist, rudert man das Boot heimlich ans andere Ufer und hat ihn auf Feindesland festgesetzt.

Jetzt verstehen Sie, warum die Chinesen kein Unrechtsbewusstsein haben, wenn sie Siemens austricksen, um sich die Pläne für den Transrapid unter den Nagel zu reißen. Sie sehen das keineswegs als verwerflich an. Im Gegenteil. Ein solches cleveres Vorgehen verdient in China größte Hochachtung. Die Chinesen lachen sich kaputt über die Naivität der Westler. Diese Einfaltspinsel fallen tatsächlich noch auf jede List herein! Und wir entrüsten uns und können nicht verstehen, dass unser westlicher Ehrenkodex, unser Geschäftsgebaren oder wie auch immer man es nennen will, nicht für alle Völker dieser Erde gilt. Da ist sie wieder, diese unglaubliche Arroganz, anzunehmen, dass unser Wertesystem und unsere Weisheit für alle Menschen dieser Erde Gültigkeit haben müssten. Diese Arroganz wird uns zum Verhängnis.

Ein erfahrener Geschäftsmann, der viele Jahre mit China Geschäfte gemacht hat, erzählte mir: »Wenn der gerissenste unserer deutschen Manager in China das Geschäft seines Lebens abgeschlossen hat, kann er davon ausgehen, dass sein chinesischer Partner den doppelten Vorteil hatte.« Und weiter: »Für einen Chinesen ist Blut immer dicker als Tinte. Er wird immer einen chinesischen Geschäftspartner vorziehen. Wenn eine Langnase (Europäer) das chinesische Reich vor dem Untergang bewahren würde, wäre er noch immer niedriger als der geringste Chinese.«

Das mag alles ein wenig überzeichnet sein, dennoch verdeutlicht es, dass wir es mit einem Gegner zu tun haben, dem wir offenkundig nicht gewachsen sind. In China wächst eine Form des Kapitalismus heran, die in dieser Brutalität und Rücksichtslosigkeit noch in keinem westlichen Staat je ausprobiert wurde. Die chinesischen Kommunisten sind längst keine ideologischen Betonköpfe mehr, wie wir sie noch aus der Breschnew-Zeit Russlands vor Augen haben. Die meisten chinesischen Politiker sind Ingenieure oder Naturwissenschaftler, und vor allem sind sie eins: pragmatisch. Es werden die Entscheidungen getroffen und umgesetzt, die den maximalen Erfolg versprechen. Darin unterscheidet sich das totalitäre chinesische System ganz wesentlich von unseren demokratischen Strukturen und zeigt dabei erschreckende Vorteile. Da die chinesischen Politiker nicht ständig auf die nächste Wahl schielen müssen, können sie auch kurzfristig unpopuläre Maßnahmen problemlos durchsetzen. Sie können bei ihren Entscheidungen den Blick viel weiter nach vorne richten. Ein Beispiel:

Deutschland: Eine neue Landebahn für den Flughafen? Antragstellung. Bürgerbegehren. Lärmschutzanalysen. Stopp der Entscheidung wegen anstehender Landtagswahl, man will die Wähler ja nicht gegen sich aufbringen. Nach der Landtagswahl: Nächste Gesprächsrunden. Millionenzusagen für neue Lärmschutzfenster der Bürger. Alternativgrundstücke werden angeboten. Zwei Jahre später: drei Bürger noch immer dagegen. Mehrere Klagen abgewiesen. Baubeginn. Bund für Umwelt und Naturschutz findet eine seltene Krötenart im Plangebiet. Baustopp. Und so weiter, und so weiter…

China: Ein neuer Flughafen? Bauen wir!

Es spielt keine Rolle, ob kurzfristig irgendwelche Wählerinteressen berücksichtigt werden müssen. Es geht nur darum, was den Staat in den nächsten Jahren voranbringt. Einem europäischen Wähler kann ich das so nicht verkaufen: »Wir müssen das jetzt tun. Das ist für dich in den nächsten fünf Jahren zwar eine mittlere Katastrophe, aber für das Gemeinwohl wird das in zehn Jahren eine tolle Sache sein.« Das interessiert den Wähler in Wanne-Eickel einen feuchten Kehricht. Der will jetzt seinen Spaß und sein angenehmes Leben. Was interessiert es ihn, ob der Staat dadurch in zehn Jahren einen Vorteil hat? Und schon haben die Randparteien einen Wähler mehr. Die Politiker müssen darauf natürlich Rücksicht nehmen, wenn sie die nächste Wahl gewinnen wollen. Oder kennen Sie einen Politiker, der gesagt hätte: »Ich setze das jetzt durch. Verlier ich halt mein Bundestagsmandat, aber dafür hat der Staat später mal einen Vorteil.«? Da muss man in den Bundestagsprotokollen wahrscheinlich ziemlich weit zurückblättern.

Ich will keineswegs unser demokratisches System in Frage stellen! Nicht, dass mir ein Sondereinsatzkommando die Tür eintritt. Ich möchte nur aufzeigen, dass es da im Osten plötzlich ein Regierungssystem gibt, das in Bezug auf die wirtschaftliche Entwicklung ungeheure Vorteile gegenüber unserem parlamentarischen System hat. In Bezug auf die Menschenrechte und die Grundrechte unserer Verfassung kann man das nicht sagen.

Selbst die vielen Arbeitslosen, Armen und Wanderarbeiter sind im chinesischen System ein großer Vorteil. Die europäischen Arbeiter, die aus der Arbeitswelt herausfallen und ins soziale Netz purzeln, werden mehr und mehr zur Belastung der ganzen Volkswirtschaft. Die Sozialabgaben werden dadurch höher, der Staat muss immer mehr Geld für Transferleistungen ausgeben. Geld, das er eigentlich für das Vorantreiben des Staates und der Wirtschaft bräuchte. In China sieht das ganz anders aus. Die Absicherung geschieht hier weitestgehend durch die Familie. Der Staat hält sich da raus. Jeder muss sehen, wie er klarkommt. Und wenn er nicht klarkommt, ist das sein Problem. So brutal diese Form des reinen Kapitalismus ist, so erschreckend erfolgreich sind die Konsequenzen für das System: Diese Arbeitslosen und Armen tun *alles,* um in den Arbeitsmarkt zu drängen. Sie akzeptieren die niedrigsten Löhne, die härtesten Arbeitsbedingungen und sind zu jeder Leistung bereit, die sie in der Lage sind zu bringen. Der festangestellte Arbeiter wird ständig von Wanderarbeitern bedroht. Jederzeit kann es passieren, dass ein billigerer Wanderarbeiter ihm seinen Job wegnimmt. Also arbeitet er besonders hart und versucht durch Weiterbildung eine Stufe höher zu steigen. In der Hoffnung, seinen Arbeitsplatz somit sicherer zu haben. Der über ihm stehende Facharbeiter wird dadurch wiederum bedrängt und bemüht sich seinerseits bis zum Äußersten. Der Staat fördert dieses Konkurrenzsystem, indem er einerseits die staatlichen Hilfen gerade auf das Niveau beschränkt, das Aufstände in der Bevölkerung verhindert, andererseits ein unglaubliches Bildungs- und Weiterbildungsangebot bereitstellt.

Solange es also eine große Schar Arbeitsloser und Mittelloser gibt, so lange wird die Leistungsbereitschaft aller Bürger auf Höchsttouren laufen. Dieses maximalkapitalistische System ohne Kündigungsschutz ermöglicht es, jederzeit Arbeiter gegeneinander auszutauschen. Keiner kann sich seines Jobs sicher sein. Unsere soziale Marktwirtschaft führt zu einem eklatanten Nachteil des Systems, denn der Arbeiter kann nicht so einfach gegen einen billigeren ausgetauscht werden. Er muss auch nicht fürchten, die Nächte künftig im Wald verbringen zu müssen, wenn er seinen Job dennoch verliert.

Das ist gut so! Aber wir müssen uns darüber im Klaren sein, dass dort ein System existiert, welches uns auf unserem eigenen Spielfeld – dem Kapitalismus – überlegen ist und uns rechts überholt.

Die Konsequenzen aus dieser Erkenntnis sind erschreckend: Wir werden von diesem »Partner« keinerlei Rücksichtnahme oder gar Solidarität erwarten können. Der chinesische Drache frisst Kreide, solange er einen Nutzen darin sieht. Dieser Nutzen bestand bislang darin, große Teile unserer Vermögen abzusaugen.

Dies geschah ganz ähnlich der Methoden, die die Spanier in der Anfangszeit bei den Indios einsetzten: Die Spanier tauschten wertlose Glasperlen gegen Gold. Die Chinesen lieferten ähnlichen Tinnef mit den Bezeichnungen Videorekorder, Handy, MP3-Player und Billigspielzeug gegen Geld. Alles Produkte, die kurze Zeit nach ihrem Erwerb entwertet sind und auf der Müllhalde des Konsums landen. Das Geld aber liegt noch immer auf den Konten Chinas. Als das Geld nicht mehr reichte, haben wir uns verschuldet, die Amerikaner vorneweg. Immer mehr Geld nach China und immer mehr Glasperlen nach Amerika.

Die Chinesen waren da weit intelligenter. Wenn sie im Gegenzug bei uns Geld ausgegeben haben, dann für Know-how und Hightech. Das Geld wurde zu Hause sinnvoll investiert, vornehmlich in Infrastruktur und Bildung. Was haben wir uns nicht alles eingebildet! Der chinesische Markt als endloser Absatzmarkt unserer Produkte made in Germany. »Made in Germany« ist nur ein weiterer Irrglaube. Ist es wirklich dem deutschen Export zuzuschreiben, wenn ein Produkt in China für den chinesischen Markt von chinesischen Arbeitern hergestellt wird, nur weil die Konzernzentrale in Deutschland sitzt? Daraus entsteht in Deutschland kaum ein Arbeitsplatz zusätzlich, und die Steuerzahlungen werden durch die Investitionen im Ausland heruntergerechnet. Tolle Exporte sind das!

Sobald der Know-how-Transfer abgeschlossen ist und die chinesischen Wissenschaftler am Westen vorbeigezogen sind, beginnt der für uns gefährlichste Teil. Wofür sollte uns China dann überhaupt noch brauchen? Wir können keine Rohstoffe liefern. Die haben wir nämlich kaum. Hightech entwickeln sie selbst, und im Gegensatz zu uns haben sie kein Interesse daran, ihr Wissen mit uns zu teilen. Schuhe für China können wir ebenfalls nicht konkurrenzfähig liefern, es sei denn, wir schaffen den Umweltschutz ab und führen die Kinderarbeit wieder ein. Die Durchsetzung solcher Pläne halte ich jedoch für ausgesprochen fragwürdig.

Da wir aber mittlerweile den größten Teil unserer Waren des täglichen Bedarfs aus China importieren, sei die Frage erlaubt: Womit zum Teufel sollen wir das bezahlen? Gut, wir können wie die USA vermehrt auf Kreditwirtschaft umstellen, doch ich glaube, dass wir mit dieser Idee zwanzig Jahre zu spät kommen. Ich bezweifle, dass China weiterhin bereit sein wird, seine Waren gegen nie zurückzahlbare Kredite zu liefern. Wovon wollen wir also die Bevölkerung Europas ernähren? Wir kaufen außerhalb ein, werden aber nichts mehr exportieren. Wie soll das gehen? Europa als Reiseziel für chinesische Touristen wäre vorstellbar. Aber kann das unser Ziel sein? Welcher Mannheimer Reiseleiter kann schon Mandarin?

Die Zeiten werden sogar noch rauher werden, denn die Chinesen können gar kein Interesse daran haben, den Westen dauerhaft wirtschaftlich profitieren zu lassen. »Angriff aus Fern-Ost. Weltkrieg um Wohlstand« titelte der *Spiegel* im September 2006. Das trifft den Kern der Sache, auch wenn man es nicht unbedingt militärisch sehen muss. Warum sollte China uns wirtschaftlich am Leben erhalten? In spätestens fünfzehn Jahren brauchen sie uns nicht mehr als Hightech-Lieferanten und auch nicht als Absatzmarkt. Da wir nur mehr mit wertlosen Krediten bezahlen können, ist das uninteressant. Überdies hat China einen 1,3 Milliarden Menschen großen Absatzmarkt, der noch all die wunderbaren Dinge braucht, die bei uns bereits in jedem Haushalt stehen. Und wenn die alle versorgt sind, bleiben noch immer die eine Milliarde Inder und Anrainerstaaten, die als Chinas Nachbarn ebenfalls von der Entwicklung profitieren und immer mehr zu Konsumenten werden. Wozu soll China den Westen also noch benötigen? Für kluge Ratschläge?

Für gar nichts! Im Gegenteil, der Westen ist ein unnötiger Futterkonkurrent. Die Rohstoffe auf dieser Erde sind in der Tat endlich, wie uns im ersten Halbjahr 2008 ausführlich erklärt wurde. China hat also ein vitales Interesse daran, den Westen als Rohstoffverbraucher möglichst auszuschalten, wenn man die eigene Bevölkerung auf den gleichen Stand bringen will, auf dem der Westen heute steht.

Wer in der Lage ist, die Zeitungsmeldungen intelligent zu lesen, sieht, in welche Richtung es geht. Schon heute sichert sich China heimlich, still und leise alle Rohstoffvorräte, deren es habhaft werden kann. Beispielsweise kaufte Yanzhou Coal Mining die australische Kohlenmine Southland. Und die chinesische Staatsfirma Sinosteel will die australische Eisenerzfirma Murchison Metals übernehmen. Damit hätte China Zugriff auf das vielversprechendste Eisenerzgebiet der Welt. Gleichzeitig bietet Sinosteel für Midwest, einen anderen australischen Eisenerzproduzenten. Im Februar 2008 kaufte Sinosteel 9 Prozent an dem Rohstoffgiganten Rio Tinto. Bei den sogenannten Seltenen Elementen, einer besonderen Form von Metallen, die eine Schlüsselrolle in der Hightech-Industrie einnehmen, hat China mit 90 Prozent Marktanteil mittlerweile ein Quasimonopol.

Die chinesische Taktik zielt darauf ab, sich die Rohstoffe der Erde so schnell wie möglich zu sichern. Wenn chinesische Unternehmen sich an anderen Firmen beteiligen, dann wann immer möglich mit Beteiligungen über 50 Prozent oder zumindest einer Kontrollmehrheit. Der Westen erkennt zwar die Gefahren, die Abwehrmöglichkeiten sind allerdings äußerst gering. Immer wieder werden Übernahmeversuche amerikanischer oder australischer Rohstofffirmen durch die Chinesen von der jeweiligen Regierung aus strategischen Gründen untersagt. Trotzdem sind die Chinesen diesbezüglich ausgesprochen erfolgreich.

Seitens der chinesischen Regierung wurde die Sicherung von Ressourcen zur »strategischen Schlüsselaufgabe« erklärt. Die Staatskonzerne erhalten besondere Kredite und Zuschüsse aus dem Staatsvermögen, um internationale Rohstoffkonzerne zu übernehmen. Die Hälfte aller Auslandsinvestitionen Chinas geht in den Rohstoffsektor.

Eine Hauptrolle in Chinas Bemühungen, sich den Zugriff auf die weltweiten Rohstoffe zu sichern, spielt Afrika, jener Kontinent vor unserer Haustür, den wir nur als Safari- und Wüstenkontinent kennen. Bei Afrika denkt der Europäer an lustige Menschen, die mit Speeren nach Giraffen werfen. Alternativ sieht er rostige Geländewagen mit aufgeschraubtem Maschinengewehr durch Trümmerdörfer vor Steppenkulisse patrouillieren. Dass das Tauchparadies an der ägyptischen Küste zu Afrika gehören soll, wird eher überrascht zur Kenntnis genommen. Überhaupt ist Afrika doch eher ein Kontinent, in den man ein paar Millionen Euro Entwicklungshilfe schickt und dessen Diplomaten immer in so lustigen Kleidern im Garten des Bundespräsidenten herumstehen.

In der deutschen Politik und Industrie wird Afrika ähnlich belustigt betrachtet. Nein, mit Libyen macht man keine Geschäfte, die haben mal Terroristen unterstützt. Nur gut, dass der Rest der Welt da etwas pragmatischer denkt. »Geschäfte mit Deutschland, nein, die haben mal zwei Weltkriege ausgelöst« – das würde uns ganz schöne Probleme bereiten. »Mit Sudan kann man keine Geschäfte machen. Da sind doch die Politiker korrupt.« Wieso machen wir dann überhaupt noch mit jemandem Geschäfte?

China verzichtet auf solche ethischen Bedenken. Zugegeben, es wäre auch ziemlich erstaunlich, wenn ausgerechnet China in Somalia die Einhaltung der Menschenrechte einfordern würde. Also lassen sie es gleich ganz bleiben und kümmern sich ums Geschäft. In vielen Ländern dieser Erde – und ganz besonders in Afrika – scheint das Vorkommen von Rohstoffen in umgekehrtem Verhältnis zur Lage der Menschenrechte zu stehen. Vielleicht kommt daher der Satz: »Der dümmste Bauer hat die größten Kartoffeln.« China ist da recht pragmatisch und sagt sich: »Soll doch jeder machen, was er will, Hauptsache, ich bekomme mein Erz.« Mit dieser Einstellung ist China in vielen Ländern dieser Erde ein gerngesehener Gast. Da die übrigen Abnehmer wie Amerika und besonders Europa sich moralisch angewidert abwenden, bleibt diesen Ländern auch gar nichts anderes übrig, als mit China einig zu werden.

Um eines klarzustellen: Ich sage nicht, dass wir unser Vorgehen ändern sollen. Ich möchte nicht den moralischen Zeigefinger unserer Wertegesellschaft abknicken. Aber ich möchte deutlich aufzeigen, welche Lage daraus entsteht. Auf die möglichen Alternativen kommen wir noch zu sprechen.

Von den meisten Menschen unbemerkt, gehen also vor unserer Haustür beeindruckende Dinge vor sich. So ist China beispielsweise in nahezu alle Ölprojekte des Sudan involviert. Der Sudan wiederum investiert 80 Prozent seiner Öleinnahmen in die Rüstung. Sämtliche Waffenlieferungen an den Sudan kommen aus China, und so schließt sich für die cleveren Asiaten die Wert- und Rohstoffschöpfungskette auf wundersame Weise.

China begegnet den afrikanischen Ländern nicht mit der westlichen Arroganz des Besserwissers und Lehrmeisters, sondern auf Augenhöhe. Ob das aus innerer Überzeugung geschieht oder weil es die Lehre der 36 Strategeme so empfiehlt, spielt überhaupt keine Rolle. Die Afrikaner haben schlichtweg genug von europäischen und amerikanischen »Partnern«, die ihnen seit Jahrhunderten übel mitspielen (Sklavenhandel, Kolonialisierung und so weiter) und obendrein noch den moralischen Besserwisser spielen, die dem wilden Buschmann am liebsten mal erklären wollen, wie man politisch korrekt Toilettenpapier benutzt.

Da kommt ein solcher mächtiger neuer Spieler wie China gerade recht. Mit dem im Rücken kann man den überheblichen Industriestaaten mal ein bisschen in die Suppe spucken und profitiert gleichzeitig von den chinesischen Investitionen. Die sind nämlich ein wesentlicher Bestandteil der Strategie. Wer Rohstoffe abbauen und verschiffen will, muss auch Straßen und Häfen bauen. Das gibt Arbeitsplätze sowohl für die Einheimischen als auch für Abertausende chinesischer Facharbeiter.

Von den zwanzig am schnellsten wachsenden Volkswirtschaften liegen sieben in Afrika. Die Inflationsraten sind in vielen afrikanischen Ländern so niedrig wie seit dreißig Jahren nicht – wenn man von Simbabwe mit 11,2 Millionen Prozent Inflation absieht. Auch die Staatsverschuldungen gehen zurück, und viele Länder erleben zum ersten Mal positive Leistungsbilanzen. Das liegt hauptsächlich an den hohen Rohstoffpreisen. Der afrikanische Kontinent ist gesegnet mit zahlreichen Rohstoffvorkommen, und jene Staaten, die nicht alle Einnahmen bei der korrupten Familie des Regierungschefs abladen, erleben einen beeindruckenden Aufstieg auch der Bevölkerung. So verfügt beispielsweise in Botswana mittlerweile jeder zweite Einwohner über ein Handy, und das BIP pro Einwohner liegt über dem von Argentinien oder Russland.

Mit Angola im Herzen Afrikas hat China langfristige und äußerst preisgünstige Öllieferverträge geschlossen. Mittlerweile ist Angola noch vor Saudi-Arabien der größte Erdöllieferant Chinas. Überall in Angola sind Schilder mit chinesischen Aufschriften zu sehen. Etwa 50 000 Chinesen bauen und arbeiten bereits an Angolas Infrastruktur. Eisenbahn, Straßen, Gebäude, alles wird von chinesischen Firmen gebaut. Und Deutsche? Man muss lange suchen, um welche zu finden. In letzter Zeit ist häufig von einem achtzigjährigen Ingenieur aus Deutschland zu lesen, der mit seinen Leuten die Bauaufsicht für einige chinesische Projekte übernommen hat. Immerhin: Die Bundesregierung hat sich nach dem Besuch von Wirtschaftsminister Michael Glos Ende 2007 für mehr deutsche Investitionen ausgesprochen. Irgendwie erinnert das an das Märchen vom Hasen und dem Igel. Bis wir eine Arbeitsgruppe gründen, die Vor- und Nachteile abwägt, hat der Chinese bereits die Pipeline gebaut.

Und China nutzt seine neuen Partner auch gleich als neue Absatzmärkte. Mehr als die Hälfte der afrikanischen Bevölkerung hat keinen Zugang zu moderner Energie. China kümmert sich darum. So wird das Stromnetz in Simbabwe durch chinesische Firmen erneuert. In Namibia entstehen Krankenhäuser, und in Nigeria eine chinesische Autobahn. Alles mit chinesischen Unternehmen entwickelt und gebaut, bezahlt durch afrikanische Rohstoffe. So einfach und effizient kann Wirtschaft funktionieren. Die chinesischen Billigwaren können sich sogar die Afrikaner leisten, Möbel, Elektrogeräte, aber ganz besonders Plastikwaren. So hat der chinesische Einfluss innerhalb kürzester Zeit für Veränderungen im Lebensstil und im Alltag einiger afrikanischer Staaten gesorgt. Als kleines Beispiel seien hier die ramschigen Plastiksandalen erwähnt: Große Teile der afrikanischen Bevölkerung konnten sich bislang nicht einmal die traditionellen heimischen Ledersandalen leisten. Die billigen chinesischen Plastiksandalen aber sind für jeden erschwinglich. Es ist also kein Wunder, dass man mittlerweile in den kleinsten Dörfern Frauen und Kinder mit buntem China-PVC an den Füßen antrifft. Welche Dankbarkeit den Chinesen daraus erwächst, kann jeder nachvollziehen, der um die Mittagszeit einmal dreihundert Meter barfuß über den heißen Sandstrand von Malle gehüpft ist, um ein Eis für den Nachwuchs zu organisieren.

Diese Form der »Entwicklungshilfe« auf Gegenseitigkeit ist allemal erfolgreicher, als alle zwei Jahre mit viel Tamtam einen Scheck an einen gutgenährten Clanboss zu überreichen und sich dann zu wundern, dass nichts vorangeht.

Von entscheidender Bedeutung ist die Frage, wie China mit seiner wachsenden wirtschaftlichen Macht künftig politisch umgeht. In wenigen Jahren wird China in jeder Hinsicht die größte und bedeutendste Volkswirtschaft der Erde sein. Die daraus entstehenden Spannungen dürften enorm sein. Die Amerikaner werden sich diese Position nicht kampflos abnehmen lassen. Aber haben sie überhaupt eine Wahl? Besteht die Gefahr einer militärischen Konfrontation mit dem Westen?

Ich glaube nicht, dass es zu einem echten militärischen Schlagabtausch kommen würde. Ähnlich wie mit Russland herrscht ein Gleichgewicht des Schreckens. Nicht, dass die chinesischen Streitkräfte auch nur annähernd mit der Militärmacht der USA mithalten könnten, aber die Verfügbarkeit von Atomwaffen und Langstreckenträgerraketen, die jederzeit alle relevanten Punkte der Weltkugel inklusive der Vereinigten Staaten erreichen könnten, genügt. Wir haben am Beispiel von Nordkorea gesehen, wie hilflos die USA angesichts der puren Existenz von Atomwaffen zu sein scheinen.

Manche Zahlen wirken auf den ersten Blick beeindruckend: China verfügt mit 2,5 Millionen Mann über die größte Armee der Welt. China hat den viertgrößten Militärhaushalt der Welt mit einer jährlichen Wachstumsrate von etwa 10 Prozent. Dennoch liegt das Gesamtvolumen der Militärausgaben bei etwa 10 Prozent des US-Militärhaushalts. Pro Kopf der Bevölkerung geben die USA 1756 US-Dollar für Waffen aus, China gerade mal 37 US-Dollar. Auch hier agieren die Chinesen ausgesprochen klug und vorausschauend: Ihre Armee ist stark genug, dass sie jeden konventionellen regionalen Konflikt für sich entscheiden können. Das nukleare Arsenal reicht aus, um auch die größten Widersacher von selbstzerstörerischen Abenteuern abzuhalten. Und das genügt.

Der chinesische Weg führt wie die 36 Strategeme nicht mit brutaler Gewalt durch das Haupttor, sondern durch List und Strategie über verschlungene Wege zum Ziel, während die Amerikaner noch immer im Wildweststil durch die Saloontür stürmen. Die amerikanische Art der Machtausübung, die in den seltensten Fällen von Konsens, sondern vielmehr von direktem Druck und militärischer Omnipräsenz geprägt ist, erfordert unvergleichlich mehr finanzielle Mittel. Hier ein paar hundert Militärberater mit Millionen im Gepäck für südamerikanische Paramilitärs und in aller Welt aufwendige Militärstützpunkte, um jederzeit an jedem Ort die Haustür eintreten zu können. Hier mal eben ein Krieg gegen ein Land, um nichtvorhandene Massenvernichtungswaffen zu entsorgen, dort die 6. Flotte in Marsch gesetzt, um mal wieder neue Argumente zu unterstreichen. Das kostet. Im Zweifel kostet es so viel, dass für die Wirtschaft nichts mehr übrig bleibt. Im Gegenteil, immer neue Schulden sind nötig, um die Anabolika zu bezahlen, die die militärischen Muskeln wachsen lassen.

Wie viel schlauer ist da der Weg Chinas. Wenn man nicht dem Rest der Welt seine eigene Ideologie aufdrängen will, spart man sich eine Menge Geld. Und komischerweise fangen diese Staaten, die man nicht erobert, sondern mit denen man Handel auf Gegenseitigkeit betreibt, plötzlich auch noch an, einen zu mögen. So entstehen neue Allianzen, und der Machtkreis erweitert sich immer mehr. Das Beste daran: Es kostet kein Geld, sondern bringt noch welches.

China hat sich in den letzten Jahren zunehmend als Stabilitätsfaktor in der asiatischen Region erwiesen. Peking tritt immer häufiger als Vermittler und Gesprächspartner auf: 2006 fand in China das größte Afrikaforum außerhalb des Kontinents statt; zweiundvierzig von zweiundfünfzig afrikanischen Ländern hatten ihre Vertreter geschickt. Im Jahr 2010 soll unter chinesischer Führung gemeinsam mit den ASEAN-Mitgliedsstaaten Thailand, Indonesien, Philippinen, Singapur und Malaysia die größte Freihandelszone der Erde entstehen. Die wirtschaftlichen Verflechtungen mit Australien werden immer enger. So eng, dass China Australien im März 2008 aufforderte, seine Beziehung zu den USA zu überdenken. Damit war man vielleicht ein paar Jahre zu früh dran und wohl ein bisschen sehr optimistisch, jedenfalls haben die Australier nicht gerade mit Begeisterung auf diesen allzu herzlichen Umarmungsversuch reagiert. Auch mit dem Rohstoffgiganten Russland versucht China seit längerem den Weg der wirtschaftlichen Partnerschaft zu gehen, doch die Russen sehen mit größtem Unbehagen, welch mächtiger Koloss sich da vor ihrer südöstlichen Haustür aus dem Schlaf der Geschichte erhebt.

So schwanken die Russen zwischen dem Interesse an chinesischen Absatzmärkten, der Möglichkeit, sich mit den Chinesen als mächtigem Partner gegen Amerika zu verbünden, und der Sorge vor der künftigen Dominanz dieses ungewöhnlichen Staats. Die Diskussionen drehen sich hier im Moment im Wesentlichen um Gas- und Ölpipelines aus Russland nach China – Gas, das vielleicht eines Tages nicht nach Europa, sondern nach China strömt.

Das Verhältnis Chinas zu seinen Nachbarn ist in vielen Fällen nicht ganz unproblematisch. Der Taiwankonflikt erinnert immer wieder ein wenig an Asterix und die Gallier. Ganz China? Nein. Eine kleine asiatische Insel weigert sich beharrlich … Diese kleine Insel ist eines der größten Probleme Chinas. Viele Regierungen in allen Epochen haben immer wieder die gleiche Taktik angewandt, um die Bevölkerung auch in schwierigen Zeiten zu einen: Man hat den Nationalismus bemüht. In Deutschland können wir ein schauriges Lied davon singen, wie es aussieht, wenn so etwas außer Kontrolle gerät. Insofern spielt China hier ganz bewusst mit dem Feuer. Wann immer nötig, wurde die nationale Karte gespielt. Demonstrationen wurden organisiert, denn die Unzufriedenheit, die im Volk gärt, sollte sich in Richtung Nationalismus entladen. Das führte bei der Bevölkerung zu einem überzeichneten Bild der Stärke. Über Jahrzehnte hat man das getan, indem man immer wieder in Richtung Taiwan trommelte. Deshalb ist eine Wiedereingliederung der abtrünnigen Insel noch immer eines der obersten Staatsziele.

Das macht es so schwer, das Thema fallenzulassen. Man kann nicht einer Milliarde Menschen jahrzehntelang einprügeln: »Lieber tot als die Abspaltung Taiwans akzeptieren!«, und dann von heute auf morgen sagen: »Och nö, lass mal. Is doch nicht so wichtig.« Das würde die Emotionen, die man all die Jahre in der Bevölkerung geschürt hat, plötzlich und heftig gegen die eigene Regierung lenken. Also wird man dieses Rad nur ganz langsam und behutsam zurückdrehen können. Hier mal ein Linienflug, da eine Familienzusammenführung. Hauptsache, die Taiwanesen tun nichts Unüberlegtes, das die chinesische Regierung in Abenteuer zwingen würde, weil sie sich sonst den Zorn der eigenen Bevölkerung zuziehen würde. Die herrschende kommunistische Partei macht allen Anschein, als sei sie mittlerweile viel zu pragmatisch, um sich wegen einer kleinen Insel alles zu versauen, was sie sich langfristig aufgebaut hat. Das würde die ganzen schönen Strategien gefährden, die man eingefädelt hat.

Ähnliches gilt für Japan. Seit Jahrhunderten sind sich China und Japan spinnefeind. Japanische Besetzungen Chinas und gegenseitige Greueltaten haben die Beziehungen vergiftet. Japan hat viele Schritte zu einer Versöhnung unternommen. Auch die chinesische Regierung würde die Beziehungen meines Erachtens nur zu gerne normalisieren, muss aber auf die selbstgezüchteten Nationalisten in der Bevölkerung Rücksicht nehmen. Auch hier wird es ein langsamer, aber friedlicher Weg zu einer neuen gemeinsamen Basis werden, wenn nichts Ungeschicktes passiert oder provoziert wird. Analog zu Taiwan.

Hier liegt also eine der Achillesfersen Chinas. Würde hier ein Konflikt provoziert, müsste die chinesische Führung reagieren, um die Bevölkerung nicht gegen sich aufzubringen. Bleibt das aus, halte ich ein friedliches Erwachen des chinesischen Drachen für die allerwahrscheinlichste Variante.

Der chinesische Weg scheint so erfolgreich zu sein, dass die chinesische Führung mit dem Klammerbeutel gepudert sein müsste, wenn sie aus irgendeinem Grund einen teuren Krieg vom Zaun brechen würde. Zumindest einen Krieg mit Panzern und Raketen. Aber ein wirtschaftlicher Erstschlag mit ökonomischer Kernschmelze des Westens wäre zumindest in der Theorie vorstellbar.

Wie könnte so etwas aussehen? Nehmen wir einmal an, China würde sich des großen Rohstoffrivalen USA entledigen wollen.

Nehmen wir an, China stößt bei seinen Plänen zur Sicherung der Rohstoffressourcen und bei der politischen Machterweiterung immer wieder gegen die amerikanische Faust. Denn Amerika wird die oben beschriebene Entwicklung nicht einfach hinnehmen. Die USA werden, sobald man die Lage erkannt hat, alles Mögliche versuchen, um China zu behindern. Wenn den Amerikanern und uns in Europa unser System aus eigenem Antrieb um die Ohren fliegt – das Risiko dafür ist zumindest gegeben, während ich diese Zeilen schreibe –, müssen sich die Chinesen keine große Mühe geben. Dann haben wir das ohne sie hinbekommen. Das würde zwar auch in China für ziemliche Probleme sorgen, aber anders als der Westen würde der chinesische Drache als Phönix aus dieser Asche aufsteigen: zum einen weil China dank seiner großen Binnennachfrage nicht ganz so abstürzen wird wie der hochverschuldete Westen mit seinen gesättigten Märkten, zum anderen weil sich China wegen all der genannten Strukturen wesentlich schneller und effizienter aus der Situation lösen und dann praktisch konkurrenzlos die Weltführung übernehmen kann.

Sollte es den Mächtigen in den USA – Europa spielt bei der Aufführung dieses Stücks nur eine Statistenrolle – jedoch gelingen, das Ruder noch mal herumzureißen und mit einer neuen Verschuldungsorgie die Konsumblase noch einmal aufzupusten, könnte sich China gezwungen sehen, den Rohstoff- und Machtkonkurrenten eigenhändig auszuschalten. Das wäre mit einem einzigen öffentlich gesprochenen Satz möglich. Dieser Satz lautet: »*We don't buy American T-Bonds anymore!*« – »Wir kaufen ab sofort keine amerikanischen Staatsanleihen mehr.«

Wir haben gesehen, dass das ganze westliche System vom Dollar abhängt. Von dem unangezweifelten Glauben, dass jeder andere auf dieser Welt den US-Dollar als Zahlungsmittel akzeptiert, und davon, dass die Saudis und Chinesen den Amerikanern immer wieder ihre Staatsanleihen (T-Bonds) abkaufen und den USA somit das Geld zum Verpulvern leihen. Wenn die Chinesen diesen Kreislauf unterbrechen, bricht der US-Dollar binnen weniger Stunden zusammen. Und mit ihm der Glaube der Menschen, dass der US-Dollar immer und überall als Zahlungsmittel akzeptiert wird. Der Dollar fällt auf seinen Papierwert zurück: null. Niemand würde den vollkommen überschuldeten USA dann noch Geld leihen. Sie benötigen täglich 2 Milliarden US-Dollar neue Kredite. Aber auch die auslaufenden Kredite würden nicht verlängert werden. Kaum jemand würde ihnen noch die leeren Versprechen (T-Bonds) abnehmen. Innerhalb weniger Wochen wären die Vereinigten Staaten von Amerika zahlungsunfähig.

Man kann sagen: China hat Amerika durch geschickte Schachzüge in den letzten fünfundzwanzig Jahren in eine nahezu perfekte Falle gelockt. Die USA sitzen in der Schuldenfalle, und China hat sie im Fadenkreuz mit dem Finger am Abzug. Ich bin nicht sicher, welchem der 36 Strategeme dies am ehesten entspricht, aber es ist genial eingefädelt worden. Ob und wann die Chinesen den Abzug betätigen, kann ich nicht einschätzen, aber in jedem Fall haben sie eine Situation geschaffen, die mit dem Besitz der Atombombe zu vergleichen ist. Mit einem entscheidenden Unterschied allerdings zum atomaren Gleichgewicht des Schreckens: Die USA haben diese wirtschaftliche Atombombe nicht. Sie können den Chinesen weh tun, wie das Gedankenspiel mit den Lebensmittelpreisen gezeigt hat, und der »finanzatomare Fallout« im Fall eines chinesischen Wirtschaftsschlags würde auch für China schmerzhafte Folgen haben, aber China würde nicht mit dem Westen untergehen und wäre in der Folge die einzig verbleibende wirtschaftliche Supermacht.

Ob eine solche Entwicklung wahrscheinlich ist, wird die Zukunft zeigen. Die Gefahren jedoch sind real vorhanden, und das verdeutlicht einmal mehr, auf welchem unsicheren Untergrund unser Wohlstand und unser Wirtschaftssystem im Westen aufgebaut sind.

Aber gehen wir von der für uns idealen Variante aus: Den Amerikanern gelingt es, das Pferd »Finanzsystem« vor dem Abgrund herumzureißen und im vollen Galopp in die andere Richtung zu preschen. Die Chinesen begnügen sich damit, den Amerikanern ab und an die Folterwerkzeuge zu zeigen, um ihre Interessen weitgehend ungestört verfolgen zu können und einen »finanznuklearen Präventivschlag« zugunsten einer friedlichen Entwicklung zu vermeiden. Wie sieht dann unsere wirtschaftliche Zukunft aus?

Dazu muss man unterscheiden zwischen der Zukunft der großen Konzerne und der Zukunft der Bürger und des Mittelstands. Seit Jahren wird uns eingetrichtert, dass die Globalisierung eine tolle Sache ist. Überdies unabwendbar. Quasi ein Naturgesetz, gegen das man sich nicht wehren kann. Warum auch? Globalisierung ist doch klasse. Globalisierung bringt doch Arbeitsplätze. Gut, nicht in Mecklenburg, aber doch wenigstens in Bangladesh. Außerdem profitieren wir doch alle davon. Ohne Globalisierung wäre das Leben viel teurer. Sie müssten viel mehr Geld für einen Fernseher bezahlen. Okay, ohne Globalisierung könnten Sie ihn sich vielleicht auch ohne Kredit leisten, weil Sie im Nürnberger Elektronikwerk diese Fernseher selbst mitproduzieren würden, aber das gehört nicht in diese schöne Diskussion. Globalisierung ist toll. Globalisierungsgegner sind langhaarige Bombenleger, die immer in den schönen historischen Städten randalieren, wo sich die netten Wirtschaftsminister treffen. Und mit diesen Typen wollen Sie ja wohl nichts zu tun haben, oder?!

Aber fangen wir von vorne an, damit, »wie man dem Lamm beibrachte, den Metzger zu lieben«.

Die Globalisierung wurde nicht erfunden oder in irgendeinem Brüsseler Hinterzimmer zusammengeschraubt. Die Globalisierung hat sich langsam entwickelt. Durch immer freizügigere

Handelsabkommen und bilaterale Verträge (tolles Wort). Die Grenzen zwischen den Staaten wurden immer durchlässiger, besonders für alle Arten von Waren und natürlich für Geld. Anfangs fanden das alle ganz toll. Die Videorekorder wurden immer billiger, weil die Taiwanesen so wenig Gehalt bekommen. Ist doch prima. Na ja, der Taiwanese muss einem nicht leid tun. Bei denen kostet ja alles viel weniger. Der braucht auch nicht so viel. Dazu kamen die tollen Absatzmärkte. In Taiwan brauchen sie ja jetzt auch Maschinen, um die Elektronikartikel herzustellen, die sie uns so billig verkaufen. Na ja, der Taiwanese ist halt ein einfacher Arbeiter. Hightech kann der nicht. Taiwan ist die Werkbank der Welt, aber den Hammer verkaufen wir ihnen.

Einige Zeit später, nachdem wir uns mächtig über die billigen Walkmen und Sportschuhe gefreut haben, stehen plötzlich befremdliche Meldungen in den Zeitungen. »Grundig schließt Werk in Fürth«, »300 Arbeitsplätze bei … gefährdet«, »Nähmaschinenhersteller Pfaff in Problemen« und so weiter. Die Menschen wurden nachdenklich. Besonders diejenigen, die bis dahin noch Fernseher in Fürth oder Nähmaschinen für Pfaff zusammengeschraubt hatten.

Sie begannen Fragen zu stellen. Fragen, die für die Konzerne höchst unangenehm waren. Also erklärten die Unternehmen den Menschen ausgiebig die tollen Vorteile der Globalisierung, nämlich dass die Preise sinken und dass dadurch auch ganz viele tolle Arbeitsplätze in Deutschland erhalten bleiben. Nämlich die der Vorstände und Aufsichtsräte. (Na gut, das hat keiner gesagt.)

Um es drastisch auszudrücken: Die Globalisierung ist ein Segen für die international aufgestellten Konzerne und für alle, die Geld international investieren können. Aber die Globalisierung ist eine Katastrophe für die Masse der Bürger und den kleinen Mittelstand, der nicht mal eben eine Bäckereifiliale in Ho-Chi-Minh-Stadt aufmachen kann. Den internationalen Firmen kann nichts Besseres passieren als eine völlige Öffnung aller Zollschranken. Sie können sich dann in allen Ländern der Erde die optimalen Zutaten zusammenstellen. Die Rohstoffe aus Brasilien werden in einer Fabrik in Vietnam, deren Elemente in China gekauft wurden, von billigen Arbeitskräften zu fertigen Produkten zusammengeschraubt. Diese Produkte werden dann dort verkauft, wo man den höchsten Preis dafür erzielen kann, zum Beispiel in Deutschland. Dass dieser Transfer nicht endlos gutgehen kann, ist mit dem gesunden Menschenverstand zu erkennen. Ich nenne es »Krötenwanderung«: Die Kröten wandern aus unseren Taschen nach Taiwan, China und Brasilien. Aber es wandern keine Kröten zurück. Irgendwann ist der Teich leer.

Wir müssen uns bewusst werden, dass der Aufstieg der Menschen in Asien einhergeht mit einem Rückgang des Wohlstands im Westen. Hauptursache dafür ist die Globalisierung. Ohne offene Grenzen wäre durchaus ein Prozess möglich, bei dem beide Seiten profitieren.

Sie müssen sich das bildlich vorstellen: Im Westen haben wir wie in einem Stausee unseren Wohlstand und unsere Werte wie Umweltschutz und Sozialversicherungen aufgefüllt. Getrennt durch eine große Staumauer von der weiten Ebene Asiens und dem Rest der Welt. Durch die Globalisierung wurde die Staumauer entfernt. Unser Wohlstand und unsere Werte strömen in einem großen Schwall in die weite Ebene. Dort steigt der Wohlstandspegel nun an, aber bei uns nimmt er drastisch ab. Das Niveau wird sich eines Tages anpassen, doch da die asiatische Ebene mit 2,5 Milliarden Menschen viel größer ist als unser Stausee, wird dieses Niveau unvorstellbar viel niedriger liegen als heute. Die internationalen Konzerne und auch die weltumspannenden Kapitalmärkte wirken in diesem Bild wie ein Turbo, der das Geld nach Asien schaufelt. Eine Arbeiterin in einer chinesischen Fabrik bekommt 100 Euro Monatslohn für eine Achtundvierzigstundenwoche. Das entspricht dem Krankenkassenbeitrag eines deutschen Hilfsarbeiters. Wir haben also noch viel Platz, um uns anzunähern.

Die Frage ist doch: Warum wurde diese Staumauer eingerissen? Wir verlieren nicht nur unseren Wohlstand, sondern auch unsere Werte, die sich das westliche System über Jahrhunderte durch harte Arbeit erworben hat. All die Rechte, für die Arbeiter vor vielen Jahrzehnten auf die Straße gegangen sind, stehen jetzt vor der Auflösung. Dass die Gewerkschaften in jüngerer Zeit nicht mehr ganz auf der Höhe des Geschehens waren, sei's drum. Man kann über die Gewerkschaften trefflich diskutieren. Aber sie haben in den letzten hundert Jahren dazu beigetragen, dass sich in Europa eben nicht ein Superkapitalismus wie in China durchgesetzt hat, sondern eine soziale Marktwirtschaft mit Vorteilen für alle Menschen innerhalb dieses Systems: Einführung der Krankenversicherung, soziale Absicherung bei Arbeitslosigkeit, Umweltschutz, Abschaffung der Kinderarbeit. All das wurde über viele Jahrzehnte in Europa und Amerika erkämpft. Lauter Dinge, die den reinen Kapitalismus Gewinn kosten. Zum Wohle aller. Darüber sind sich alle – bis auf einige Arbeitgeberverbände – in unseren Ländern einig. Doch jetzt verkaufen wir unsere Werte.

In einer europäischen Waschmaschine ist beispielsweise Umweltschutz mit eingebaut. Das kostet Geld. Um die Kosten des Umweltschutzes ist diese Waschmaschine daher teurer. Das ist richtig so. In dieser Waschmaschine ist noch viel mehr eingebaut. Die Absicherung der Bevölkerung bei Arbeitslosigkeit beispielsweise. Kindergartenplätze und sogar das Verbot von Kinderarbeit sind eingebaut. In einer asiatischen Waschmaschine sind all diese Dinge nicht installiert. Hier kaufen wir das pure technische Gerät. In dem sind oft Kinderarbeit installiert und Umweltverschmutzung. Deshalb ist es so viel billiger. Aber was ist die logische Folge? Wenn niemand mehr die europäische Waschmaschine kauft, bezahlt auch niemand die eingebauten sozialen Errungenschaften. Niemand bezahlt mehr dafür, dass wir die Werte unserer Gesellschaft weiterführen können. Also müssen wir uns von den

Werten verabschieden, die uns so wichtig waren. Das fängt langsam an und beschleunigt dann immer mehr.

Sie haben es noch nicht gemerkt? Die Verkürzung des Arbeitslosengeldes, Hartz IV. Drastische Reduzierung der Renten, indem man trotz 10 Prozent realer Inflation die Renten einfach nicht erhöht. Verkürzung der Schulzeit und frühere Einschulungen. Nicht, weil das angeblich besser für die Kinder ist, sondern weil man dadurch Geld spart bei Lehrern und Kindergärten. Verlängerung der Wochenarbeitszeit. Langsam, aber merklich. Es ließen sich noch einige Buchseiten mit weiteren Beispielen füllen.

Wir Verbraucher sind also doch eigentlich die größten Globalisierungsfreunde, denn wir kaufen diese billige Waschmaschine. Klar, aus moralischen Überlegungen sollte ich …, aber ich hab's jetzt nicht so dicke …, ich muss auch sehen, wie ich rumkomme … Das machen aber alle so. Die Folge ist der Ausverkauf der Werte. Die heimischen Hersteller müssen ihre Sozialstandards immer weiter reduzieren, die Gehälter einfrieren oder kürzen. Stellen abbauen. Optimieren. Irgendwann genügt das nicht mehr, weil der Unterschied der Produktionskosten zwischen der chinesischen und der deutschen Waschmaschine einfach zu groß ist. Dann wird das Unternehmen Druck auf die Gewerkschaften machen, vielleicht doch einer Arbeitszeitverlängerung zuzustimmen. Wenn alles nicht genügt, wird es die Pforten schließen und ein neues Werk in Asien eröffnen. Oder ein Handywerk in Bochum durch eines in Rumänien ersetzen. Das wird so lange weitergehen, bis sich die Preise angeglichen haben. Und da Europa sich immer noch vehement wehrt, die Kinderarbeit wieder einzuführen, wird das so schnell nicht passieren. Sie sehen: Nicht nur der Wohlstand gleicht sich durch die Globalisierung an, sondern in seinem Gefolge auch die Werte. Ist es das wert?

Die Politiker und Wirtschaftsbosse erzählen uns täglich, wie toll und wichtig die Globalisierung ist. Gleichzeitig erklären sie uns, dass wir uns in Zukunft auf deutliche Einschnitte gefasst machen müssen. Wir nehmen das so hin. Warum? Ist die Globalisierung ein gottgegebenes Naturgesetz? Oder eine Naturkatastrophe wie ein Erdbeben, gegen das man nichts machen kann? Es ist halt so, akzeptiert es? Nein! Die Globalisierung ist die Folge von politischen Entscheidungen. Es war der freie Wille der Regierungen – okay, vielleicht sollte man das mit dem freien Willen anders formulieren: Die Industrie hat dafür gesorgt, dass die Regierung diesen freien Willen ihr Eigen nennt.

Wenn sich die Regierung so demütig der Entwicklung des scheinbar Unausweichlichen ergibt, warum bemüht sie sich dann, den Drogenhandel zu bekämpfen? Es ist halt mal so. Wir können nichts dagegen tun. Gewöhnt euch dran. Oder Kriminalität oder Terrorismus? Fügen wir uns doch.

Komisch, da wird – zu Recht! – bis zur letzten Patrone gekämpft. Man versucht zumindest, das Übel im Zaum zu halten. Warum nicht auch bei der Globalisierung?

Kennen Sie das Wort »Protektionismus«?

Vermutlich stellen sich Ihnen gerade die Nackenhaare auf. Dieses Wort ist so negativ besetzt, dass man es eigentlich den Kindern verbieten müsste. »Pfui, so etwas möchte ich hier am Tisch nicht noch mal hören!« Wie kommt das? Selbst Leute, die keine Ahnung haben, was das Wort eigentlich bedeutet, wissen: »Protektionismus ist bäh, bäh!« Woher kommt diese Überzeugung?

Stellen Sie sich folgende Situation vor: Wir haben zwei Teams, die Monopoly spielen. Das eine Team heißt »Europa/USA«, das andere Team heißt »Asien«. Beide spielen nach völlig unterschiedlichen Regeln. Die einen bekommen immer 4000 Euro, wenn sie über Los gehen, die anderen 10 000 Euro. Die einen müssen ins Gefängnis, wenn sie auf das Feld »Raubkopie« kommen, die anderen bekommen Geld ausbezahlt, wenn sie das Feld betreten. Unter solchen Umständen kann ich diese beiden Mannschaften doch nicht am selben Brett spielen lassen! Dann muss ich doch sagen: Jeder spielt auf seinem eigenen Monopoly-Brett nach seinen eigenen Regeln. Wenn sich beide Mannschaften eines Tages auf die gleichen Regeln verständigt haben, können sie ja immer noch zusammen spielen.

Wie könnte so etwas in der Realität aussehen? Zum Beispiel wie eine europäisch-amerikanische Freihandelszone. Wir bauen um unser gemeinsames Wertesystem eine Zollmauer auf. Innerhalb des Systems befinden sich all die Länder, mit denen wir zumindest annähernd die gleichen Werte und Spielregeln teilen. Die Kontrollpunkte sind die Häfen und Flughäfen. Die Länder außerhalb dürfen dennoch selbstverständlich ihre Produkte innerhalb der Freihandelszone verkaufen, aber mit Aufschlag. Die Kosten für den Umweltschutz, der in der deutschen Waschmaschine eingebaut ist und in der asiatischen fehlt, werden als Zoll draufgeschlagen. Vielleicht 15 Prozent. Kinderarbeit eingebaut? 20 Prozent! Fehlende Arbeitsschutzrichtlinien für die Arbeiter? 7 Prozent! So wäre ein Kampf mit gleichen Waffen geschaffen. Natürlich gäbe es einen Sturm der Entrüstung bei den internationalen Konzernen. Die Waschmaschinen in Deutschland würden teurer werden. Aber vielleicht würde es sich für einen Mittelständler in Schwaben wieder lohnen, eine Waschmaschinenfabrik zu eröffnen. Mehrere tausend Arbeiter würden eingestellt. Steuern, Löhne, Sozialabgaben würden fließen, und so weiter, und so weiter. Die Unternehmen innerhalb der Freihandelszone stünden dann immer noch in Konkurrenz zueinander, aber unter gleichen Bedingungen. Man ist Konkurrent, aber auch Partner. Alle Unternehmen müssen Löhne bezahlen, von denen die Menschen auch leben können. Es herrscht ein gesellschaftlicher Konsens, dass Kinder Kinder sind und keine billigen Sklaven.

Klingt verrückt? Vielleicht. Aber immerhin so vernünftig, dass unsere Bundeskanzlerin Angela Merkel schon seit Jahren hinter den Kulissen genau diesen Plan einer europäisch-amerikanischen Freihandelszone verfolgt. Wenn da nicht die Lobby der internationalen Industrie und des großen Geldes wäre, die einer solchen Idee natürlich gegenübersteht wie der Teufel dem Weihwasser. Denn dann könnte man ja plötzlich nicht mehr die Arbeiter Europas gegen die Arbeiter Asiens ausspielen, und diese wunderbaren »Ausgleichs«-Geschäfte, dass man in Asien billig produziert und in Deutschland teuer verkauft, gingen auch nicht mehr. (Ein besonders krasses Beispiel dafür ist die amerikanische Supermarktkette Wal-Mart: Von ihren 6000 Lieferanten kommen 5000 aus Asien.) Doch leider ist es so, dass die Lobby der Industrie und des Geldes bestimmt, was in Europa und Amerika entschieden wird und was nicht. Nicht das Wohl des Volkes, sondern das Wohl der Mächtigen steht im Vordergrund. Wenn nur die Wahlen nicht immer wären. Dann müsste man der Bevölkerung nicht ständig mit allen möglichen Tricks die Entscheidungen schmackhaft machen und könnte viel freier agieren. So aber muss man den Menschen eben langwierig eintrichtern: »Globalisierung ist gut! Globalisierung ist gut! Globalisierung ist gut!« – Gehirnwäsche nach dem Muster: »Ich habe nur einen Herrn und Gebieter: Dr. Mabuse …« (Sorry, diese Anspielung verstehen vermutlich nur die älteren Leser …)

Im selben Atemzug, wie den Menschen die Globalisierung schmackhaft gemacht wird, muss ich ihnen aber noch etwas anderes einimpfen, nämlich: »Protektionismus ist bäh, bäh!« In der Medienwelt gibt es eine These, die besagt: Man muss eine Behauptung nur oft genug wiederholen, dann glauben nach wenigen Tagen alle Menschen, dass es genau so ist. Wenn also nur oft genug gesagt wird: »Der Irak hat Massenvernichtungswaffen«, dann weiß nach ein paar Tagen jeder: »Klar! Der Irak hat Massenvernichtungswaffen.« Dabei hat keiner derer, die jetzt davon überzeugt sind, auch nur eine einzige Anthrax-Granate gesehen oder kennt einen, der sie gesehen hat, und dennoch *wissen* alle: »Der Irak hat Massenvernichtungswaffen.« Genauso ist es mit dem »Protektionismus«. Alle wissen, dass er bäh, bäh ist. Aber

99,9 Prozent haben sich noch nie Gedanken gemacht, ob das tatsächlich so ist.

Dieses Wort zu einem Unwort zu machen war schon ein toller Coup. Denn Protektionismus kommt vom lateinischen »protectio« und bedeutet »Schutz«. Dass Schutz plötzlich etwas Schlechtes sein soll, das ist schon eine Leistung. Was, bitte, ist schlecht daran, wenn wir unseren Wohlstand und unsere Werte schützen wollen?

Trotzdem sind heute viele Menschen »Globalisierungsgegner« und demonstrieren lautstark gegen die Globalisierung. Aber haben sie verstanden, worum es geht? Nein. Sie sind gegen die Globalisierung, weil sie darunter die Ausbeutung der Dritten Welt durch die Industriestaaten verstehen. Die Jungs und Mädels meinen es gut, aber das ist nicht unser größtes Problem. Die Globalisierung bewirkt genau das Gegenteil dessen, was sie glauben: die Ausbeutung unseres Wohlstands und unserer Werte durch die Schwellenländer. Im Sinne einer gerechten Verteilung des Wohlstands auf der ganzen Welt müssten die Attac-Anhänger eigentlich *für* die Globalisierung sein. Und auf den Globalisierungsdemos müssten eigentlich die Verkäuferinnen und Mittelständler mit dem Megaphon in der Hand stehen.

Große Unternehmen können problemlos den Märkten hinterherziehen. So zieht die Arbeit aus einem Land in ein anderes. Die Arbeiter können aber nicht so einfach hinterherziehen, sie werden an den Grenzen aufgehalten. Hier funktioniert der Schutz. Für ihre Arbeitsplätze gilt das nicht: Die dürfen passieren. Diese Abwanderung der Arbeitsplätze geschieht heimlich, fast unmerklich. Viele Einzelne sind betroffen, glauben aber, das sei lediglich ihr Einzelschicksal, denn die Bundesagentur für Arbeit meldet ja ständig weniger Arbeitslose und eine Million neugeschaffene Stellen. Kaum jemand durchschaut, dass es sich dabei nur um Minijobs handelt. Für 400 Euro Handlangerdienste erbringen. Oder um Ein-Euro-Jobs, wie sie die beiden armen Teufel haben,

die bei einem Sportverein in der Region Unkraut aus dem Hof-
plaster kratzen. Tolle Jobs sind das, die da geschaffen werden!

Wer will, kann die Abwanderung der Arbeitsplätze beobachten. Beispielsweise am Hamburger Hafen, wenn die großen
Schiffe aus Asien entladen werden und die Produkte unserer
abgewanderten Arbeitsplätze an Land spucken, um dann leer
zurückzufahren.

Die Globalisierungsbefürworter der Industrie rechnen uns vor,
wie sehr wir alle angeblich von den Absatzmärkten in Asien profitieren. Wir sind doch Exportweltmeister! Da seht ihr, wie toll
die Globalisierung für uns ist.

Ist das so? Nicht, wenn wir mal wieder die Nebelkerzen bei-
seiteräumen. Nehmen wir mal an, ein Auto im Wert von 100 000
Euro wird exportiert. Dann hat der Exportweltmeister Deutschland seinen Export um 100 000 Euro gesteigert. Ist ja logisch.
Aber dabei wird vergessen, dass vielleicht die ganze ins Auto ein-
gebaute Elektronik im Wert von 20 000 Euro zuvor aus Asien im-
portiert wurde. Daran hat kein inländischer Arbeitnehmer gewer-
kelt. Auch die Sitze kamen vielleicht von weit her und so weiter.
Obwohl also ein bedeutender Teil der Ware nicht aus Deutschland stammt und hier auch nicht produziert wurde, wird das
gesamte Auto dem deutschen Export zugerechnet. Die meisten
außerhalb eingekauften Vorleistungen werden einfach nicht oder
nur ungenügend herausgerechnet. Häufig ist das auch gar nicht
möglich. Selbst wenn Bosch oder Continental die Zulieferer sind,
fertigen auch die wiederum zum Großteil im Ausland. Beim Porsche Cayenne beträgt der deutsche Anteil an der Fertigung nach
eigenen Angaben gerade mal noch 12 Prozent, und trotzdem wird
das ganze Auto als deutscher Export gefeiert.

So sieht es bei vielen Firmen aus: In Deutschland oder Europa
sitzen vielleicht noch die Konzernzentrale, die Designabteilung
und das Rechnungswesen, aber der Großteil der Produktion findet
woanders statt. Für die großen Firmen ist das prima! Die feiern

ihre Exporte zu Recht, schließlich haben sie durch die billigen Zukäufe einen weiteren großen Vorteil. Aber kann der einfache Bürger, der nicht einen der wenigen Arbeitsplätze bei einem internationalen Konzern hat, sich darüber freuen? Wohl kaum. Solange er jedoch nicht versteht, wie er an der Nase herumgeführt wird, glaubt er all die Märchen von der tollen Globalisierung. Das Lamm hat gelernt, den Metzger zu lieben.

Dabei wäre es einfach, die Realitäten zu sehen, wenn man bereit ist, den offiziellen Zahlen mit Skepsis zu begegnen. Wenn Sie mal in den kleineren Städten Ostdeutschlands unterwegs sind, können Sie von den Menschen dort viel über die reale Arbeitslosigkeit hören. Auch die ehemaligen Industriegebiete an der Ruhr gähnen vor sich hin. Aber Entschuldigung, wir haben ja ein Jobwunder.

In den USA ist das noch drastischer. Ganze 11 Prozent der amerikanischen Beschäftigten arbeiten noch in der Industrie. In den sechziger Jahren waren es über 30 Prozent. Diese fehlenden Jobs und Einkommen werden mit einer Droge erträglich gemacht, die der Staat und die Industrie nur zu gerne verteilt haben: Kredit. Statt Einnahmen und Verdienst gab es Sozialleistungen und Schulden. Das führte dazu, dass die Masse der Menschen diesen schleichenden Prozess nicht bemerkt hat.

Unsere Wirtschaftsbosse fordern seit Jahren vehement, dass der Staat sich gefälligst aus der Wirtschaft heraushalten soll. Es sei denn, es geht um ihre Rettung oder ihre Verluste. Die soll möglichst der Staat übernehmen.

Der Staat soll sich zurückziehen, heißt es. Ist es aber nicht erstaunlich, dass mit China ausgerechnet ein Land der große Überflieger ist, in dem der Staat die Wirtschaft diktiert wie in kaum einem anderen? Nach übereinstimmender Lehrmeinung dürfte das überhaupt nicht funktionieren. Und dennoch lehrt uns dieses angeblich nicht lebensfähige System das Fürchten und Staunen. Sollte es doch noch Systeme außerhalb unseres Bauchnabels geben, die wirtschaftlich erfolgreich sind? Ich wollte in einem solchen System nicht leben, aber rein wirtschaftlich betrachtet, scheint es so zu sein. Auch in Südkorea, Malaysia, Singapur und Indien mischt der Staat ganz kräftig in der Wirtschaft mit und sorgt mit seinen Regelwerken für maximalen Erfolg seiner eigenen Industrien. Zum Nachteil unserer europäischen Wirtschaft.

Die internationalen Konzerne können in der Welt hin und her springen, wie es die jeweilige Lage erfordert. Sie suchen sich in allen Ländern und Systemen die Filetstückchen zusammen und leben ganz prächtig damit. Die Staaten und die Bürger haben diese Möglichkeiten nicht. Der Staat ist auf seine Grenzen beschränkt. Ein Staat, der das anders sieht, bekommt zu Recht was auf die Finger. Die Gesetze, die er erlässt, wirken nur innerhalb seiner Grenzen. Doch die Politik der Regierungen wird von denen bestimmt, die das Geld haben, frei nach dem Motto: »Wer die Musik bezahlt, bestimmt auch, was gespielt wird.« Und der Bürger muss dazu tanzen.

Nachtrag
im November 2008

Es sieht im Moment so aus, als würde das Worst-Case-Szenario Wirklichkeit. Vermutlich erleben wir gerade einen Reset des Finanzsystems. Ich bin der Ansicht, dass die Mitglieder der Finanz- und Machthydra der USA sich etwa seit dem Jahr 2000 auf dieses Szenario vorbereiten. Ihnen war klar, dass das System dem Ende entgegengeht. Es war nur eine Frage der Zeit, bis der Zinseszinseffekt zwangsläufig in der Katastrophe enden musste und die aufkommenden asiatischen Staaten den Dollar nicht mehr akzeptieren würden. Man hatte zwei Pläne bereit. Plan A sah wie folgt aus:

Es gab eine einzige Möglichkeit, den Geld- und Zinsberg abzubauen und so der Zwickmühle des Zinseszinssystems zu entkommen: Die echte Inflation musste höher sein als die realen Zinsen. Wenn das gelang, würde der Geld/Schulden-Berg schneller abschmelzen, als die Zinsen ihn aufstocken. Das würde aber nur glücken, wenn man die »offizielle« Inflationsrate stark nach unten manipulierte, damit die Menschen Zinssätze und Lohnerhöhungen akzeptieren würden, die deutlich unter der echten Inflationsrate lagen.

Jetzt verstehen Sie auch, warum man sich diese Mühe mit dem »Warenkorb«, der »gefühlten Inflation« und dem »hedonischen Modell« gemacht hat. Und es hat (fast) funktioniert. Die Menschen haben es akzeptiert. Sie haben sich zwar gewundert, warum immer weniger Geld am Monatsende übrig blieb, aber sie haben den Köder über Jahre geschluckt. Doch eine Gruppe hatte das Spiel durchschaut: die Banken. Die konnten genau rechnen und wussten, dass sie 10 Prozent Inflation zu schlagen hatten. Da das mit den künstlich niedrigen Marktzinsen, die sich an der offiziellen Inflation orientieren, nicht möglich war, waren sie gezwungen, höhere Risiken einzugehen. Man versuchte, etwas eigentlich

Unmögliches zu vollbringen: hohe Rendite bei niedrigem Risiko. Dazu schuf man die abenteuerlichsten mathematischen Produkte, aber Naturgesetze lassen sich nun mal nicht außer Kraft setzen. Etliche Jahre gelang es ihnen sogar, diese hohen Renditen zu erwirtschaften (denken Sie an Ackermanns 25 Prozent Eigenkapitalrendite vor Steuern), doch dann schlug das erhöhte Risiko durch, und das Finanzsystem verlor das Gleichgewicht. Man versuchte noch einige Monate, mit Notmaßnahmen das Finanzsystem und damit das Weltwirtschaftssystem zu stabilisieren, aber es waren bereits zu viele Dominosteine an allen Ecken der Erde gekippt. Plan A war gescheitert.

Es folgte die Umsetzung von Plan B, der nach meiner Einschätzung bereits seit 2000 in Vorbereitung ist: ein kontrollierter Reset des Systems.

Warum hat man 700 Milliarden Dollar eingesetzt, um einige große amerikanische Banken und wichtige Unternehmen mit Kapital auszustatten, anstatt die Immobilienpreise zu stützen? Das hätte das System stabilisieren können. Hat man bewusst die mächtigen Unternehmen kapitalisiert, damit diese gut durch den Reset kommen und unten sogar noch günstig die Scherben einsammeln können? Ging es längst nicht mehr um das System selbst?

Das entscheidende Signal, dass diese Überlegung zutreffen könnte, gab der Aktienhandel in den letzten beiden Stunden nach Genehmigung des US-Rettungspakets. Wer 700 Milliarden in die Hand nimmt, um die Banken zu stützen, der nimmt doch auch einige hundert Millionen davon und stützt die Aktienmärkte! Erstens um die Angst aus dem Markt zu jagen und zweitens um zu zeigen: »Seht her, die Entscheidung war richtig. Die Märkte honorieren es.«

Aber es passierte nichts! Keine Stützungskäufe, kein Plunge Protection Team (PPT). Der Dow Jones fiel in diesen letzten beiden Stunden um 300 Punkte. In der Woche danach kam es an den Weltbörsen zu dramatischen Einbrüchen. Der Dax fiel um historische 25 Prozent in einer Woche. Das PPT hatte aufgegeben. Es ging nicht mehr um die Rettung des Systems, sondern nur noch um die eigene Haut.

Ähnlich die Aktionen in Europa. Hunderte von Milliarden flossen, um die für das »System« wichtigen Banken zu stabilisieren. Gleichzeitig sprach man von einem neuen Weltfinanzsystem ähnlich dem Bretton-Woods-Abkommen von 1944. Es besteht daher eine gewisse Wahrscheinlichkeit, dass in den kommenden Monaten ein solcher Reset stattfindet: eine Entschuldung der USA, möglicherweise sogar ein neuer edelmetallgedeckter US-Dollar.

Hängen damit die seit Jahren künstlich niedrig gehaltenen Silberpreise zusammen? Hat man in diesen Jahren zu Spot(t)preisen Silberbarren eingelagert, um damit eine neue Währung zu unterlegen? Hängt damit die Geschichte um die Nichteinlagerung der Silberbarren in den Kellern der US-Banken zusammen?

Unter Umständen bedeutet das auch ein neues Währungsgefüge für Europa. Waren deshalb solch unglaubliche Staatsgarantien in Höhe von 500 Milliarden Euro allein für Deutschland möglich, weil man wusste: Es kommt ohnehin bald ein neues Finanzsystem, bis dahin müssen wir den Laden zusammenhalten, egal wie?

Für den Anleger heißt das höchste Aufmerksamkeit: Kurzfristig Bargeldhaltung, solange die Märkte einbrechen, aber bevor eine neue Währung kommt, muss all dieses Bargeld in Immobilien, Aktien, Edelmetalle oder was sonst dauerhaft werthaltig ist, investiert werden. Es ist unbedingt notwendig, die Märkte äußerst aufmerksam zu verfolgen.

Diese Gedanken sind natürlich höchst spekulativ, und ich kann nicht sagen, ob es am Ende so kommt. Aber es sei erlaubt, in diese Richtung zu spekulieren.

*

Ende Oktober, Anfang November 2008 setzt trotz schlechter Meldungen und dem drohenden Staatsbankrott einiger osteuropäischer Länder wie Ungarn oder der Ukraine eine deutliche Erholung an den Finanzmärkten ein. Erneut sehen viele Experten das Ende der Krise und drastisch steigende Kurse voraus. Ich befürchte, dass sie auch hier wieder irren. Nach den deutlichen Kursverlusten der vorangegangenen Monate ist eine Erholungswelle fast zwangsläufig notwendig. Hinzu kommt, dass die Banken trommeln mit Sätzen wie: »Aktien sind billig! Denken Sie an die Abgeltungssteuer! Billiger wird's nimmer!«, denn sie wollen ja zum Jahresende noch mal ordentliche Provisionserträge sehen. Viele Banken und Investmentfirmen haben darüber hinaus traditionell ein großes Interesse, die Aktienkurse zum Jahresende deutlich nach oben zu ziehen. Warum? Weil am 31.12. Bilanz gezogen wird. Die Aktien im eigenen Bestand der Fonds und Banken werden zu diesem Termin bewertet und veröffentlicht. Das ist die alles entscheidende Zahl, die besagt, ob der Fonds im abgelaufenen Jahr erfolgreich war oder nicht. Diese Zahl entscheidet, ob die Anleger künftig diesen Fonds kaufen oder nicht. Diese Zahl entscheidet, ob der Manager, Händler oder Vorstand einen Bonus bekommt oder nicht. Was glauben Sie also, wer da alles Interesse an einem hohen Schlusskurs am 31.12. hat! Diese Leute verfügen über ausreichende finanzielle Möglichkeiten, um die Märkte kurzfristig nach oben zu treiben. Und genau die sind es auch, die dann im Januar die ersten Gelegenheiten nutzen, um sich zu diesen künstlich hochgezogenen Kursen von ihren Beständen zu trennen. Schauen Sie sich den Kursverlauf Ende 2007, Anfang 2008 an, und Sie wissen, was ich meine. Daxstand 27.11.2007: 7500, Daxstand 27.12.2007: 8000 (ein Plus von 500 Punkten), Daxstand 23.1.2008: 6400 (ein Minus von 1600 Punkten).

Ich befürchte, dass sich diese Entwicklung in ähnlicher Form, eventuell mit kleiner Zeitverzögerung, Anfang 2009 wiederholen wird, wenn die Fonds und Banken wieder Bestände abbauen und die mutigen Neuanleger vom Jahresende plötzlich entsetzt erkennen, dass die Horrorparty doch noch nicht zu Ende ist.

Im Übrigen sollten wir hoffen, dass es diesen Plan B tatsächlich gibt, denn er würde einen Neuanfang und eine optimistische Zukunft bedeuten. Wenn es diesen Plan B nicht gibt, müssen wir uns auf einige Jahre übler Inflation gefasst machen. Was glauben Sie, was passiert, wenn all die Hunderte von Milliarden Euro, Dollar, Yen und Pfund an neuen Schulden, die in diesen Monaten in die Weltmärkte gepumpt werden, Wirkung zeigen? Eine schrumpfende Menge an Waren und Dienstleistungen trifft auf eine explosionsartig wachsende Geldmenge. Die Folge wäre eine ungeheure reale Inflation und ein noch lauteres Platzen dieser Giga-Blase in der Zukunft. Ob diese Zukunft dann in fünf, zehn oder fünfzehn Jahren liegt, lässt sich nicht sagen, aber es wird passieren.

Wie auch immer die Geschichte ausgeht: Solange die Krise sich zuspitzt, brauchen Sie Bargeld. Aber am unteren Wendepunkt der Entwicklung brauchen Sie eines: Aktien! Es wird unmöglich sein, diesen unteren Umkehrpunkt exakt zu erwischen, aber ich werde die Situation für Sie weiterhin genau beobachten und Sie über die Lage informieren. Besuchen Sie mich auf der Internetseite www.crashkurs.com. Auch hier gilt: Ich kann Ihnen keine Kristallkugel und keine absolute Garantie anbieten. Aber ich kann Ihnen etwas in diesen Zeiten besonders Wertvolles offerieren: eine ehrliche Einschätzung.

*

Ich hoffe, ich konnte ein paar Nebelkerzen für Sie aus dem Weg räumen, um Ihnen eine klarere Sicht auf die Finanzmärkte zu ermöglichen. Sie haben jetzt viele erschreckende und erstaunliche Hintergründe und Wahrheiten über unser Finanzsystem gelesen. Viele Fakten, viel Interpretation und eine gehörige Portion gesunder Menschenverstand waren dabei. Manche Dinge mögen Sie erheitert haben, andere wiederum haben Ihnen Sorge oder Aufregung bereitet. Doch es liegt jetzt ganz allein in Ihrer Hand, was Sie daraus machen. Sie haben mit diesem Wissen ein mächtiges Werkzeug erworben.

Warum sollen wir über all die Dinge jammern, die ich Ihnen geschildert habe? Das wäre der einfachste, aber auch der törichste Weg. Spucken Sie nicht gegen den Wind. Graben Sie sich nicht angsterfüllt ein und hoffen, dass der Sturm über Sie hinwegzieht. Jetzt, da Sie wissen, woher der Wind kommt, haben Sie alle Chancen, ihn zu nutzen. Breiten Sie die Flügel aus und nutzen Sie die steife Brise, die gerade durch unser Finanzzeitalter weht. Solange der Einbruch anhält, halten Sie Ihr Geld beisammen. Sehen Sie zu, dass Sie Schulden abbauen oder vermeiden. Wenn Sie Vermögen besitzen, halten Sie die Kröten im Teich, auch wenn Sie auf ein paar vermeintlich fette Renditemücken verzichten müssen. Aber sobald das Schlimmste vorbei ist, investieren Sie in die künftigen Sieger.

Sie wissen jetzt, wie das System funktioniert. Sie wissen, wer zu den Profiteuren dieses schlechten Spiels gehört. Wenn Sie nicht gerade die Bundeskanzlerin sind, die dieses System vielleicht ändern könnte, akzeptieren Sie es, und machen Sie es sich zunutze. Sie können jetzt selbst erkennen, welche Firmen und Regionen von der Zukunft profitieren werden. Nutzen Sie diese Chancen.

Die Gelegenheiten, die diese Verwerfungen bieten, kommen in einer Generation höchstens einmal vor. Mit geschickter Finanzanlage schaffen Sie es, aus dieser Krise, die alle bejammern und die von den Medien zur Katastrophe erklärt wird, als strahlender Sieger hervorzugehen. Hören Sie nicht auf die Experten. Nehmen Sie die Anregungen aus diesem Buch kritisch auf, und überdenken Sie alles mit Ihrem gesunden Menschenverstand. Die größten Vermögen und Familiendynastien sind in Krisen wie diesen entstanden. In Krisen, in denen die Masse der Menschen aus Unverständnis und Fehlinformationen heraus Hab und Gut verloren hat. Aber Sie kennen jetzt viele der Hintergründe, die es Ihnen ermöglichen, den Wind zu Ihren Gunsten zu nutzen. Breiten Sie die Schwingen aus, und machen Sie Ihr finanzielles Glück.

Nachtrag
zurTaschenbuchausgabe ·

Ein Jahr ist es nun her, dass *Crashkurs* in die Buchhandlungen
kam. Die letzten Zeilen hatte ich im November 2008 geschrieben,
es wird Zeit für eine Bestandsaufnahme. Erschreckend vieles von
dem, was ich in diesen Monaten befürchtet hatte, ist inzwischen
eingetreten. Im Oktober 2008 gab ich in einem TV-Interview die
Einschätzung, dass die Situation dermaßen brenzlig sei, dass uns
mit 70-prozentiger Wahrscheinlichkeit der ganze Laden um die
Ohren fliegen werde. Die Reaktionen waren entsprechend. Das
Video verteilte sich virusartig über unzählige Internetplattformen,
Bankvertreter riefen bei meinen Vorgesetzten an und wollten Einfluss auf meine Berichterstattung nehmen. Ich habe auch heute
noch höchsten Respekt vor meinen damaligen Vorständen, die
sich davon nicht beirren ließen.

Heute, ein Jahr und viele tiefe Einblicke später, stellt sich die
damalige Situation als noch dramatischer dar. Wir standen im
Herbst 2008 nur wenige Stunden vom Armageddon entfernt.
Noch im September erklärte der damalige Finanzminister Steinbrück: »Das deutsche Bankensystem ist stabil.« Im Sommer 2009
sagte er über die Zeit zwischen Lehman-Pleite und HRE-Kollaps:
»Das waren 21 Tage am Abgrund!«

Binnen weniger Tage überschlugen sich die Ereignisse, und es
war eine Zeit mit sehr wenig Schlaf. Ich zitiere hier aus einem
meiner Artikel meiner Internetseite www.Cashkurs.com, den ich
am 17. September 2008 veröffentlichte und in dem die Dramatik
dieser Stunden in wenigen Worten nochmals in Erinnerung
kommt:

Gruselkabinett

Es ist nicht einfach, in diesen Stunden den Überblick zu behalten. Im Stundentakt kommen neue Horrormeldungen über die Ticker. Es bleibt kaum Zeit, eine Nachricht einzuordnen, da kommt schon die nächste. Ich versuche, Ihnen nur die wichtigsten Informationen aufzubereiten. Aber mit einem Wort: Die Situation ist dramatisch.

Bei den Bankaktien kann man nur noch von Panik sprechen. Die Aktien von Morgan Stanley verloren bis zu 40 Prozent. Selbst die bisher als stabil angesehene Goldman Sachs verlor 20 Prozent. Das sind unvorstellbare Dimensionen.

In Großbritannien erwartet man in den nächsten Monaten über 100 000 Entlassungen im Bankgewerbe.

Der größte Versicherer der Welt AIG wurde gestern Nacht verstaatlicht. Die US-Regierung gewährte einen Kredit über 85 Milliarden Dollar und übernahm im Gegenzug 80 Prozent der Aktien. Ein Kollaps des Finanzsystems wurde so mal wieder in letzter Sekunde verhindert. Wie oft das noch funktioniert, ist mehr als fraglich. Welche Konsequenzen dieser Schritt wiederum für andere Bereiche und »Wetten« hat, ist im Moment noch gar nicht abzusehen.

Als nächste »Sau« wurde heute die HBOS (Halifax Bank Of Scotland) durchs Dorf getrieben. Der Markt erwartet den Zusammenbruch der größten britischen Hypothekenbank. Der Kurs brach um sagenhafte 50 Prozent ein.

In Russland hat der massive Kapitalabfluss (wir berichteten) der letzten Tage für einen Beinahe-Kollaps des Finanzsystems gesorgt. Die russischen Aktienmärkte brachen den dritten Tag in Folge ein. Russische Bank-aktien verloren heute bis zu 30 Prozent. Die nächsten Pleiten sind vorprogrammiert. Die Behörden schlossen die Börsen vorübergehend. Ähnliche Probleme vermute ich in Asien in den nächsten Tagen. Zur Immobilien- und Finanzkrise gesellt sich jetzt noch eine Krise der Schwel-lenländer. Da die Amerikaner massiv Geld aus diesen Ländern abziehen, um zu Hause die Löcher zu stopfen, kommen die Finanzsysteme dieser Länder in eine dra-matische Situation. Ihnen geht schlicht das Geld aus.

Mit welcher ungeheuren Dreistigkeit die Politiker und auch manche Medienvertreter auch heute wieder die Si-tuation verharmlosen, ist kaum in Worte zu fassen. Bei al-lem Verständnis dafür, keine unnötige Panik aufkommen zu lassen: Sagt den Leuten die Wahrheit! Die Situation ist dramatisch, und es besteht zu Recht Anlass zu größter Sorge. Welche Folgen die aktuellen Verwerfungen haben, lässt sich zur Stunde nicht mal in Ansätzen sagen. Ein Zu-sammenbruch des Finanzsystems ist nicht zwingend, aber zumindest auch nicht ausgeschlossen. Punktum.

Es gibt Tausende Menschen, besonders ältere, die nicht noch mal zehn oder zwanzig Jahre warten können, son-dern die ihr Geld in den nächsten Jahren brauchen, die gerade in diesen Minuten ihre Altersvorsorge verlieren, weil Politiker und »Experten« seit eineinhalb Jahren fa-bulieren: »Nichts dramatisieren! Das Schlimmste liegt hinter uns! Nur keine Panikverkäufe!« Wer steht jetzt für diese Lügen gerade? Wer übernimmt die Verantwor-tung? Keiner! Es wird bald wieder ein Finanzminister vor die Kameras treten und sagen: »Das konnte man ja nicht ahnen!«

Wie dramatisch die Fehleinschätzungen der Politiker selbst zu diesem Zeitpunkt noch sind, lässt sich aus Einlassungen des damaligen Finanzministers Peer Steinbrück vom November 2008 erkennen: »Ja, die Bundesrepublik Deutschland ist in einer Rezession.« Es wäre unzutreffend, nur noch von einer Stagnation zu sprechen, so der Minister im Bundestag, derselbe Minister, der noch im September Befürchtungen über eine drohende leichte Rezession in Deutschland zurückgewiesen hat. Aber auch wenn das Wachstum im kommenden Jahr schwächer ausfallen dürfte, könne von einer anhaltenden Rezession keine Rede sein.

Selbst die Bundesbank als Ratgeber der Regierung steht hier nicht zurück. »Die momentan schwächere Wirtschaftsentwicklung sollte kein Anlass sein, »das Gespenst einer Rezession an die Wand zu malen«, so Bundesbankchef Axel Weber noch im August 2008.

Später werden sich diese Experten darauf berufen, dass man den Kollaps von Lehman nicht vorhersehen konnte und nur dieses Ereignis sozusagen als Fanal die ganze nachfolgende Lawine ins Rollen gebracht habe. Das ist jedoch gleich in mehreren Punkten – na, sagen wir freundlich – nicht ganz korrekt. Aber der Reihe nach. Es stimmt, dass die Lehman-Pleite ganz bestimmt nicht der Stein war, der die bereits rollende Lawine ausgelöst hat, sehr wohl aber ein großer Brocken auf dem Weg in die Katastrophe.

Der Zusammenbruch der Lehman-Bank wird heute von vielen – auch hochrangigen – Kapitalmarktteilnehmern nicht als Unfall oder gar Zufall angesehen. Mit dem Zusammenbruch von Lehman wurde die Brandfackel nach Europa geschleudert. Keine andere amerikanische Bank hatte ein solch großes Rad in Europa gedreht wie Lehman. Es war klar, dass die Lehman-Pleite zu verheerenden Auswirkungen hauptsächlich in Europa führen würde. Dazu kam, dass der Chef von Lehman, Richard Fuld, bei den übrigen Wall-Street-Banken verhasst war. Sein größter Intimfeind war Henry Paulson, als dieser noch Boss von Goldman Sachs war. Plötzlich war ebendieser Henry Paulson Finanzminister und entschied nun mitten in der Krise über das Schicksal von Lehman und somit über den verhassten Richard Fuld. Ein weiterer Aspekt war, dass man sich auf diesem Wege einen großen Konkurrenten vom Halse schaffen und sich dessen Filetstücke sowie ehemalige Kunden einverleiben konnte. Sie sehen, bei all diesen Gesichtspunkten wäre es naiv zu glauben, dass die Lehman-Pleite ein bloßer Fehler oder gar Zufall war.

Die Brandfackel hat in Europa volle Wirkung gezeigt und das deutsche Finanzsystem unmittelbar der Gefahr eines Flächenbrandes ausgesetzt. Wie wir mittlerweile aus den Protokollen der Notsitzungen zur Hypo Real Estate und weiteren Stellungnahmen von verantwortlichen Politikern wissen, ging es in der Tat um wenige Stunden. Hätte die Politik nicht im Gleichschritt mit den Banken historisch einmalige Notaktionen gefahren, wäre die Finanzwirtschaft der Bundesrepublik in Flammen gestanden.

Dennoch ist es eine weitere Mär, dass NUR die »unvorhersehbare« Lehman-Pleite die deutschen Banken an den Rand der Katastrophe geführt habe. Sie war lediglich das auslösende Moment. Eben die Brandfackel, die die Lunte am Pulverfass entzündet hat. Doch das Pulverfass haben die deutschen Banken in den vergangenen Jahren selbst bis zum Rand gefüllt.

Bereits im Februar 2003 gab es geheime Notsitzungen in Berlin. Dabei der damalige Bundeskanzler Schröder, Finanz- und Wirtschaftsminister (Eichel, Clement) sowie die Vertreter der großen deutschen Privatbanken. Es geht um große Schieflagen der Hypovereinsbank, die wie andere Banken eine unglaubliche Menge an Krediten für marode Ost-Immobilien unters leichtgläubige Volk gestreut hatte. Steuern sparen, Sie wissen schon. Schon damals bestand die Gefahr eines Bankzusammenbruchs. Die Lösung bestand darin, dass die Hypovereinsbank eine Bad-Bank namens Hypo Real Estate ins Leben ruft und diese an die Börse bringt. Ich selbst habe damals den Börsengang der HRE begleitet und den ersten offiziellen Kurs der HRE am Frankfurter Parkett unter großer Medienaufmerksamkeit mit 11,25 Euro festgestellt.

Uns war klar, dass man das Papier »nicht haben darf«, was wir als zur Neutralität verpflichtete Kursmakler aber nicht äußern durften. Dennoch gab es Analysten, die der Aktie Solidität und gute Zukunftschancen prognostizierten. So empfahlen einige Bankhäuser die Aktie zum Kauf und nannten ein Kursziel von 18 Euro. Und die behielten sogar recht. Diese Bad-Bank stieg bis zum Sommer 2006 auf sagenhafte 58 Euro, bevor binnen weiterer dreier Jahre der Absturz bis auf 62 Cent im März 2009 folgte. An der Börse ist eben alles möglich.

Aber auch andere Banken hatten bei diesem Spiel mitgemischt. Insbesondere die Landesbanken. Zunächst versuchte man erfolgreich, die deutschen Schrottkredite aus den Ost-Immobilien zu verbriefen (in einen Karton zu packen und ein neues Etikett draufzukleben) und über Zweckgesellschaften, die durch (legale) Bilanztricks außerhalb der eigenen Bilanz geführt werden konnten, in Amerika und auf »Briefkasteninseln« wie den Cayman Islands zu verkaufen. Dieses Spiel spielten die deutschen Banken bereits seit 1998. Das gelang recht gut. Als die Amerikaner selbst mit diesen Verbriefungen amerikanischer Immobilienkredite immer größere und profitablere Räder drehten, spielten die geübten deutschen Banken jetzt so richtig auf. Besonders die Landesbanken konnten sich aufgrund der staatlichen Garantien Geld zu sehr günstigen Konditionen leihen und investierten dieses Geld nun in besagte verbriefte Kredite, wie in Kapitel 3 erläutert. Größenwahn, Selbstüberschätzung und völliges Fehlen von Risikobewusstsein gemäß alten Kaufmannsregeln waren die Taktgeber.

Mindestens seit den Jahren 2000 bis 2002 wusste die Politik über die Risiken Bescheid. Peer Steinbrück saß seit 1998 im Verwaltungsrat der WestLB und war seit 2002 als NRW-Finanzminister für die WestLB zuständig. Wenn er nicht über die Probleme Bescheid wusste, wer dann?

Selbst als die EU 2001 strenge Auflagen für diese gefährlichen außerbilanziellen Gesellschaften erlässt, verhindert die deutsche Bankenlobby mit Schützenhilfe der Politiker eine Umsetzung der Regelungen in Deutschland. Im Gegenteil. 2004 wird die Verbriefungslobbygesellschaft »True Sale International« gegründet, unter Beteiligung der Banken und mit Bundesbeamten wie Jörg Asmussen in leitenden Funktionen (er war Mitglied im Gesellschafterbeirat). Hauptziel laut eigener Aussage der TSI: die politische und gesellschaftliche Akzeptanz der Verbriefungen in Deutschland zu fördern sowie den entsprechenden politischen Gesetzgebungen den Weg zu ebnen.

Asmussen war auch im Aufsichtsrat der IKB, Mitglied im Verwaltungsrat der Bafin (Bundesanstalt für Finanzdienstleistungsaufsicht), Leiter des Büros von Finanzminister Hans Eichel und später rechte Hand von Finanzminister Peer Steinbrück. Zwischenzeitlich wurde Asmussen Mitglied im Lenkungsausschuss des Sonderfonds Finanzmarktstabilisierung, der die Bürgschaften für die Banken verwaltet. Asmussen, derjenige, der die Deregulierung der Banken wesentlich mitorganisiert hat, der Hedgefonds in Deutschland ermöglicht hat, soll die Banken jetzt wieder einfangen. Netter Gedanke. Aus der Zeit vor der Krise wird er wie folgt zitiert: »Überflüssige Regulierung« sei abzubauen. Asmussen hatte unter Bundesbankchef Axel Weber studiert, und angeblich war er es, der Eichel dazu brachte, Weber zum Bundesbankchef zu machen. Ein einflussreicher Mann, der Herr Asmussen.

Im Herbst 2004 beginnen die Hauspreise in Amerika und England zu fallen. Die Fachpresse berichtet darüber. Spätestens hier zeichnet sich das drohende Unheil am Horizont ab. Zu diesem Zeitpunkt beziffern Experten der Banken das Gesamtvolumen der notleidenden Kredite allein in Deutschland auf 300 Milliarden Euro.

Nichts passiert. Im Gegenteil. Die große Koalition unter Merkel beschließt den weiteren Ausbau des Verbriefungsmarktes, während die Fachmedien bereits die Götterdämmerung für die amerikanischen Sub-Prime-Hypotheken ausrufen. Das Pulverfass wurde bis zum Deckel gefüllt.

Doch die Banken und Politiker schrecken noch immer nicht davor zurück, das Märchen von der Unschuld vom Lande aufzuführen. Keiner konnte was dazu, niemand konnte das ahnen. Nur die plötzliche Lehman-Pleite ist schuld. Tja, wie erwähnt: Als Brandfackel, die im Herbst 2008 die Lunte entzündet hat, mag das sogar stimmen.

Zwischen Herbst 2008 und Frühjahr 2009 sah es ganz nach dem Eintreffen des Horrorszenarios aus. Doch ab März 2009 scheint sich die Richtung zumindest kurzfristig zu drehen. Die Bilanzen der Banken wurden mit den ungeheuerlichsten Bilanztricks optisch saniert. Nicht, dass die Verluste und Abschreibungsnotwendigkeiten nicht mehr da wären, aber wenn sie keiner sieht und sich daher auch niemand daran stört, tun sie auch nicht weh.
In Amerika ist es mittlerweile sogar möglich, dass die Bilanz der Bank umso besser aussieht, je dramatischer ihre wahre Situation ist. Wie das gehen soll? Etwa so: Jede große Bank hat in den vergangenen Jahren eine Unmenge an eigenen Anleihen herausgegeben, mit denen sie sich finanziert. Wenn das Vertrauen in diese Bank nun schwindet, weil ihr das Wasser bis zum Hals steht, befürchten die Besitzer dieser Anleihen natürlich, dass jene Bank diese Schulden vielleicht nicht zurückzahlen kann. Der Börsenkurs dieser Anleihen fällt also dramatisch. Das ist, so verrückt es klingt, der große Segen für diese Bank. Eine Anleihe, die sie am Ende der Laufzeit zu 100 Prozent zurückzahlen muss, kostet beispielsweise nur noch 30 Prozent des Wertes an den Börsen. Die Differenz von 70 Prozent kann diese Bank sich nun als Gewinn in ihrer Bilanz verbuchen, da sie ihre eigenen Schuldpapiere ja zu diesem billigen Preis zurückkaufen könnte (wenn sie das Geld dazu hätte, was ja nun wiederum gerade das Problem ist). Je

dreckiger es der Bank geht, umso größer wird auf diese Weise ihr Bilanzgewinn. Unglaublich, aber wahr. Natürlich funktioniert das auch andersherum. Wenn die Lage sich verbessert, muss die Bank die nun steigenden Kurse ihrer eigenen Schulden wiederum als Verlust verbuchen.

Ein weiterer gern vorgenommener Bilanztrick der geschundenen Bankhäuser sind steuerliche Verlustvorträge. Das klingt wieder gähnlangweilig, ist es aber bei näherem Hinsehen keineswegs. Eine Bank macht im Jahr 2009 einen großen Verlust. Diesen Verlust kann sie in den kommenden Jahren mit ihren dann anfallenden Gewinnen verrechnen und spart in der Zukunft dadurch Steuern. Vorausgesetzt, sie macht überhaupt irgendwann mal wieder Gewinn und macht nicht vorher den Lehman. Denn wenn sie keinen Gewinn macht, gibt es keine Steuerersparnis. Dennoch kann die Bank diese völlig unsichere zukünftige Steuerersparnis bereits heute als Eigenkapital in der Bilanz verbuchen. Nicht schlecht, oder? Und hier geht es nicht um Peanuts. Es gibt große Bankhäuser, bei denen macht das mal eben 20 Prozent des Eigenkapitals aus. Das beruhigt ungemein, finde ich.

Ach ja, und dann ist da noch mein Lieblingsthema in den Bankbilanzen: das Level 3. Ebene 3 klingt zu Recht nach Kellergeschoss. Dort werden nämlich ganz legal die Leichen versteckt. Die Banken müssen all ihre Besitztümer in drei Kategorien unterteilen, je nachdem, wie sich diese Besitztümer bewerten lassen.

Level 1 (Bewertung nach Markt): Hier kommt alles rein, was einen klar bestimmbaren Wert hat. So zum Beispiel Aktien, bei denen ich jeden Tag an der Börse den Kurs und somit den Wert abfragen kann.

Level 2 (Bewertung aufgrund vergleichbarer Anlagen): Hier kommt all das rein, was zwar keinen klaren Börsenkurs hat, was ich aber durch den Vergleich mit ähnlichen Anlagen recht eindeutig bewerten kann.

Level 3 (Bewertung nach Phantasie): Hier kommt all das rein, von dem die Bank behauptet: Wir haben nicht den Hauch einer Ahnung, was der Kram wert ist. Es gibt keinen Börsenkurs und aktuell niemanden, der das Zeug haben will. Es existiert einfach kein Markt dafür. Wir wissen nicht, ob es 100 Prozent oder nur 20 Prozent wert ist. Aber wir bewerten das mal nach unserer ehrlichen Einschätzung mittels Modellrechnung – also so über den Daumen.

Natürlich gibt es auch für Level-3-Bewertungen etliche Vorschriften, wie diese zu behandeln seien, aber die Spielräume sind riesig. Zugleich ist dieses Level 3 für jeden externen Analysten ein schwarzes Loch und kaum einschätzbar. Wie auch, wenn die Bank selbst den Plunder nicht klar bewerten kann.

Dieses Level 3 wurde bei vielen internationalen (auch deutschen) Banken in den Jahren 2007 und 2008 auf ungeheure Dimensionen aufgeblasen. Das Level 3 der Deutschen Bank betrug Ende 2008 88 Milliarden Euro. Das war beinahe das Dreifache des gesamten Eigenkapitals. Kaum eine andere europäische Bank hatte ein solch hohes Level-3-Volumen.

Die Deutsche Bank ist nahezu unbeschadet und ohne die Riesenverluste ihrer Mitbewerber durch die Krise gekommen. Das ist beeindruckend und nötigt Respekt ab. Aber man muss auch klar sagen, dass es ein unglaubliches Volumen an Bilanzwerten war, das die Bank schätzen musste. Hätte man es zu hoch bewertet, hätte man sich auf diesem Wege Abschreibungen in ungeahnter Höhe erspart. Bis zum Beweis des Gegenteils gehen wir selbstverständlich davon aus, dass alles korrekt und marktgerecht bewertet wurde. Per Ende September 2009 konnte die Deutsche Bank ihr Level 3 immerhin auf 60 Milliarden Euro reduzieren. Noch immer fast das Doppelte des Eigenkapitals von etwa 35 Milliarden Euro.

Ein ehemaliger Richter am Bundesgerichtshof schrieb mir folgende Zeilen:

>>Von dem alten HGB-Grundsatz der Bilanzwahrheit und Bilanzklarheit scheint mir so gut wie nichts mehr übrig zu sein.<<

und weiter:

>>Wir sind nach meiner Einschätzung nicht mehr weit davon entfernt, dass sich der Unterschied zu einer lateinamerikanischen Bananenrepublik darauf reduziert, dass hierzulande keine Bananen wachsen.<<

Klarer kann man es nicht mehr auf den Punkt bringen. Wir haben dem Kommunismus über Jahrzehnte zu Recht vorgeworfen, die Bilanzen und Statistiken zu verdrehen, um das System zu rechtfertigen. Stellt sich die Frage, welche Daseinsberechtigung ein Wirtschaftssystem hat, das nur noch von Lug, Trug und Verschleierung zusammengehalten wird. Wenn dies das Fundament unserer Wirtschaft ist, dann gnade uns Gott.

Sicher ist es möglich, ein System auf diese Weise einige Jahre durchzumogeln, aber dadurch werden die fehlerbedingten Schieflagen nur noch größer und die unausweichliche Katastrophe am Ende umso schmerzhafter. Zunächst schien sich aus der Sicht des Jahreswechsels 2009/2010 das Hoffnungsszenario durchzusetzen. Eine Verzögerung des Kollapses. Wie lange die Verzögerung funktioniert und welche verrückten Blüten diese ungesunde Entwicklung noch treiben wird, ist kaum abschätzbar. Der große Knall kann jederzeit einsetzen, er kann aber genauso gut noch einige Jahre auf sich warten lassen. Es ist wie eine riesige Magmablase, die sich immer weiter mit ungeheuren Schulden füllt. Der Boden hebt sich bereits gewaltig, eine erste Eruption haben wir schon erlebt. Den entstandenen Krater hat man flugs mit allen verfügbaren Staatskrediten zugeschüttet, doch »the big one« steht unweigerlich aus.

Das viele Geld, das in die Märkte gepumpt wurde, bildet jetzt immer neue und immer größere Blasen. Das kann man sich vorstellen wie eine Lavalampe. Mal bildet sich eine große Blase bei Rohstoffen, dann fällt diese in sich zusammen, und das Material (Geld) fließt in Immobilien oder Aktien, um dort die nächste Blase zu bilden. Zwar gibt es da, wo die erste Blase geplatzt ist, ein Deflationsloch (die Preise sinken sehr stark), aber die Gesamtmasse an Kreditlava wird sogar immer größer, da durch den Zinseszins ja ständig neues Geld und neuer Kredit entstehen. Das, was durch die billionenschweren Abschreibungen eigentlich abfließen würde, wird durch die Zentralbanken wieder neu in die Lampe (Märkte) gepumpt. Das Lavaniveau wird also immer höher, aber die Lampe ist wie unsere Erde ein geschlossenes und endliches System. Irgendwann muss sie platzen.

Alljährlich zum Beginn eines Jahres geben die Banken ihre Prognosen für den Dax-Stand zum Jahresende ab. Diese Prognosen beruhen natürlich auf ebensolchen Modellrechnungen. Wer sich diese Prognosen und deren Treffsicherheit im Rückblick ansieht, der braucht schon ein gerüttelt Maß an Gottvertrauen, um anzunehmen, dass die Bewertungsmodelle der Banken für ihre Level-3-Bestände zuverlässiger sind. So hatten die meisten befragten Banken den Dax-Stand vom 31. Dezember 2008 ein Jahr zuvor im Schnitt mit 8400 Punkten vorherberechnet. 4800 waren es am Ende. Na ja, vielleicht ein Zahlendreher im Modell … Die Deutsche Bank hatte auf 8300 getippt. Hoffen wir, dass ihr Level-3-Modell besser funktioniert. Zur Ehrenrettung unseres größten Bankhauses sei jedoch gesagt, dass sie für den Dax-Stand 2009 sehr gut 5900 Punkte vorhergesagt hat. Da wäre mein Tipp deutlich schlechter ausgefallen.

Das mit den Jahresendprognosen ist ohnehin ein grober Unfug. Es ist völliger Hafenkäse, anzugeben, wie der Dax in einem Jahr auf hundert Punkte genau stehen werde. Das ist in etwa so, als würden Sie das Wetter am 24. Dezember ein Jahr eher voraussagen. Gut, wenn Sie in Dubai oder Hamburg wohnen, mag das noch eine gewisse Wahrscheinlichkeit haben.

Ist Ihnen aufgefallen, dass alle diese Bankprognosen fast IMMER einen höheren Dax-Stand als den aktuellen »vorhersehen«? Und das mit gutem Grund! Stellen Sie sich vor, die Pfefferminziabank würde in ihrer Jahresanfangsprognose einen fallenden Dax zum Jahresende ankündigen. Was glauben Sie, mit welcher Begeisterung sich die Kunden dann am Schalter von ihrem Bankverkäufer Aktienfonds und Zertifikate verkaufen lassen? »Sie wollen mir Aktienzertifikate verkaufen? Wo Ihr eigenes Bankhaus sagt, dass die Aktien in den nächsten Monaten fallen werden? Was sind denn Sie für einer?« Ein fürsorgliches Bankhaus wird es also tunlichst vermeiden, seine Angestellten durch übertrieben skeptische Lageeinschätzungen in die Zwickmühle zu bringen.

Wenn die Lage an den Finanzmärkten den absoluten Kollaps befürchten lässt, dann wird in Gottes Namen ein unveränderter Dax-Stand zum Jahreswechsel prognostiziert. Ist doch klar, oder? Daher liegen die Bankprognosen in steigenden Märkten immer mehr oder weniger richtig, weil sie einfach NIE fallende Kurse vorhersagen. Da die Börse in der deutlich überwiegenden Zahl der Jahre steigt, ist die Quote also gar nicht so schlecht. Dass man in den wenigen, aber dafür katastrophal schlechten Jahren meilenweit danebenliegt, ist dann schnell vergessen. Seriöser und ehrlicher wäre es aber allemal, einfach keine Prognose für das Jahresende abzugeben.

Aber kehren wir zunächst zurück zum Herbst 2008. Diese Wochen und Monate sollten zum Horrorkabinett werden. Morgan Stanley geht auf die verzweifelte Suche nach Kapital oder einem

Partner oder einem Strohhalm. Der Kurs halbiert sich innerhalb eines Tages von 20 auf 11 Dollar, um sich in den folgenden Stunden wieder auf 24 Dollar mehr als zu verdoppeln. Die drittgrößte Bank Hongkongs, »Bank of East Asia«, wird von den Anlegern gestürmt. Washington Mutual kollabiert am 25. September 2008. Die größte Bankenpleite der USA steht über Nacht im Wohnzimmer und muss von JPMorgan Chase notübernommen werden, da sonst der Zusammenbruch des amerikanischen Einlagensicherungsfonds erfolgt wäre. Von September bis November 2008 zieht sich das Drama um die Hypo Real Estate.

Wir gehen heute davon aus, dass meine 70-Prozent-Einschätzung der Situation in der Tat nicht gerecht wurde. Es waren wohl eher 90 Prozent. Als Bundeskanzlerin Merkel unter Umgehung jeder parlamentarischer Ordnung am Sonntag, dem 5. Oktober 2008, die Spargroschen aller Bundesbürger garantierte, geschah das, wie wir heute wissen, keinen Tag zu früh. Bereits in den Tagen zuvor gab es Warnsignale seitens der Bundesbank an die Regierung. Es war zu einem dramatischen Anstieg der Bargeldnachfrage gekommen. Die Bankfilialen forderten weit mehr als die sonst üblichen Bargeldmengen bei der Bundesbank an. Besonders 500-Euro-Scheine waren gefordert. Das konnte nur eines bedeuten: Die Bürger hatten begonnen, ihre Konten zu räumen. Der Bankrun – der Sturm der Bürger auf die Banken – hatte begonnen. Die Menschen vertrauten den Banken nicht mehr. Hätte die Kanzlerin dieses Versprechen an jenem Oktobersonntag nicht gegeben, wäre es mit hoher Wahrscheinlichkeit in den folgenden Tagen zum Zusammenbruch des deutschen Finanzsystems gekommen. Mir wurde aus glaubhafter Quelle versichert, dass in jenen Tagen sogar einige Vorstände großer börsennotierter Unternehmen und hochrangige Politiker ihre Konten geräumt haben sollen.

Es war im wahrsten Sinne fünf Minuten vor zwölf. Robert Halver hat Angela Merkel wenige Tage darauf einen Spitznamen verpasst, der sie noch viele Monate begleiten sollte: »die Mutter Courage der deutschen Finanzmärkte«.

In den folgenden Tagen des Oktobers kam es zu einem Kursrutsch von 1600 Punkten auf ein vorläufiges Tief bei 4000 Indexpunkten. In den darauffolgenden Monaten geschah genau das, was ich im November 2008 angekündigt hatte. Es kam zu einer Jahresendrallye von 20 Prozent bis auf 4800 Punkte, mit denen der Markt ins Jahr 2009 startete, und genauso zuverlässig hielt sich der Dax nun an unsere weitere Spekulation, dass es pünktlich zum Jahresbeginn zu einer weiteren drastischen Abverkaufswelle kommen sollte. Um 25 Prozent ging es innerhalb der ersten beiden Monate 2009 in den Keller bis auf den vorläufigen Tiefststand von 3588 Dax-Punkten.

Wir waren in diesen Monaten voll im Horrorszenario und auf dem besten Weg in einen Zusammenbruch wie in den Jahren 1929/30. Doch dann erfolgte ein massives Umsteuern. Man versuchte unter allen Umständen, den vermeintlich größten Fehler jener Zeit zu vermeiden. Die Geldverknappung. Man legte die Feuerwehrschläuche aus, und alle Wehren weltweit fluteten ungeheure Geld- oder besser Kreditströme durch die C-Schläuche. Doch welche Schäden das Löschwasser anrichten wird, weiß noch niemand.

Es begann ein bisher einmaliges Experiment, das äußerst spannend zu beobachten ist und das bisher in dieser Form noch nie gewagt wurde. Zusätzlich zu den Rettungspaketen für die Banken und den milliardenschweren Konjunkturpaketen versucht man es diesmal mit Massenhypnose. Die Notenbanken, Politiker und Wirtschaftsexperten versuchen die Wirtschaft gesundzubeten. Mantraartig wird wiederholt, man habe das Licht am Ende des Tunnels gesehen.

Wissen Sie, was mir durch den Kopf geht bei dieser Vorstellung? Nicht der entgegenkommende Zug, nein. Das erinnert mich beängstigend an Erzählungen von Menschen mit Nahtoderlebnissen. »Ich ging durch einen dunklen Gang und sah Licht am Ende ...« Ich weiß nicht, ob ich wirklich wie Herr Ackermann ständig Licht am Ende eines Tunnels sehen will ... das muss doch aufs Gemüt schlagen, die ständigen Enttäuschungen, dass der Tunnel dann doch länger ist und es nur ein Irrlicht war.

Ständig war wieder irgendwer sicher, das Tal durchschritten zu haben, »Green Shots« – also zarte Konjunkturpflänzchen der Hoffnung entdeckt zu haben, die sich zweifelsohne schon in sehr kurzer Zeit zu einem ansehnlichen Weizenfeld entwickeln würden. Ich hegte da eher die Sorge, dass dieses gentechnisch manipulierte Unkraut sich eines Tages à la »Little Shop of Horror« in Form wilder Inflationseskapaden über die Menschen hermacht. Aber egal, die Märkte nahmen das dankbar auf. Immer mehr Dünger, sorry Geld, das die Notenbanken in die Märkte pumpten, suchte sich seinen Weg in die Aktienmärkte. Für die war es – so dachten wir lange – doch gar nicht gedacht. Es sollte doch eigentlich der Realwirtschaft zugutekommen. Also den mittelständischen Unternehmen. Aber das mag ein Irrglaube gewesen sein. Vielmehr macht es heute den Eindruck, als habe man gar nichts dagegen, dass dieses billige Notenbankgeld in die Kapitalmärkte schoss. Waren die steigenden Aktienkurse nicht Beweis genug, dass die Wirtschaft das Schlimmste hinter sich hatte? Führten nicht die steigenden Aktienkurse zu ebenjenen guten Meldungen in den Tagesmedien? Es ist ein Aberglaube, anzunehmen, dass Meldungen die Kurse bestimmen. Umgekehrt wird ein Pumps daraus. Die Aktienkurse machen die Meldungen.

Jeden Tag kommen Hunderte von Wirtschaftsnachrichten über die Nachrichtenagenturen in die Zeitungsredaktionen. Dabei sind jede Menge gute und schlechte Nachrichten. Wenn die Aktienkurse steigen, versucht der Journalist natürlich seinem Leser zu erklären, warum die Aktien steigen. Also sucht er aus dem Wust der Nachrichten die schwergewichtigsten positiven Meldungen heraus und erklärt seinem Leser: Die Aktienkurse steigen, weil die Konjunkturerwartungen auf Papua-Neuguinea wider Erwarten auf 63 gestiegen sind. (»Was immer das bedeuten mag«, denkt er, schreibt es aber nicht.)

Wären am gleichen Tag die Aktien gefallen, hätte er entweder erklärt, dass die Zahlen aus Papua-Neuguinea für die Händler offenkundig eine große Enttäuschung waren und viel bessere Zahlen erwartet worden sind, oder er sucht sich gleich irgendeine der schlechten Nachrichten aus und begründet damit den Kursrückgang. Diese Meldungen, die zum jeweiligen Kursverlauf passen, stehen logischerweise daher auf der ersten Seite. Das bedeutet: Wenn die Aktienkurse steigen, werden die guten Nachrichten auf die Titelseite gepackt und die schlechten kommen auf die Seiten sieben bis elf. Wenn die Aktienkurse fallen, ist es umgekehrt.

Dass die Kursbewegungen vielleicht ganz andere Gründe haben könnten, spielt dabei überhaupt keine Rolle. Ich erinnere mich an eine Begebenheit, als mich ein Journalist fragte: »Herr Müller, warum steigen denn die Aktien? Die Wirtschaftsdaten waren doch heute sehr schlecht!? Lag das an dem Rückgang des Ölpreises von 140 auf 138 Dollar? Ein niedriger Ölpreis ist ja gut für die Wirtschaft.« Ich habe geantwortet: »Nein. Wir sind jetzt fünf Tage am Stück gefallen. Es war jetzt einfach mal Zeit für eine markttechnische Erholung. Der Ölpreis ist um 100 Dollar zu hoch, da interessiert es uns einen feuchten Kehricht, ob der um zwei Dollar fällt. Wenn es mal zwanzig Dollar sind, könnte es Auswirkungen auf den Markt haben!«

Jetzt halten Sie sich fest: Seine Antwort war: »Hmm, aber das mit der markttechnischen Erholung verstehen die Leser nicht, ich schreibe doch lieber das mit dem Öl.« Und so kommt die »supertolle« Meldung, dass der Ölpreis um zwei Dollar gefallen ist auf der Hauptseite des Börsenberichts. Die schlechten Konjunkturdaten dieses Tages verschwanden nach hinten. »So wird das Spiel nun mal gespielt«, wie mein alter Kollege Jürgen P. immer zu sagen pflegte.

Sie erinnern sich, wie der Ifo-Index erhoben wurde? Genauso geht es mit vielen Umfrageindikatoren. Da werden Leute wie Sie und ich befragt: »Was meinste, wie wird die Zukunft?« Diese Wirtschaftsexperten, Einkaufsmanager, Unternehmensführer oder Konsumenten informieren sich genau wie Sie, indem sie Zeitung lesen. Die haben auch keine Kristallkugel oder vergraben schwarze Katzen auf dem Hof. Und wenn die jeden Tag gute Nachrichten in der Zeitung lesen und vom Licht am Ende des Tunnels und grünen Hoffnungspflänzchen, dann werden die bei der Umfrage sagen: »Na ja, bei mir is' noch nich so doll mit den Aufträgen, aber wenn alle eine Erholung sehen, dann wird bei mir auch bald das Auftragstelefon klingeln. Ich bin optimistisch!« Und schon steigt dieser Indikator an, was wiederum eine neue positive Zeitungsmeldung erzeugt und so weiter. Ich unterteile Indikatoren in zwei Gruppen. »Harte Fakten« und »Glaube und Hoffnung«. Ohnehin bin ich der festen Überzeugung, dass die christlichen Grundwerte »Glaube« und »Hoffnung« ihren Ursprung an der Börse haben. Aber leider kommt da allzu oft am Ende noch ein weiteres christliches Element hinterher, nämlich die »Demut«, wenn es schiefging.

Sie sehen also, es ist aus dieser Sicht der Dinge durchaus sinnvoll, wenn das Notenbankgeld, aus welchen Gründen auch immer, in die Aktienmärkte schießt.

Steigende Aktien und Rohstoffe = positive Medienberichte = gute Stimmung bei Verbrauchern und Unternehmern, und das führt, so mag man hoffen, zu mehr Konsumbereitschaft und Investitionen, was wiederum wirklich die Konjunktur anschiebt.

So verrückt es klingt, es sieht so aus, als wolle man das Pferd von hinten aufzäumen. Die Aktienkurse mit billiger Staatsknete anschieben, gute Stimmung machen und damit Investitionen, Konsum und Wirtschaftsaufschwung anlocken. Ob das am Ende funktioniert, ist völlig offen, was aber bislang auf jeden Fall funktioniert, ist die Stimmungsmache.

Zum Jahreswechsel 2009/2010 scheinen die Börsen noch immer in Champagnerlaune von der Silvesterparty zu sein. Die Überbringer der Wirtschaftsdaten bringen einer nach dem anderen Hiobsbotschaften, aber die sturzbetrunkene Partygesellschaft kommt aus dem Lachen nicht mehr heraus. »US`-Konsumausgaben wider Erwarten rückläufig? Pruuust! Da simmer dabee-eeiii …«, »Japanische Industrieaufträge minus 11 Prozent gegenüber dem Vormonat statt erwarteter +0,3 Prozent? Brüll! Schenkelklopf! Her mit japanischen Aktien … das wird priiiiima, viva DowJonesiaaaa!«

Es ist wirklich schwer zu verstehen, was auf dieser Party gerade vor sich geht. Die Lage vor der Tür ist katastrophal, aber die Stimmung auf der Tanzfläche ist bombig. Von der Wall Street gibt es Gerüchte, dass es Regierungsgeld ist, das seit Monaten mittels großer Adressen in die Aktienmärkte fließt, um die Stimmung zu heben. Ob da was dran ist, man weiß es nicht, aber wer will nach den Erkenntnissen der letzten beiden Jahre noch irgendetwas ausschließen? Der allerorten zu sehende Gute-Laune-Bär ist in jedem Fall bemerkenswert. Mir kommt die Situation vor wie bei einer Fußballmannschaft, die 0:4 hinten liegt und sich in der Halbzeitpause starkredet. »Jungs, wir schaffen das! Wir sind die Größten!« Danach schmeißen sie ein paar Pillen ein, hauen sich noch gegenseitig auf die Backen und rennen hochmotiviert zurück aufs Spielfeld. Ob diese Autosuggestion reicht, um das Spiel zu drehen, oder ob die jetzt ungezügelte Offensive mit einem Hagel an Gegentreffern endet, bleibt abzuwarten.

Interessant ist es in jedem Fall, dieses Experiment – mit weltweiter Autosuggestion und Starkreden zu versuchen, die Wirtschaft wieder anzukurbeln: Sicherlich allemal besser, als sich in die Depression zu weinen, das sei zugestanden. Dem neutralen Beobachter sei jedoch erlaubt, kritische Töne anzubringen, denn die spielerischen Fähigkeiten wurden dadurch auch nicht besser, und die grundlegenden Probleme im Spielsystem wurden auch nicht abgestellt. Aber vielleicht bleibt dazu nach dem Spiel genügend Zeit, wenn es nach dem Abpfiff doch 1 : 8 steht und der Trainer ausgetauscht wird. Wenn es aber gelingt, mit dieser Selbsthypnose und den ganzen bewusstseinserweiternden Mitteln wie Konjunkturpaketen und Staatsverschuldung die gegnerische Rezession in Grund und Boden zu rennen, wird man sich erst recht für gottgleich halten, und jeglicher Gedanke an Korrekturen des Spielsystems würde brüsk abgewiesen.

Als Fan weiß man nicht so recht, was man sich wünschen sollte … Und als Zocker weiß man nicht so recht, auf welche Mannschaft man wetten soll. Eine verrückte Situation. Versuchen wir das Profitabelste draus zu machen. Oder anders ausgedrückt: Rechne mit dem Schlimmsten, hoffe das Beste und wette auf das gedopte Pferd, aber sieh zu, dass du dein Geld rausziehst, bevor es tot zusammenbricht.

Das ist leider ein Tipp, der für risikobereite Profis und Amateurbörsianer gilt, den man aber nicht guten Gewissens vorsichtigen Privatanlegern geben kann. Die sollen und möchten längerfristigen Anlageentscheidungen auf einer vernünftigen, berechenbaren und vor allem belastbaren Grundlage treffen. Dazu werden in der Regel Wirtschaftsdaten herangezogen, um die Stabilität der Lage zu bestimmen.

Sie wissen, dass ich diese Wirtschaftsdaten in die Kategorien »Glaube + Hoffnung« sowie »harte Fakten« unterteile. Wie ungeheuerlich diese Indikatoren 2009 auseinanderfielen, ist ein eigenes Thema. Vor allem eines, bei dem ich mich wunderbar aufregen kann, wenn mich die Kommentatoren der Märkte für blöd verkaufen wollen. Jeden Tag erreichen uns neue Wirtschaftsdaten. Fast immer werden diese in diesen Monaten mit Jubel aufgenommen, und jede Zahl ist wiederum ein gutes Argument für steigende Aktien. Es kommt eben nur auf die Sichtweise an. Und wenn ich der letzte Rufer in der Wüste sein sollte, ich lasse mir kein X für ein U vormachen. Ich werde auch weiterhin die glorreichen Daten auf ihre Aussagekraft prüfen, bevor ich sie toll finde.

Ich möchte Ihnen hier einige Beispiele zeigen, wie so eine Realitätsverdrehung funktioniert: So sind die Auftragseingänge für langlebige Wirtschaftsgüter in den USA im November 2009 um 0,2 Prozent gegenüber dem Vormonat gestiegen. Hurra, es geht aufwärts! Im September sogar um 2,2 Prozent! Aber schauen wir uns diese harten Fakten doch mal genauer an. Ich habe Ihnen hier diese Auftragseingänge in einer etwas aussagefähigeren Form dargestellt. Nämlich in absoluten Zahlen.

Auftragseingänge (in Mrd. Dollar)

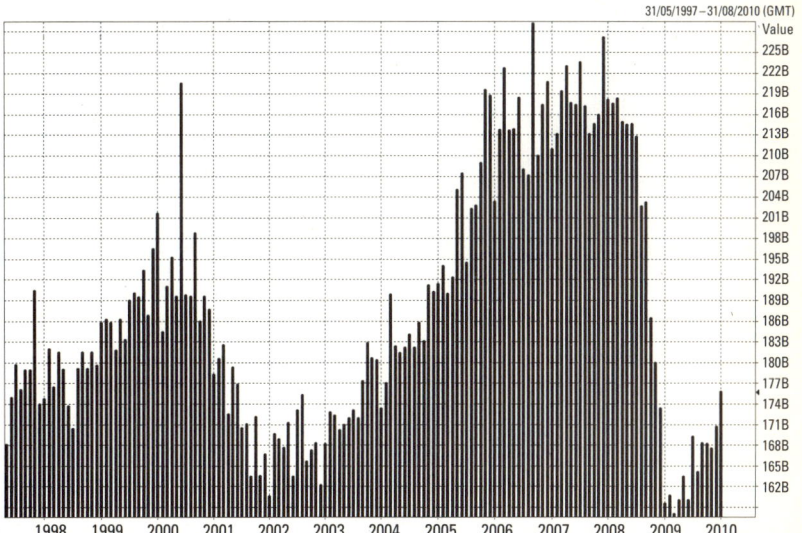

Halten Sie jetzt die Entwicklung der letzten Monate tatsächlich für einen unumstößlichen Beweis, dass die Krise vorbei ist? Sieht das nach einer V-förmigen Erholung aus? Seien Sie sich darüber bewusst, dass wir uns dieses kleine Häkchen am Ende mit weltweiten Milliarden-Konjunkturpaketen erkauft haben. Was, wenn die auslaufen?

Oder nehmen wir die Baubeginne von Wohnhäusern. Der Immobilienmarkt ist doch angeblich der Schlüssel für Beginn und Ende
der Krise? Dann schauen wir mal auf die Baubeginne:

Baubeginne in absoluten Zahlen (in Mio.)

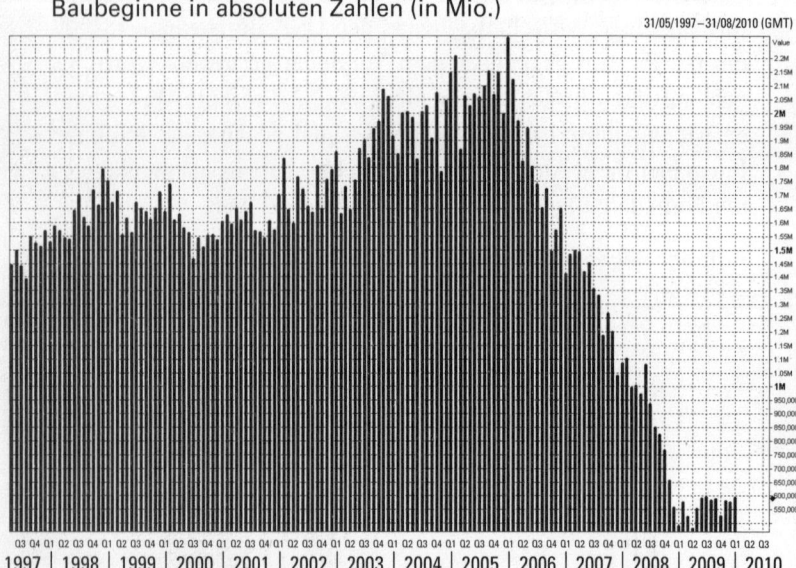

31/05/1997–31/08/2010 (GMT)

Riesenerholung! Wir sind ja schon wieder fast auf dem Niveau
von vor der Krise!

Aber vielleicht sieht es ja bei den Arbeitsplätzen langsam besser
aus? Hier die Anzahl der Beschäftigten in der produzierenden
Industrie:

Beschäftigte der produzierenden Industrie (in Mio.)

31/06/1997–31/08/2010 (GMT)

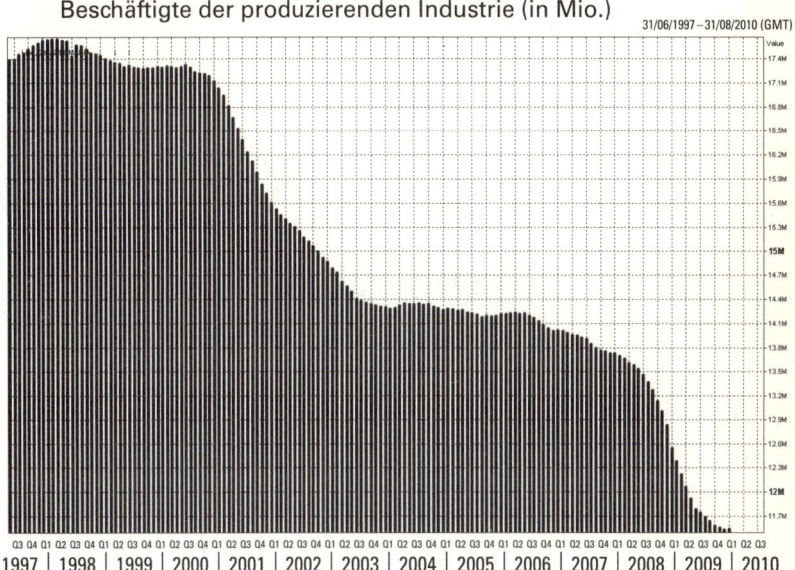

Ja, Holla, die Waldfee, was für eine tolle Entwicklung in der US-
Industrie. Da kracht's ja richtig.

Aber jetzt schauen wir mal auf die Stimmung der Einkaufsmanager (Glaube + Hoffnung) in ebendieser produzierenden Industrie:

Indexpunkte

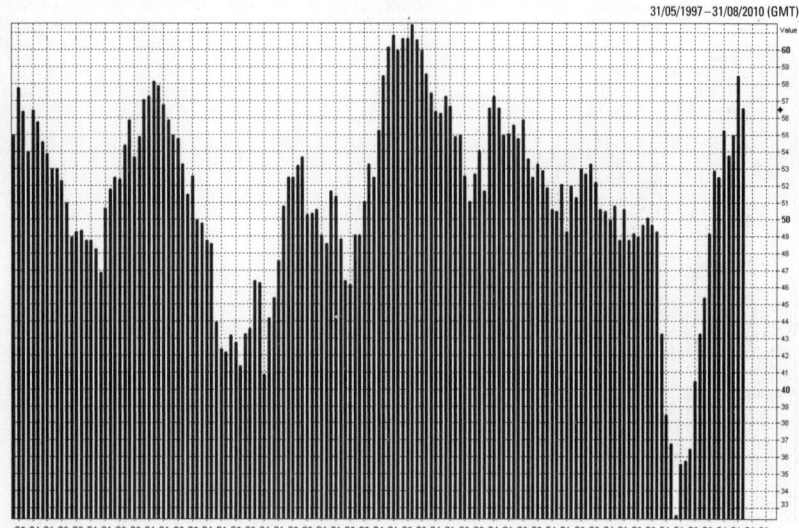

31/05/1997–31/08/2010 (GMT)

DIE sind schon wieder euphorischer als VOR der Krise. Haben zwar keine Mitarbeiter und keine Aufträge mehr, aber die Stimmung ist bombig! Alles eine Frage des Alkoholpegels. Haben Sie da nicht auch den Eindruck, dass die Stimmung, der Glaube und die Hoffnung nicht so ganz zu den harten Fakten passen? Oder erinnern Sie sich an die tollen Meldungen der letzten Monate 2009, dass die Autoverkäufe in den USA so tolle Steigerungsraten haben?

Bitte sehr, alles eine Frage der Berechnungsbasis:

Autoverkäufe (in Mio.)

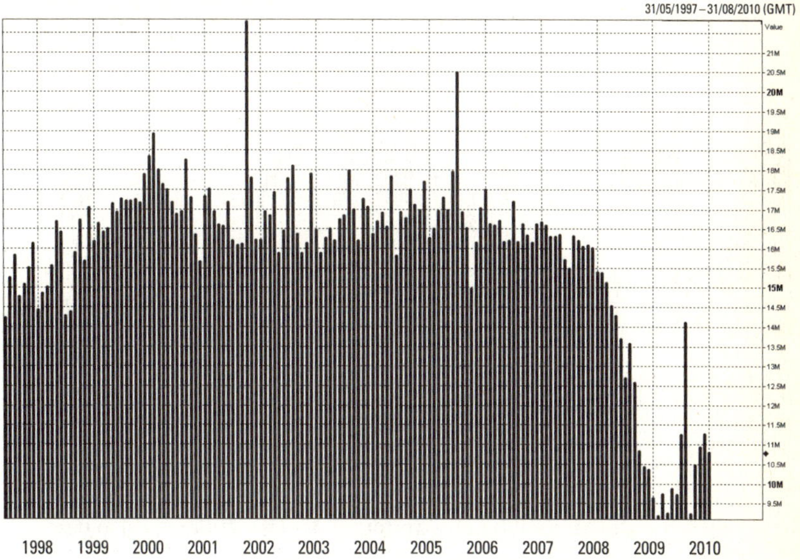

31/05/1997 – 31/08/2010 (GMT)

Und jetzt denken Sie daran, dass hier (besonders im 3. Quartal) die Abwrackprämie »Cash for clunckers« ihre volle Wirkung entfaltet hat. Das ist dieser kleine, einsame Pfeiler in der Wüste am Ende der Grafik. Prima Aussichten.

Liebe Leser, ich weigere mich, von des Kaisers neuen Kleidern zu schwärmen, wenn ich mit klarem Auge sehe, dass er nackt ist. Der Aktienmarkt mag durch Staatsgelder, Liquiditätswellen und blinde Euphorie der verschiedenen Berufsgruppen nach oben jagen. Es ist vielleicht auch sinnvoll, diese völlig benebelte Welle mitzureiten, aber ich lasse mich nicht für blöd verkaufen. Seien auch Sie skeptisch, verlassen Sie sich auf die harten Fakten und nicht auf die Werbetrommeln der jeweiligen Lobbyisten.

Aber diese Entwicklung ist nicht neu in der Geschichte. Ich möchte Ihnen hier eine erschreckende und zugleich wachrüttelnde Parallele der Geschichte zeigen:

DowJones Index

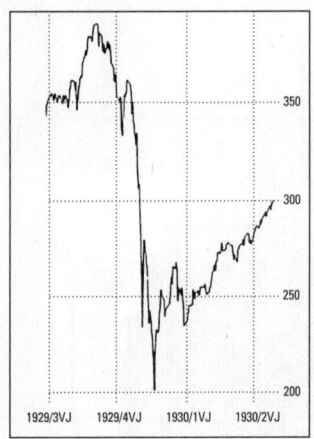
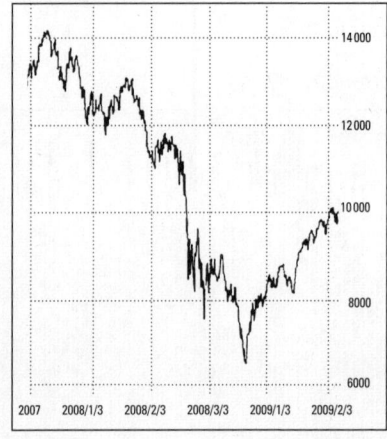

Sehen Sie sich diese Übereinstimmung der Chartbilder – also der Kursentwicklung – genau an. In beiden Fällen handelt es sich um den amerikanischen DowJones-Index – im linken Bild allerdings um den Kursverlauf während der großen Depression 1929, im rechten Bild um den Kursverlauf während der aktuellen Krise. Es steht zu vermuten, dass die Stimmung und die Emotionen der Marktteilnehmer und der Menschen um 1930 ziemlich ähnlich euphorisch waren wie heute. Diese menschlichen Urinstinkte und psychologischen Abläufe der Emotionen »Angst«, »Hoffnung«, »Zuversicht«, »Gier« sind seit der Steinzeit unverändert und funktionieren immer gleich, egal wie weit wir uns entwickelt zu haben glauben.

Wenn Sie sich die verblüffende Parallelität der obigen Kursverläufe ansehen – auch 1929/30 hat der DowJones nach dem scharfen Einbruch um 48 Prozent (2009: 53 Prozent) sehr schnell

wieder die Hälfte (1930: 50 Prozent, 2009: 55 Prozent) seines
Verlustes aufgeholt, genau wie 80 Jahre später – halten Sie es dann
auch nur für theoretisch denkbar, dass die Kursentwicklung in den
Monaten danach ebenfalls sehr ähnlich verlaufen könnte? Wenn
Sie diese Frage mit »Ja« beantworten, sollten Sie sich in der Tat ein
paar Gedanken machen. Denn so ging es danach weiter:

DowJones Index

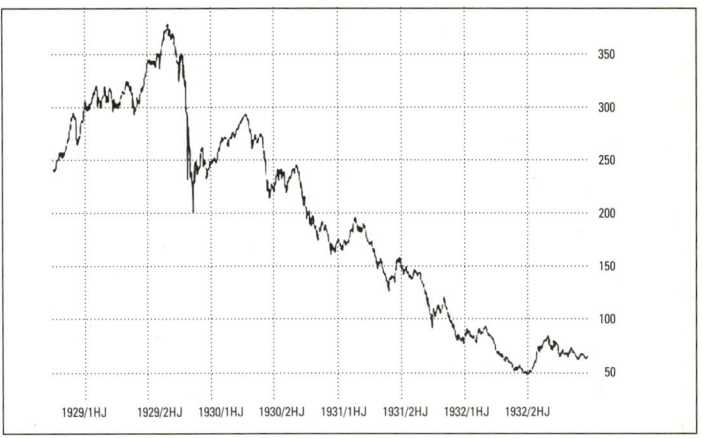

Viele Menschen und auch viele Börsenexperten haben noch immer den großen Kursrutsch von 1929 vor Augen. Den »schwarzen Freitag«. Kaum jemand weiß, dass der größte Kursrutsch erst
kam, als der Markt bereits wieder 50 Prozent zugelegt und alle in
Sicherheit gewiegt hatte. Würden wir diese Entwicklung mit den
gleichen prozentualen Verhältnissen auf unsere heutige Situation
übertragen, hieße das, der DowJones würde bis 2014 etwa 80 Prozent seines Wertes verlieren und bis auf 1000 Punkte fallen. Das
können wir uns natürlich nicht vorstellen, aber meinen Sie, die
Menschen hätten sich das vor 80 Jahren vorstellen können, nachdem ihr Index doch immerhin wieder um 50 Prozent gestiegen
war und die Krise offenkundig vorbei?

Einer der teuersten Sätze an der Börse lautet: »Diesmal ist alles anders!« Natürlich, die Krise hatte die gleichen Ursachen wie 1929. Zu viel Kredit, zu viel Spekulation und eine platzende Immobilienblase. Aber diesmal waren wir schlauer. Diesmal haben wir nicht wie damals das Geld verknappt, sondern wir haben die Märkte mit Kapital geflutet.

Aber sind die Unterschiede wirklich so groß? Damals kam kein Geld in der realen Wirtschaft an, weil die Notenbanken nicht geflutet haben. Und heute? Kommt denn das Geld heute in der realen Wirtschaft an? Oder bleibt die Liquiditätsflut bei den Banken hängen? Sprechen wir nicht allerorten von einer Kreditklemme?

Diese von der Finanzindustrie lange Zeit verleugnete Kreditklemme musste zwangsläufig eintreten. Während der letzten beiden Jahre hieß es immer wieder: Wenn erst die Banken saniert sind, dann haben wir es geschafft. Wenn erst die Bankbilanzen sauber sind, können die wieder Kredite vergeben, und dann wird wieder konsumiert und investiert und die Welt dreht sich in schönem Reigen weiter. Ich habe da mal wieder meine leisen Zweifel an dieser Sichtweise und möchte Sie gerne zu einem Gedankenspiel mitnehmen:

Versetzen Sie sich in die Rolle eines dieser bedauernswerten Bankvorstände. Da haben Sie jahrelang jedes Risiko ignoriert. »Wird schon gutgehen, ich bin der Größte!« Sie werden auf jeder Party hofiert. Plötzlich, von einem Tag auf den anderen, sind Sie der Abschaum der Gesellschaft und können nur unter Personenschutz aus dem Haus. Der Staat hat soeben mit letzten Steuergeldern ihren Hintern und vor allem den Ihres Bankhauses gerettet. Ihre Eigenkapitalsituation ist oberflächlich gerade so wieder aus der gröbsten Krise heraus, solange man nicht allzu tief in die Bilanz schaut. Just in dieser Situation sollen Sie jetzt wieder ordentlich Kreditrisiken eingehen. An wen wollen Sie denn die vielen Kredite vergeben? An die Millionen Arbeitslosen? An die 1,2 Millionen Kurzarbeiter, von denen man nicht weiß, ob sie nächsten Monat noch einen Job haben? An den Mittelständler, dem das Wasser bis zum Hals steht? Wohl kaum. Und der Mittelständler, der solide aufgestellt ist, der will im Moment gar keinen Kredit. »Für was soll ich meine Kapazitäten erweitern? Ich habe immer noch selbst Überkapazitäten.«

Sie sehen: Wir brauchen nicht nur Banken, die willens und in der Lage sind, Kredite zu vergeben, wir brauchen auch Kreditnehmer, die willens und in der Lage sind, Kredite aufzunehmen. Wo die herkommen sollen, ist mir ein Sudoku ohne vorgegebene Zahlen. Natürlich MUSS sich Geschichte nicht wiederholen, aber sie KANN es sehr wohl – und die Parallelen im Kursverlauf sind ohne Zweifel beängstigend.

Bis zum Jahreswechsel 2009/10 schien also alles auf das Hoffnungsszenario hinauszulaufen. Man schien bereit, alles zu tun, um die Krise nochmals einige Jahre zu verschieben. Ich konnte mir beim besten Willen nicht vorstellen, dass die Amerikaner sehenden Auges in diese Verschuldungsfalle laufen und die kurze Zeitspanne, die ihnen noch bliebe, bevor China die kritische Masse überschritten hat, einfach verstreichen lassen.

Die Wirtschaftsdaten aus China waren alarmierend. Wieder zweistellige Wachstumsraten, die diesmal jedoch nicht vom Export, sondern von der Binnennachfrage ausgingen. China stand und steht also kurz davor, den kritischen Punkt zu überschreiten. Sie würden uns als Exportpartner in kurzer Zeit nicht mehr benötigen, mit allen in den vorangegangenen Kapiteln erklärten Folgen.

So richtig vertraut hat der Konjunkturerholung ohnehin kaum jemand, aber die Argumente waren: Die Notenbanken werden Geld drucken bis zum bitteren Ende. Entweder die Konjunktur springt an, oder sie drucken weiter, bis die Presse glüht. Dieses Geld will investiert werden. Wo soll es schon hin? Bei den niedrigen Zinssätzen geht es in die Aktien. Das ist eine sichere Wette. Wetten?

Alles hing also von der Liquidität ab. Keine Konjunkturhoffnung, kein Optimismus, dass die Finanzmärkte und die Wirtschaft dauerhaft saniert würden. Pure Hoffnung auf noch mehr »crazy money«, verrücktes Geld, das im Renditerausch nicht weiß, wohin. Ich halte das für keine nachhaltige Investitionsgrundlage, sondern eher für gaaaanz dünnes Eis. Wir haben im Herbst 2008 und im Frühjahr 2009 erlebt, wie schnell ein Herausziehen der Liquidität – aus welchen Gründen auch immer – einen Markt in den Abgrund stoßen kann.

Wir haben zum Jahreswechsel 2009/10 einen Markt, der ausschließlich von Liquidität getrieben ist. Die investierten Profis sagen mir: »Wir sind investiert, um bei einem weiteren Anstieg nicht wie die Deppen dazustehen. Aber wir trauen dem Markt nicht und haben ständig den Finger am Abzug, um die Positionen aufzulösen.«

Was passiert also, wenn die Liquidität plötzlich abgezogen wird und all diejenigen, die deshalb investiert waren, verkaufen? Wer soll die Ware aufnehmen? Wer soll DANN kaufen? Die Optimisten sind längst investiert und würden jetzt in Erkenntnis, sich geirrt zu haben, hektisch verkaufen. Aber an wen? Das könnte einen sehr schnellen und hässlichen zweiten Schlag geben. Den von mir von Anfang an befürchteten finalen Sell-off. »Winterschlussverkauf, alles muss raus!«

Das Jahr 2010 hat noch nicht richtig begonnen, da schwingt Barak Obama Ende Januar genau diesen Liquiditätshammer. Just an diesem Tag, an dem Goldman Sachs erneut einen unglaublichen Quartalsgewinn von knapp fünf Milliarden Dollar (in drei Monaten!) bei einem Umsatz von knapp zehn Milliarden Dollar meldet. Falls Ihnen diese Zahlen etwas merkwürdig vorkommen: Uns ging es genauso.

Obama will die großen Banken an die Kette legen. Am 21. Januar 2010 erklärt er in einem Interview, mit welchen Folterwerkzeugen er den Finanzinstituten zu Leibe rücken will. Er will ihre Größe und ihre riskanten Geschäfte reduzieren. Banken sollten nur noch so groß sein, dass eine Insolvenz nicht den gesamten Staat gefährde. »Nie mehr dürfe der amerikanische Steuerzahler zur Geisel einer Bank werden. Darüber hinaus solle den Banken der Eigenhandel verboten werden. Eine Trennung von Geschäfts- und Investmentbanken wolle er durchsetzen. Wenige Monate nachdem Goldman Sachs gerade von einer Investmentbank in eine Gesamtbank umfirmiert hatte, war das schon ein starkes Stück und ein frontaler Angriff auf die Wall Street. Aber vor allem war es eins: eine Ankündigung, überbordende Spekulation und Liquidität aus den Märkten zu ziehen. Und genau das war es doch, was die Aktienmärkte in den Monaten zuvor unter Dampf gesetzt hatte.

In dieser Phase brechen plötzlich die Erkenntnisse über die enorme Staatsverschuldung durch. Ich habe diese Verschuldung einmal die »Mutter aller Blasen genannt«. Jemand, der hoch verschuldet ist und zugleich in großen wirtschaftlichen Schwierigkeiten steckt, muss hohe Zinsen bezahlen, damit ihm noch jemand Geld leiht.

Die USA haben die höchste Gesamtverschuldung ihrer Geschichte. Sie stecken in den größten wirtschaftlichen Schwierigkeiten seit 80 Jahren, und gleichzeitig zahlen sie so wenig Zinsen für ihre Kredite (Staatsanleihen) wie nie zuvor. Für ein solches Auseinanderklaffen der Realitäten haben wir an der Börse einen Begriff: Blase! Bei den Dimensionen, um die es hier geht, kann man getrost von der »Mutter aller Blasen« sprechen. Wie konnte das passieren? Weltweit sind die Anleger aus allen möglichen Anlageformen geflohen. Sie haben Ende 2008 Aktien, Anleihen von Schwellenländern, Rohstoffe und vor allem Immobilien verkauft und sind mit diesem Geld in den vermeintlich sicheren Hafen der US-Staatsanleihen eingelaufen. In der festen Überzeugung, in diesem Hafen todsicher zu sein, da die USA nie pleitegehen können. Wirklich? Ich befürchte, dass dieser sichere Hafen einen bekannten Namen trägt: Pearl Harbor. Möglicherweise sind die Bombernflugzeuge bereits im Anflug. Wenn dann alle Schiffe gleichzeitig in Panik aus diesem Hafen auslaufen wollen, wird es eine Katastrophe geben. Der Kollaps der amerikanischen Staatsanleihen und des US-Dollar wären die unmittelbare Folge. Doch wohin würden die Billionensummen, die binnen weniger Tage aus den US-Staatsanleihen gezogen werden, hinströmen? In andere durch nichts gedeckte Währungen? Wohl kaum. Jeder würde versuchen, so schnell wie möglich etwas für sein Geld zu bekommen, was einen realen Wert hat. Nämlich Edelmetalle, Rohstoffe, aber auch Immobilien und Unternehmensanteile. Wenn sich riesige Summen auf eine überschaubare Summe an realen Gütern stürzt – denn so viel ist auf dem realen Markt gar nicht verfügbar –, werden die Preise binnen kürzester Zeit explodieren. Das nennt man gemeinhin: Hyperinflation.

Doch wie sollte so etwas geschehen? Ein Beispiel wäre ebenjener Ausspruch der chinesischen Regierung: »Wir kaufen keine amerikanischen Staatsanleihen mehr!« Oder aber die Absenkung des Ratings der amerikanischen Staatsanleihen durch die Ratingagenturen Moody's und S&P. Das würde unmittelbar zu einem solchen Kollaps führen. Viele Marktteilnehmer müssten sofort US-Anleihen verkaufen, da sie aufgrund ihrer Statuten nur Anleihen mit Top-Bonität halten dürfen. Es käme zu einer sich selbst verschärfenden Verkaufswelle.

Jetzt sagen Sie: »Hey, ich hab doch bei Ihnen gelesen, wie die Ratingagenturen mit dem Staat verwoben sind. Die würden das doch nie tun …« Und ich antworte Ihnen mit einer Gegenfrage: Auch dann nicht, wenn es im Interesse der USA wäre?

Sowohl Moody's als auch S&P haben 2009 immer wieder einfließen lassen, dass man die Ratings von Großbritannien und den USA gegebenenfalls überprüfen müsste. Warum? Vielleicht weil man dabei ist, die Gläubiger und die Bürger in großem Stil auf die kommenden Entwicklungen vorzubereiten.

Ich habe bereits ein Jahr vor der Insolvenz nach Chapter 11 von General Motors eben genau diese Insolvenz angekündigt. Es war gar nicht anders möglich. Dennoch konnte man das nicht mal soeben verkünden, sondern musste alle Beteiligten darauf vorbereiten. Man könnte auch sagen »weichkochen«, andernfalls hätte es zu größten Problemen geführt, wenn man aus leicht bewölktem Himmel heraus gesagt hätte: »So, ihr Gläubiger müsst jetzt mal auf eure Ansprüche verzichten, dafür bekommt ihr Aktien des Unternehmens. Ach ja, wo wir gerade dabei sind: Ihr Aktionäre geht leer aus, eure Aktien sind jetzt wertlos. Ihr Gewerkschaften: Wir müssen leider 35 000 Mitarbeiter entlassen, und die Gehälter und sämtliche anderen Verpflichtungen gegenüber den Rentnern müssen wir auch mal neu verhandeln. Unsere Vorstände bleiben natürlich im Amt.«

Also hat man über ein Jahr eine emotionale Achterbahnfahrt unternommen. »GM droht die Pleite!« (O nein, wir verlieren womöglich alles.) »GM wird mit Staatsmilliarden gerettet« (Gott sei Dank, der Kelch geht an uns vorüber.) »Das Staatsgeld reicht womöglich nicht!« (Oje, doch alles verloren!) »Der Staat tut noch mal alles, die Vorstände machen den Kniefall!« (Alles wird gut.) »Eine GM-Pleite ist nicht mehr auszuschließen und wird immer wahrscheinlicher.« (Jetzt ist alles aus.)

Und als dann Rentner, Mitarbeiter, Aktionäre, Gewerkschaften und Gläubiger dermaßen weichgekocht waren, waren alle heilfroh, dass es »NUR« eine Insolvenz nach Chapter 11 wurde. Chapter 11 ist eine besondere Form des Gläubigerschutzes in den USA. Bei einer Insolvenz nach Chapter 11 werden nicht wie bei uns die Gläubiger geschützt, sondern das Unternehmen wird VOR seinen Gläubigern geschützt. Tolle Sache, nicht wahr? Sämtliche Verpflichtungen des Unternehmens werden auf Eis gelegt. Es muss keine Anleihen mehr zurückzahlen. Die Firma arbeitet weiter, und sämtliche Verpflichtungen werden neu verhandelt, bis das Unternehmen wieder stark am Start steht. In der Regel bleiben sogar die Vorstände im Amt. Die Aktionäre werden enteignet, alle Pensionsverpflichtungen und sonstige Mühlsteine neu verhandelt.

Die Gläubiger verzichten auf 50, 70 oder 100 Prozent ihrer Forderungen. Dafür erhalten sie neue Aktien des Unternehmens. Die alten wurden ja von den Alt-Aktionären eingezogen.

Hätte man die Beteiligten nicht zuvor weichgekocht, wären die auf die Barrikaden gegangen. Nachdem sie aber zum Schluss damit gerechnet haben, dass GM komplett schließe und alles verloren gehe, inklusive des sofortigen Niedergangs der US-Wirtschaft, waren alle heilfroh, dass sie 2009 dank Chapter 11 nur auf einen großen Teil verzichten mussten.

Irgendwie kommt mir das wie eine Blaupause vor. Wenn ein Land eine Insolvenz nach Chapter 11 als vollkommen normal und richtig ansieht, um große systemrelevante Unternehmen zu sanieren, zu entschulden und wieder zu einem starken internationalen Akteur zu machen, was spricht dann dagegen, ein solches Chapter 11 eine Nummer größer auf Staatsebene durchzuziehen?

Stellen wir uns eine hypothetische Situation vor: Die wirtschaftliche Lage der USA wird wider Erwarten zunehmend dramatischer. Der Aufschwung 2009 entpuppt sich als Strohfeuer. Eigentlich gab es ihn überhaupt nicht, sondern die Menschen glaubten nur, es gebe einen Aufschwung, wie die obigen Zahlenwerke zeigen. Die Märkte kollabieren erneut. Erste Industriestaaten wie Griechenland gehen pleite, die Gläubiger sehen, dass auch Anleihen westlicher Staaten platzen können. In dieser Situation droht S&P jetzt offiziell den USA, ihr Rating um mehrere Stufen herabzusenken, wenn sie nicht binnen einiger Monate ihre Verschuldungsproblematik in den Griff bekommen.

Die USA würden ihre Gläubiger zum Gespräch bitten mit den Worten: »Entweder ihr verzichtet auf x Prozent eurer Forderungen gegen uns, oder das ganze System kollabiert und eure Forderungen sind komplett weg.«

Würden sie das aus bewölktem Himmel heraus tun, wäre die Revolution groß. Aber nach einer zwei- bis dreijährigen Achterbahnfahrt der Emotionen, unter dem Eindruck implodierender

Märkte, nachdem man ja schon wieder an ein Ende der Krise geglaubt hat, ist man dazu vielleicht eher bereit. Ja, man ist vielleicht sogar froh, nicht alles verloren zu haben. Danke!

Die Verhandlungsbereitschaft würde es sicherlich auch unterstützen, wenn man zuvor an einem abschreckenden Beispiel (Griechenland?) sehen konnte, dass selbst westliche Industrienationen nicht vor einem Konkurs gefeit sind. Ein Schelm, wer Böses dabei denkt …

Natürlich wird man den Schwarzen Peter für diese finale Konsequenz nicht in der Hand behalten wollen. Und genau diese Argumentationskette wird Ende 2009 bereits aufgebaut. Europäische und amerikanische Politiker bringen sich in Stellung. Die Titelseite der *Financial Times Deutschland* berichtet darüber. Hier die freie Zusammenfassung: Die Chinesen sind an der ganzen Finanz- und Verschuldungskrise schuld. Sie drücken seit Jahren künstlich ihre Währung, den Renminbi. Nur dadurch sind die chinesischen Waren im Ausland so sagenhaft billig. Nur deshalb haben amerikanische Konsumenten in solch großer Summe in China eingekauft und ihre guten Dollar nach China geliefert. Unser Einkauf war euer Export. Unsere Schulden sind eure Währungsreserven. Wir haben euren Aufschwung teuer bezahlt, weil ihr mit eurer Währung seit Jahren betrügt!

Bis hierin ist es bereits heute in den Zeitungen nachzulesen. Es fehlt nur noch dieser eine logisch schlüssige Satz, um unser Szenario zu vollenden: Jetzt beschwert euch nicht, wenn wir uns an einen Tisch setzen und diese Schulden neu verhandeln!

Die Verhandlungspartner wären im Wesentlichen China, Südkorea, Japan, Russland und natürlich die Versicherungsgesellschaften und Pensionskassen – also der sogenannte kleine Mann. Um es ganz deutlich zu sagen: Ich sehe in dieser Neuverhandlung der Schulden die einzige Möglichkeit, wie der Westen wieder ins Rennen zurückfinden kann.

Bereits jetzt sind die Zinszahlungen der Bundesregierung mit über 40 Milliarden Euro jährlich der zweitgrößte Posten des Bundeshaushaltes. Durch die enorme Neuverschuldung und durch den Zinseszinseffekt wird dieser Posten jedes Jahr größer. Dieses Geld fehlt an allen Ecken und muss der Bevölkerung abgepresst werden. Das geschieht durch Leistungskürzung wie beim Arbeitslosengeld, durch Schließung öffentlicher Einrichtungen und Steuererhöhungen. Die Schraubzwinge schließt sich immer enger um die Bürger. Dadurch wird die Wirtschaft weiter abgewürgt, die Zinslast wir noch schwerer, weil die Einnahmen nicht anziehen und so weiter. In den USA fällt diese Entwicklung noch dramatischer aus. Mit jedem Monat schwindet die Handlungsfähigkeit unserer westlichen Staaten, und die Macht verschiebt sich immer schneller nach Asien.

Glauben Sie wirklich, dass die USA sehenden Auges in diese Falle laufen? Viel mehr sieht es danach aus, als würde dieser finale Reset unmittelbar vorbereitet. Die großen Player wie GM und die großen US-Banken (die kleinen lässt man pleitegehen, 140 US-Banken im Jahr 2009) werden saniert, der Staat verschuldet sich dafür bis an die Implosionsgrenze, und DANN ruft man Chapter 11 aus und verhandelt die Schulden neu.

Die größten wirtschaftlichen Gegenspieler müssten auf Billionensummen verzichten. Es gibt aus US-Sicht Schlimmeres, die großen US-Unternehmen sind saniert, und der nun weitgehend schuldenfreie Staat ist wieder voll im Rennen um die Weltmacht. In diesem Rahmen würden sicherlich auch die Schulden der europäischen Staaten neu verhandelt werden.

Liebe Leser, das ist natürlich eine reine Hypothese, aber aus meiner Sicht die einzig sinnvolle Variante, wie der Westen wieder zurück ins Spiel kommt. Ein schmerzhafter und brutaler Schnitt, der viele Menschen die Altersvorsorge kosten würde, aber aus Sicht des »großen Ganzen« die einzig sinnvolle Lösung.

Ich bin heute der Ansicht, dass es gute Argumente gibt, dass dieses Szenario bereits abläuft.

Wenn das stimmen sollte – es ist noch immer nur eine Theorie! –, dann müsste es in sehr kurzer Zeit zu einer erneuten Verschärfung der Krise mit größerer Panik als zum Jahreswechsel 2008/09 kommen. Die emotionale Achterbahnfahrt müsste auf ein neues Tief stürzen. Nur bei einer erneuten dramatischen Zuspitzung der Lage wären die Gläubiger zu einer Neuverhandlung der Schulden bereit. Apropos Gläubiger: Das sind ja auch ganz wesentlich die Bürger mit ihren Lebensversicherungen und Rentenansprüchen. Auch die müssten erst die Furcht haben, alles zu verlieren, bevor sie dankbar sind, dass sie nur auf die Hälfte verzichten müssen. Siehe GM. Ansonsten hätten wir brennende Barrikaden auf den Straßen, was man ohnehin nicht ausschließen kann, wenn dieses Szenario Realität würde. Aber auch dafür haben wir ja in den letzten Jahren in weiser Voraussicht (!?) mit all den Anti-Terror-Gesetzen und Maßnahmen vorgesorgt. Glücklicher Zufall.

Wurden die Menschen nicht auch schon mental auf diese Situation vorbereitet? Hätte ich vor drei Jahren eine Neuverhandlung der Staatsschulden – man könnte auch sagen: Währungsreform – angekündigt, hätte man mich vermutlich weggesperrt. Das wäre eine völlige Phantasie gewesen. Heute diskutieren die Menschen dieses Thema ganz offen auf der Straße. Mit vielen Wirtschaftsbossen und Politikern, mit denen ich abseits der Kameras diskutiere, kann ich dieses Thema offen besprechen, und die meisten ziehen den gleichen logischen Schluss: Wir werden die Schulden irgendwann streichen müssen.

Es hat sich in den Köpfen der Menschen in den letzten beiden Jahren also offensichtlich etwas getan. Sie wurden auf dieses Szenario langsam, aber kontinuierlich mental vorbereitet. Eine wichtige Voraussetzung, um es am Ende auch umzusetzen.

Für den Anleger, der dieses Szenario mit trägt, gilt im Grunde das Verhaltensmuster des Horrorszenarios. Es würde nochmals einen extremen Einbruch der Aktien, bei Edelmetallen und auf den Rohstoffmärkten geben. Ebenfalls bei den Immobilien. Sozusagen eine zweite Welle, ähnlich der Grafik von 1929. Erstens um noch einmal allen klarzumachen, wie aussichtslos die Situation ist, und zweitens, um den »Big Boys« der Finanz- und Machthydra die Gelegenheit zu geben, ihre Gelder und Anleihen zu seeeehr günstigen Preisen in ebenjene Aktien, Rohstoffe, Edelmetalle, Immobilien und Kunstwerke zu tauschen. In dieser Zeit muss man sein Geld noch beisammenhalten. Doch dann muss man sehr schnell sein Geld loswerden und auch in ebendiese realen Güter investieren. Anleihen und Staatsanleihen darf man aus meiner Sicht bereits jetzt nicht mehr haben. Wer unsicher ist, ob dieses Szenario so eintrifft, der sollte bereits 25 Prozent des geplanten Gesamtvolumens in ebendiese realen Werte stecken. Wenn das Szenario eintrifft, kann er die übrigen 75 Prozent sehr tief nachfeuern. Auch ich sehe eine gute Wahrscheinlichkeit, aber beileibe keine Garantie für diesen Ablauf. Es gibt noch immer eine Restwahrscheinlichkeit, dass der Motor doch noch einmal anspringt und wir für einige Jahre im Hoffnungsszenario mit deutlich anziehenden Aktienkursen aufwachen. Wenn das obige Szenario nicht eintrifft und die Liquiditätshausse noch mal ein paar Jahre die Kurse treibt, ist man wenigstens mit einem hinkenden Bein dabei. Wichtig ist nur: Lieber zu früh in reale Werte investieren als zu spät. Wenn es zu einer solchen Neuverhandlung der Schulden kommen sollte, wird es sehr plötzlich geschehen. Übers Wochenende wird man verkünden, dass die Banken in den kommenden Tagen geschlossen bleiben, bis alle Umstellungen vorgenommen sind. Wenn Sie wieder an Ihre Konten kommen, ist der Drops bereits gelutscht. Die Ansprüche auf Ihre Lebens- oder Rentenversicherung währen vermutlich deutlich geringer als noch vor einer Woche, ihre Sparguthaben unter Umständen ebenfalls. Einer Staatsverschuldung der Bundesrepublik in Höhe von 1,6 Billionen Euro steht ein Geldvermögen der Bürger in Höhe von 4,5 Billionen Euro gegenüber. Ist doch verlockend, oder?

Bürger und Politik

Immer wieder wird behauptet, die Bürger würden sich nicht für die Politik interessieren. Das Gegenteil ist der Fall. Wenn man sieht, wie sehr sich viele Bürger für ihre Schule einsetzen, Müllbeseitigungsaktionen in der Gemeinde durchführen und Kindergärten am Wochenende streichen, weil der Staat dafür kein Geld ausgibt, dann sieht man, dass die Menschen sich sehr wohl engagieren wollen. Doch die meisten haben resigniert. Sie sehen in den Politikern längst nur noch lobbytreue Vasallen, die machen, was sie wollen. Alle vier Jahre zwischen abgestandenem Wasser und abgestandenem lauwarmem Wasser wählen zu dürfen ist für viele keine Alternative mehr. Demokratie sollte von unten passieren. Doch ist es in unserer Scheindemokratie wirklich möglich, dass gute Ideen von »unten«, von der »Basis«, nach oben durchsickern? Seltene Ausnahmen. In der Regel sind es ganz oben in den Parteien kleine Kungelklubs der immer gleichen Gesichter, die nach Rücksprache mit ihren Lobbygruppen entscheiden, was gut und was richtig ist. Die sogenannte Basis darf diese Ideen dann vor dem örtlichen Rewe-Markt dem Volk näherbringen, damit die Meinungen der Kungelrunde möglichst auch die Meinung des Volkes wird. Ist es das, was man unter Demokratie versteht? Ich bin unsicher. In diese Kungelklubs ganz oben kommt nur der, der dem Parteiensystem konform ist und sich hochgedient hat, ohne durch Querschüsse und eigene Ideen negativ aufzufallen. Erinnern Sie sich daran, wann zum letzten Mal ein Quereinsteiger aus fachlicher Kompetenz die Weihen der hohen Politik erhalten hat? Der letzte, der dies versuchte, war »dieser Professor aus Heidelberg«. Sie alle erinnern sich daran, wie unwürdig dieses Experiment ausgegangen ist. Wie brutal jemand weggebissen wird, wenn er nicht den passenden Stallgeruch hat. Schöne Demokratie.

Mit der demokratischen Legitimation unseres Wirtschaftssystems sieht es auch immer bedenklicher aus. Mittlerweile hält die

Mehrheit der Bürger unser Wirtschaftssystem nicht mehr für gerecht. Anfang der achtziger Jahre identifizierten sich 80 Prozent der Bundesbürger mit dem Satz: »Wenn es der Wirtschaft gutgeht, geht es mir auch gut.« 2009 sind es gerade noch 20 Prozent. Die Menschen sind es, die das System ausmachen und gestalten. Ein solches Ungleichgewicht kann nicht lange gutgehen.

Wir erleben, wie verzweifelte Arbeiter ihre Arbeitsplätze in Frankreich sprengen wollen. Wir sehen Bilder aus Südkorea, wo Arbeiter sich schwere Schlachten um eine besetzte Fabrik mit Polizeieinheiten liefern.

In Deutschland werden mehr als eine Million Menschen mit Kurzarbeit ruhiggestellt, bezahlt durch neue Schulden des Bundeshaushaltes. Eine Schuldenbremse für Länder und Bund wurde beschlossen. Das ist erst mal eine positive Sache, sollte man meinen. Wenn der Staat keine Schulden hätte und über ausreichende Steuereinnahmen verfügte, funktionierte das auch prima. Da die Schulden der Bundesrepublik aber in den nächsten Jahren von bislang 1,5 Billionen Euro auf über 2 Billionen steigen werden, wird auch die Zinsbelastung entsprechend ansteigen. Mit 42 Milliarden Euro sind die Zinslasten bereits heute der zweitgrößte Posten im Bundeshaushalt. Die Zinszahlung von Bund, Länder und Gemeinden beläuft sich auf weit über 70 Milliarden Euro. Bei einer Verschuldung von zwei Billionen und einem mit hoher Wahrscheinlichkeit ansteigenden Zinsniveau wird sich diese Zinslast rasch auf 100 Milliarden Euro pro Jahr erhöhen. Wenn jetzt schon 36 Milliarden Euro im Haushalt fehlen, wie sollen dann die weiteren 30 Milliarden Zinsen bezahlt werden? Neue Schulden sind ja dann verboten, also über höhere Steuern. Aber nein! Alle Parteien versprechen ja Steuersenkungen. Glaubt zwar eh keiner, aber nehmen wir doch mal an, es werden tatsächlich keine höheren Steuern erhoben … Dann hat der Staat keine Möglichkeit, an mehr Geld heranzukommen. Weder durch höhere Steuern noch durch eine höhere Verschuldung. Was wird die logische Folge sein?

Der Staat wird sich weitgehend aus vielen Bereichen zurückziehen, weil er sie nicht mehr finanzieren kann. Extrem geringere Sozialleistungen bedeuten, dass die Menschen im unteren Drittel der Gesellschaft sehen müssen, wo sie auch nur ein bisschen Geld herbekommen. Es wird also bald Arbeitsplätze ohne Mindestlohn geben. Ohne ausreichende Sozialleistungen sind die Menschen schnell bereit, auch für zwei Euro pro Stunde zu arbeiten. Die Industrie freut sich bereits darauf. Ach ja, wer hat noch mal die Schuldenbremse und die Steuersenkungen vorgeschlagen?

Wie so ein Rückzug des Staates aussehen kann, können wir uns beim US-Bundesstaat Kalifornien ansehen. Der Staat ist pleite, kann seine Mitarbeiter nicht mehr bezahlen und schickt 200 000 von ihnen in unbezahlten Zwangsurlaub. Er schließt Schwimmbäder, Kultureinrichtungen und Bibliotheken. Pflegeheime und Arztpraxen wurden zeitweise geschlossen. Arbeitslosen und Sozialhilfeempfängern drohen dramatische Kürzungen, weil der Staat schlicht kein Geld mehr hat. Nicht etwa, weil Kalifornien so ein armer Bundesstaat ist. Im Gegenteil. Kalifornien beheimatet das Filmmekka Hollywood, das Hightechparadies Silicon Valley und viele große US-Firmen sowie ein Heer von Multimillionären.

Wäre Kalifornien ein eigener Staat, wäre er der achtstärkste Industriestaat der Welt, doch Steuererhöhungen schließt Gouverneur Schwarzenegger kategorisch aus, und die Schulden wurden immer höher gefahren, so dass Kalifornien heute faktisch keine Kredite mehr bekommt.

Der gleiche Effekt entsteht, wenn man die Steuern senkt und ein Schuldenverbot im Grundgesetz verankert. Würde es zuvor eine Entschuldung des Staates geben, wäre das eine sinnvolle Sache, aber ohne …

Kalifornien hat das Problem kurzfristig in den Griff bekommen, indem die Sozialleistungen für Arme und Alte massiv gekürzt wurden. Darüber hinaus sollen neue Ölbohrungen vor der

Küste die Staatskasse auffüllen. Die Industrie frohlockt ... haben Sie auch gerade ein Déjà-vu?

Es ist seit Jahrzehnten ein großer Traum vieler Einflussreicher, den Staat weitestgehend zurückzudrängen und die Macht den Unternehmen und besonders den Banken zu überlassen. Was bislang Stoff für zahlreiche Science-Fiction-Grusler war, scheint immer mehr zur Realität zu werden. Bleibt nur zu hoffen, dass die Bürger aufwachen, bevor es zu spät ist, und laut und vernehmlich rufen: »Der Kaiser hat keine Kleider mehr an! Ich lasse mir das nicht länger gefallen!« Doch dafür ist der Leidensdruck auch noch nicht hoch genug. Aber daran arbeitet die Politik nach Kräften.

Hessens Ministerpräsident Roland Koch keilt zum Jahresbeginn 2010 gegen die faulen Hartz-IV-Empfänger und fordert die Arbeitspflicht für diese Menschen. »Wir müssen jedem Hartz-IV-Empfänger abverlangen, dass er als Gegenleistung für die staatliche Unterstützung einer Beschäftigung nachgeht, auch niederwertige Arbeit, im Zweifel in einer öffentlichen Beschäftigung.« Ich halte das für eine ganz gefährliche, wenn auch absehbare Entwicklung. Bereits vor Monaten habe ich diese Entwicklung angekündigt. Aber der Reihe nach:

Wir haben in den vergangenen Jahren Hunderttausende von einfachen Arbeitsplätzen nach Asien und Osteuropa »exportiert«. China wurde zur »Werkbank der Welt«, weil wir das so politisch entschieden haben. Diese Form der Arbeitsverlagerung war keineswegs von Gott gewollt, sondern von unseren Großkonzernen mit Unterstützung der durch Lobbyarbeit eingeordneten Politiker gewünscht. Billig im Ausland produzieren und teuer im Inland verkaufen, so war der Plan. Die von mir und vielen anderen geforderte europäisch-amerikanische Freihandelszone könnte dieses Problem verschwinden lassen. Es liegt nur an unserem Wollen.

Aber gut, wir haben uns für diesen Weg nun mal entschieden. Wir haben entschieden, dass es hier in Deutschland nur noch hochqualifizierte Hightecharbeitsplätze und Ingenieure geben soll. (Auch die wandern zunehmend nach Asien, das ist aber ein anderes Thema.) Für die einfachen Leute haben wir keine Arbeitsplätze mehr. Die haben wir zugunsten der Industrie nach Asien verlagert. Aber diese ehemals einfachen Arbeiter haben wir noch immer im Land. In den letzten Jahren, als man es sich noch leisten konnte, hat man das Problem gelöst, indem man diesen Menschen ein Gnadenbrot gezahlt hat. So ähnlich wie Brot und Spiele im Römischen Reich. Als nicht genug Arbeit für alle da war, die Regierung unter Druck geriet, hat man die Menschen ruhiggestellt, indem man ihnen kostenlos zu essen und Unterhaltung gab. Das Brot der Römer ist unser Hartz IV, das Colosseum sind heute das Fußballstadion und das Privatfernsehen.

Wir erkaufen uns mit dieser modernen Variante der »Brot und Spiele« den Frieden auf unseren Straßen. So einfach ist das und so gefährlich. Wenn jetzt genau diejenigen, die für den Export der Arbeitsplätze verantwortlich waren, gegen diese Opfer des Wirtschaftssystems die Faust ballen, dann ist das in höchstem Maße zynisch. Apropos Frieden auf unseren Straßen: Wissen Sie, dass es in Berlin im Jahr 2009 216 Brandanschläge auf Autos gegeben hat?

Ja, es gibt sicher Hartz-IV-Empfänger, die sich mit ihrer Situation arrangiert haben. Kann ich denen das vorwerfen? Sollen sie jeden Tag vor Dankbarkeit auf Knien vors Kanzleramt rutschen und wehleidig jammern: »Ihr habt zwar unsere Jobs ins Ausland verlagert, aber vielen Dank, dass ihr uns Almosen gewährt!«?

Ist es bei manchem vielleicht ein Versuch, die Selbstachtung zu erhalten, indem er sich mit dem Schicksal abfindet und den Spieß umdreht: »Seht nur, ich darf nicht arbeiten und weiß nicht, wie ich den Tag rumkriegen soll, und hab trotzdem zu essen und 'ne schimmlige Einzimmerwohnung, ällabätsch geht's mir prima! Und ihr armen Schweine müsst jeden Tag einer sinnvollen Arbeit nachgehen, führt eure Frauen toll zum Essen aus und mäht am Samstag den gepflegten Garten. Ätsch!«

Sicher gibt es bei den Sozialleistungen auch Missbrauch und Menschen, die sich ganz bewusst dafür entscheiden, sich in dieses Netz zu werfen und von den anderen durchs Leben tragen zu lassen. Dagegen ist mit aller Entschiedenheit vorzugehen, das verlangt schon der Gerechtigkeitssinn. Doch dazu reichen die bestehenden Sanktionsmaßnahmen vollkommen aus. Sie müssen nur konsequent angewandt werden, wo es notwendig ist.

Aber selbst wenn es einen gewissen Prozentsatz gibt, der das System ausnutzt, ist es dann fair, 90 Prozent arme Teufel, die liebend gerne arbeiten würden, die wir aber nicht lassen, dafür auch noch zu beschimpfen und ihnen Sanktionen anzudrohen? Der Gipfel ist, ihnen zu sagen: »Du hast Schweißer gelernt, aber deinen Job haben wir ins Ausland exportiert. Wir haben auch sonst nichts Entsprechendes für dich, aber hier ist ein Besen, jetzt kehr mal gefälligst den Rathausplatz, du Faulenzer. Für was bezahlen wir dich eigentlich überschwenglich?«

Ich bin ganz bestimmt für eine Gesellschaft, in der sich Leistung lohnen muss und in der jeder für sich selbst Verantwortung übernehmen muss, aber dieser Zynismus geht zu weit. Wenn wir Arbeitsbereitschaft einfordern, dann müssen wir auch entsprechende Arbeitsplätze anbieten. Wenn wir das nicht können, müssen wir DARAN arbeiten. Wir können doch Hungernde nicht zum Essen zwingen, wenn nichts auf dem Tisch steht. Da drängt sich der Verdacht auf, dass genau diese Entwicklung schon lange beabsichtigt ist, nämlich billige Lohnsklaven für die Industrie zu schaffen, die für ein Stück Gnadenbrot bereit sind, 15 Stunden am Hochofen zu stehen. Dann können wir endlich wieder mit China konkurrieren. Dann haben wir wieder eine vernünftige Eigenkapitalrendite. Damit geben wir all die Errungenschaften auf, die wir uns in den letzten 200 Jahren erarbeitet haben. Die soziale Marktwirtschaft degeneriert wieder zum Manchester-Kapitalismus übelster Sorte. Keine schönen Aussichten.

Wenn es nicht vorher zu einem Aufstand der Straße kommt.

Auch keine besseren Aussichten … Und es gäbe Alternativen. Die europäisch-amerikanische Freihandelszone sei hier explizit nochmals erwähnt.

Ein gefährliches Spiel mit dem Feuer, meine lieben Politiker und Lobbyisten. Ich zitiere hier gerne aus einem Vortrag eines von mir sehr geschätzten Professors, der uns folgende Warnung mit auf den Weg gibt: »Die Geschichte hat uns gelehrt, dass sie keine noch so hohe Mauer um ihr Grundstück bauen können, als dass ein aufgebrachter Mob sie nicht übersteigen könnte. Lassen Sie es nicht so weit kommen!«

Kann ich meinem Bankberater vertrauen?

Beim Thema Leidensdruck fällt mir unweigerlich eine Berufsgruppe ein, die in den vergangenen Monaten unter ganz besonderem selbigem stand. Die Bankberater. Eine der häufigsten Medienfragen der letzten zwölf Monate war: »Kann ich meinem Bankberater noch vertrauen?« Die Antwort ist klipp und klar: Jein!

Wenn Ihnen auf der Straße ein Rottweiler begegnet, können Sie ihm ja vertrauensvoll die Hand zwischen die Zähne stecken. Wenn Sie Glück haben, sind Sie an ein Exemplar geraten, das nur spielen will, wenn nicht, tja …

Zunächst einmal möchte ich aber mit einer Begrifflichkeit aufräumen. Streichen Sie aus Ihrem Wortschatz jetzt sofort und ein für alle Mal das Wort »Bankberater«. Und für die ganz Unbedarften: auch »Bankbeamter«, denn das ist so ziemlich der falscheste Ausdruck, den Sie für diese Berufsgruppe verwenden können. Einigen wir uns auf den zutreffenden und keineswegs verunglimpfenden Begriff »Bank(produkt)verkäufer«. Wenn Sie in ein Autohaus gehen, würden Sie dann nach dem »Autoberater« oder nach dem nächsten freien »Autoverkäufer« fragen? Eben.

Und hier gibt es sehr viele Parallelen zu entdecken. Der Bankverkäufer ist keineswegs der neutrale Notar oder gar Ihr guter Freund, der nur Ihr Wohl und Ihre Rendite vor Augen hat.

Selbst wenn der arme Kerl im Privatleben tatsächlich ein guter Freund von Ihnen ist, wird er am Arbeitsplatz zwangsläufig seine Freizeitkappe ab- und den Geschäftshut aufsetzen müssen. Vorausgesetzt, er hängt an seinem Job und seiner Familie.

Warum das so ist, erkennen wir, wenn wir uns mit seinem Arbeitgeber, der Bank, beschäftigen. Welche Aufgabe hat diese private Bank? Ihre einzige Aufgabe besteht darin, Gewinn zu erwirtschaften. Gewinn für ihre Eigentümer und Aktionäre. Sie hat weder die Aufgabe, Gutes für die Gesellschaft zu tun, noch ist sie eine neutrale und staatlich finanzierte Beratungsgesellschaft für Leute, die keinen Plan von ihren Finanzen haben. In der Regel wird an der Schalterhalle auch keine warme Suppe an Obdachlose ausgegeben. Das ist keine Wohltätigkeitsinstitution, sondern ein knallhart auf Profit ausgerichtetes Wirtschaftsunternehmen. Jedes Wirtschaftsunternehmen (je größer und internationaler, desto mehr) versucht Gewinn zu erzielen, indem es mit seinen Geschäftspartnern Verträge aushandelt, die ihm möglichst große Vorteile bringen. Und dabei geht man an die absolute Schmerzgrenze. Natürlich nicht die eigene, sondern an die Schmerzgrenze des Geschäftspartners, dorthin, wo er gerade noch bereit ist, das Geschäft zu machen, ohne zur Konkurrenz zu wechseln.

Und jetzt raten Sie mal, wer dieser Geschäftspartner Ihrer Bank ist? Richtig! Sie! Und jetzt überlegen Sie einmal, wo Ihre Schmerzgrenze liegt, was Sie sich von Ihrer Bank alles gefallen lassen, bevor Sie die Konten auflösen. Aber viel wichtiger: Selbst wenn Sie gut informiert sind und eine niedrige Schmerzgrenze haben, glauben Sie, das trifft auf die meisten Bankkunden zu? Die allermeisten haben nicht den Hauch einer Ahnung von Geldgeschäften und lassen sich von ihrer Bank alles erzählen. Sind das nicht ideale Voraussetzungen für eine Bank? Die meisten Geschäftspartner haben so wenig Ahnung von der Materie, dass sie fast alles blind unterschreiben, was man ihnen vorlegt. Die Uninformiertheit der Kunden liegt im ureigensten Interesse der Bank. Je mehr Informationsvorsprung die Bank dem Kunden gegenüber hat, umso bessere Verträge kann sie für sich abschließen. Wundern Sie sich jetzt noch, warum Banken in riesigen Glaspalästen sitzen? Machen Sie dem einen Strich durch die dicke Rechnung. Machen Sie sich schlau und werden Sie zu einem kritischen Geschäftspartner für Ihre Bank.

Kommen wir jetzt wieder zu unserem Bankverkäufer. Der arme Kerl sitzt am Schalter und bekommt von seinen Vorgesetzten ganz klare Ansagen: »Die Bank hat unseren Aktionären dieses Jahr 25 Prozent Eigenkapitalrendite versprochen. Der Vorstand erwartet von Ihnen, dass Sie gefälligst alles tun, um dieses Versprechen zu halten. Daher erwarten wir von Ihnen, dass Sie Ihre Kunden anrufen und ihnen die Produkte verkaufen, mit denen wir genug verdienen, um dieses Ziel zu erreichen. Und damit Sie wissen, was wir von Ihnen erwarten, habe ich hier eine Aufstellung für Sie: Sie werden jeden Monat x Lebensversicherungen, y Bausparverträge und für z Euro Fondsanteile oder Zertifikate verkaufen. Das schaffen Sie doch mit links, Sie sind doch ein Guter.«

So, jetzt ist der 27. des Monats, Sie kommen zu ebenjenem Bankverkäufer an den Schalter und wollen eine Erbschaft anlegen, Ihre Altersvorsorge endlich in Angriff nehmen oder einfach nur nach dem Weg zum Bahnhof fragen. Unglücklicherweise hat er in den letzten Monaten eben noch nicht x Versicherungen, y Bausparverträge und z Fondsanteile verkauft. Das ist ihm wegen der zickigen Kunden oder seiner gutmütigen Art in den letzten Monaten schon öfter passiert. Wenn seine Arbeitseinstellung nicht bald besser wird, sagt sein Chef, wird er bei der nächsten Kündigungswelle sicherlich besondere Wertschätzung erfahren. Der Bankverkäufer denkt: »Wie erklär ich's meiner Frau, wie der Kinder siebenköpfige Schar?«

Genau in diesem Moment stolpern Sie ahnungslos vor seinen Schreibtisch und wollen eine unabhängige, neutrale Beratung von Ihrem Freund, dem Bankberater, die ausschließlich Ihre Rendite und Risikovorstellung berücksichtigt.

Glauben Sie mir, dass die absolute Mehrheit der Bankverkäufer liebend gerne Ihre Interessen vertreten möchte. Wenn sie dürften, würden sie vermutlich sogar auf die Gebühren verzichten, Ihr Konto spesenfrei führen, Ihren Kindern jede Woche eine Spardose schenken und Ihnen nur die sichersten, günstigsten und besten Produkte verkaufen. Je länger Sie den Mann oder die Frau hinter dem Schalter kennen und je länger derjenige befürchten muss, Ihnen künftig über den Weg laufen zu müssen, umso ausgeprägter ist dieser Wunsch. Aber leider darf er nicht, wie er will. Für seine Bank soll er der knallharte Verkäufer sein, der all seinen Wissensvorsprung und seine Verkaufsschulungsseminare einsetzt, um an Ihnen so viel Geld wie irgend möglich zu verdienen. Sie kommen an seinen Schalter und verlangen von ihm, Ihr bester Freund, neutraler Notar und verschworener Geheimtippgeber zu sein.

Aus Angst, Sie als Kunden zu verlieren, wird er Sie auch in diesem Glauben lassen. Doch was glauben Sie, was abends passiert, wenn dieser Bankverkäufer ins Bett geht? Was glauben Sie, wie viele von denen sich abends in den Schlaf weinen? In diesem ganzen verlogenen System sind ebendiese Bankverkäufer die ärmsten Schweine zwischen allen Stühlen. Sie werden von ihren Arbeitgebern in die Rolle des brutalstmöglichen Geldeintreibers gedrückt und von Ihnen gleichzeitig in die Rolle des neutralen Freunds und Anlageberaters. Manchen mag es gelingen, mit diesem Spagat zurechtzukommen, indem sie denken: »Wenn die Kunden so blöd sind, was kann ich dafür?« Auch eine Form des Selbstschutzes. Aber gehen Sie davon aus, dass die meisten große Probleme mit dieser Doppelrolle haben. Das hat mehr von Drückerkolonne als von neutraler Anlageberatung.

Die einfachste und fairste Möglichkeit, diesen Konflikt zu beenden, liegt bei Ihnen, lieber Leser. Hören Sie auf, den Bankverkäufer in die Rolle des Finanzeunuchen zu drücken. Geben Sie ihm die Rolle, die er von (Bank-)Haus aus hat. Die Rolle des Bankverkäufers. Begegnen Sie ihm genau so, wie Sie einem Autoverkäufer begegnen würden. Freundlich, informiert und in dem Bewusstsein, dass der nette Kerl, der Ihnen einen Kaffee anbietet, Ihnen im nächsten Moment das verkaufen will, was vom Hof muss.

Bereiten Sie sich auf dieses Gespräch genauso vor, wie wenn Sie ein Auto kaufen wollen. Sie verbringen zuvor Wochen im Internet, kaufen sich drei bis sieben Autozeitschriften und nerven Ihre Freunde wochenlang mit Diskussionen über Drehmoment, Verbrauch und innenbeleuchtete Vergaser. Und wenn Sie genau wissen, welches Auto mit welchen Felgen Sie möchten, dann gehen Sie zu drei verschiedenen Autohäusern, um den besten Preis zu verhandeln. Wenn es dann noch die Fußmatten gratis gibt, unterschreiben Sie den Kaufvertrag. Und dennoch werden Sie danach denken: »Sicher hat der mich irgendwo übern Tisch gezogen.«

Hier ging es jetzt um den Kauf eines Autos für einige Jahre. Aber was machen die Menschen, wenn es um die Einmalanlage einer einmaligen, großen Erbschaft oder die lebenslange Altersvorsorge geht? Sie gehen in die allernächste Bankfiliale, suchen sich einen freien Bankverkäufer und sagen: »Mach mal, wird schon stimmen.« Dann gehen Sie nach Hause und denken: »Das war mal ein netter Berater, das wird schon alles seine Ordnung haben, jetzt werde ich reich.«

Wachen Sie auf, kümmern Sie sich um Ihr Geld, bevor es andere tun. Sie tun damit Ihrem Bankverkäufer und vor allem sich selbst einen riesigen Gefallen.

Natürlich soll auch das mit Augenmaß erfolgen. Mein lieber Freund Frank, Einkäufer bei einer mittelständischen Brauerei, sagt: »Solange der noch keine Tränen in den Augen gehabt hat, war es nicht billig genug … und ich hab da noch nichts blitzen sehen!« Ich bin der Meinung: leben und leben lassen. Ein faires Geschäft mit gutem Gewinn für beide Seiten ist die richtige Kombination.

Solange Ihre Bank allerdings noch ein Prozent Gebühr für jeden Aktienkauf und fünf Prozent Ausgabeaufschlag für einen Fonds nimmt, ist dieses Verhältnis sicher noch nicht hergestellt. Versuchen Sie diese Dinge ruhig mit Ihrem Bankverkäufer zu verhandeln. Sie werden erstaunt sein, wie flexibel die manchmal sein können.

Das Allerwichtigste ist jedoch: Werden Sie zu einem ernstzunehmenden Verhandlungspartner. Machen Sie sich schlau. Surfen Sie vor einer wichtigen Geldentscheidung wochenlang im Internet, kaufen Sie sich drei bis sieben Anlegerzeitungen, nerven Sie Ihre Freunde mit Diskussionen über Renditen, Sicherheiten und Provisionssätze. Und wenn Sie auf all das keine Lust haben, dann gehen Sie zu einem unabhängigen Finanzberater. Einer, der Ihnen nichts verkauft, sondern Sie nur berät. Der kostet vielleicht 100 oder 200 Euro pro Stunde, aber glauben Sie mir: Wenn Sie sich nicht selbst kümmern und keinen neutralen Finanzberater bezahlen wollen, sondern ahnungslos in Ihre Bankfiliale stolpern, werden Sie in den kommenden Jahren ein Vielfaches dieser Kosten tragen und das Schlimmste: Sie werden es vielleicht niemals merken. Aber Sie werden sich wundern, warum im Ruhestand so wenig für Sie drin ist, wo doch die Rentner in der tollen Bankwerbung immer mit der Harley und einer 20-Jährigen auf dem Sozius zum Segelboot fahren, während Sie mit dem Fahrrad und Ihrem Dackel im Fahrradkorb zur örtlichen Tafel radeln.

Also: Kümmern Sie sich, so schwer ist das nicht. Wenn Sie genauso viel Zeit wie für den Kauf eines Autos investieren, reicht das schon. Manche Menschen wenden zehnmal so viel Zeit auf, um den besten Toaster zu finden, wie sie zur Entscheidung über die richtige Altersvorsorge aufwenden. Wenn Sie darauf keine Lust haben, bezahlen Sie einen wirklich neutralen Profi dafür. Beispielsweise einen Honorarberater. Es gibt inzwischen bundesweit viele unabhängige Honorarberater, die auf Stundenbasis ihre Beratung abrechnen. Ich habe auch nicht immer Lust, meine Steuererklärung selbst zu machen, dann gebe ich es in die Hände eines Profis, der dafür Geld bekommt, ohne dass er davon profitiert, dass ich möglichst viele Steuern bezahle. Genau das tut aber ein Bankverkäufer. Er berät Sie und profitiert davon, wenn Sie möglichst hohe Provisionen bezahlen. Es liegt an Ihnen, das zu beenden.

Ich wünsche Ihnen dabei von Herzen viel Erfolg und eine Menge Spaß. Denken Sie daran: Es geht nur ums Geld, und das darf und kann auch Spaß machen.

Da Sie dieses Buch gelesen haben, gehe ich davon aus, dass Sie hier im Herzen Europas leben. Ganz egal, wie Ihre persönliche Situation ist, machen Sie sich bei aller berechtigten Aufregung über diesen und jenen Missstand stets klar, dass Sie zu diesem ganz kleinen Teil der Weltbevölkerung gehören, für die jeder Tag nur ein weiterer wundervoller Tag im Paradies ist.

Mit den besten Wünschen für eine erfolgreiche und vor allem glückliche Zukunft

Ihr
Dirk Müller

Hier noch einige hilfreiche Adressen, die Ihnen weiterhelfen können.

www.bvvb.de Bundesverband der Versicherungsberater. Diese Versicherungsberater beraten Sie, welche Versicherungen sinnvoll, welche unsinnig sind und wo Sie die günstigsten und besten bekommen. Diese Versicherungsberater haben sich verpflichtet, keine Provisionen anzunehmen, und werden von Ihnen für ihre Beratung bezahlt.

www.berater-lotse.de Hier finden Sie eine Datenbank mit Beratern, die sich ebenfalls verpflichtet haben, Sie, ohne Vermittlungsprovisionen zu kassieren, zu Finanzfragen zu beraten und sich im Gegenzug von Ihnen bezahlen zu lassen. Ein neutraler Berater wird Ihnen kein Produkt verkaufen.

www.verbraucherzentrale.de Auch hier gibt es gegen kleine Gebühr gute Erstberatung, vielleicht auch nicht immer so tiefgreifend wie bei Spezialberatern, aber alles ist besser, als sich blind einem überlegenen Verhandlungspartner auszuliefern, dem sein Arbeitgeber eine virtuelle Pistole an den Kopf hält.

www.cashkurs.com – ... die darf natürlich nicht fehlen. Hier informiere ich Sie selbst täglich über alle neuen Entwicklungen und gebe Ihnen meine Sicht der Dinge samt praktischen Tipps und Handlungsanweisungen. Gemeinsam mit langjährigen Weggefährten wie dem NTV-Moderator Frank Meyer, dem Börsenmakler Oliver Roth, dem Chefstrategen der Baader Bank, Robert Halver, dem ehemaligen Chefredakteur der Börsenzeitung Bruno Hidding, dem ARD-Reporter Stefan Wolff und vielen weiteren hochkarätigen Experten machen wir da weiter, wo dieses Buch endet, nämlich hier.

Dank

Bei meiner wunderbaren Frau bedanke ich mich für das Verständnis und die Unterstützung in den Monaten, in denen dieses Buch entstand. (Männer, die ihre Arbeit für wichtig halten, können eine echte Plage werden …)

Bei meinem Sohn entschuldige ich mich für all die vielen Stunden, an denen ich nicht mit ihm gespielt habe, weil ich stattdessen für dieses Buch vor dem Computer saß.

Vor meinen Eltern verneige ich mich in Dankbarkeit für die Gabe, kritisch zu hinterfragen, den Mut, Ehrlichkeit zu leben, und für die stoische Geduld, mit der sie es ertragen, ständig auf ihren Sohn angesprochen zu werden.

Ihnen, liebe Leser, danke ich, dass Sie mit dem Kauf dieses Buches meine Arbeit honorieren. Nur dafür habe ich den ganzen Aufriss schließlich gemacht! (Und wenn Sie das Buch kopiert oder illegal heruntergeladen haben, soll Sie der Blitz beim … treffen und Ihre Aktien sich dem inneren Wert des Dollars annähern …)